노자 도덕경

노자 도덕경 道

발행일   2019년 9월 27일

지은이   성대현
펴낸이   손형국
펴낸곳   (주)북랩
편집인   선일영   편집   오경진, 강대건, 최예은, 최승헌, 김경무
디자인   이현수, 김민하, 한수희, 김윤주, 허지혜   제작   박기성, 황동현, 구성우, 장홍석
마케팅   김회란, 박진관, 조하라, 장은별
출판등록   2004. 12. 1(제2012-000051호)
주소   서울시 금천구 가산디지털 1로 168, 우림라이온스밸리 B동 B113, 114호
홈페이지   www.book.co.kr
전화번호   (02)2026-5777   팩스   (02)2026-5747

ISBN   979-11-6299-892-2 03150 (종이책)   979-11-6299-893-9 05150 (전자책)

이 도서의 국립중앙도서관 출판예정도서목록(CIP)은 서지정보유통지원시스템 홈페이지(http://seoji.nl.go.kr)와
국가자료공동목록시스템(http://www.nl.go.kr/kolisnet)에서 이용하실 수 있습니다.
(CIP제어번호: CIP2019038053)

노자 도덕경

성대현 지음

오역과의 사투를 벌인
한 노자 연구자의 완역 도덕경

북랩 book Lab

사람들은 불혹이 되면 인생의 가치관이 굳건하게 되며 가정과 직장, 그리고 사회에서 자리를 잡고, 삶의 리스크에 대해 이해할 수 있을 것으로 생각한다.

하지만 인생은 공짜가 없다. 불혹이 되어도 거저 얻는 것은 없다. 나이만큼 부딪히고, 경험하면서 인생의 깊이가 쌓인다. 물론 나이와 함께 시간을 그냥 흘려보내는 사람도 허다하다. 현대 사회는 그 복잡성과 얽혀 있는 수많은 고통으로 인해 불혹이 되어도 건강하고 편안한 신체와 정신을 갖고, 행복하게 삶을 영위하는 사람은 소수 1%가 안 되는 듯하다.

한마디로 현대 사회인은 모두 스트레스에 시달린다. 누구나 불혹을 넘어서면 마음의 여유와 경제적인 안정, 그리고 사회적으로 안정적인 위치에서 좋은 선배, 가치를 지닌 사람이 될 것을 기대하며 바른길을 살아가려고 노력하지만 쉽지 않은 일이다.

바른길에 대한 생각은 사람마다 다르다. 부(富)를 많이 쌓는 것을 최우선으로, 높은 지위에 오르는 것을 최우선으로 여기는 사람들이 상당수이다. 삶의 경쟁 속에서 정작 바른길에 대해서 잊고 지낸다. 노자 사상은 현대인에게 바른길(道)에 대해 살펴볼 기회를 주고 있다.

한자(漢字)에 친숙하지 않은 사람들이 노자 원문을 보고 이해하는 것은 상당히 어렵다. 한자를 공부한 학자들에게도 2,500년 전 사회와 환경으로 되돌아가 당시의 언어로 표현된 사상을 이해하는 것이 쉽지 않은 일이다. 진시황이 모든 책을 불태워버린 분서갱유(焚書坑儒)를 일으켜 2,500년 전 춘추전국시대의 생활 및 삶에 대한 역사적 자료가 드물기 때문에 더욱 그렇다.

전해오는 과정에서 잘못 기재된 사항 및 오역이 난무하게 되었다. 이는 노자 사상을 더욱 엉뚱한 방향으로 이끌었으며, 시중에 풀린 책 속 지면에 소개된 해석 중 많은 부분이 이런 오류를 범하고 있다. 또한, 상당수의 지면을 할애해 『도덕경』 사상에 대한 해설보다 저자의 역사적 지식을 전달하는 일이 다반사다. 올바른 이해가 부족하기 때문에 노자 사상이 잘 알려지지 못하고 폄하되는 이유이기도 하다.

노자 사상은 신선 같은 노인이 세상을 등지고 깊은 계곡에 칩거하는 모습이 아니다. 사회 계층 간 영향 및 작용을 분석하여 사람이 살아가는데 따라야 할 바른길을 제시하고 있다. 충, 효를 기반으로 신하와 국민의 도리를 가르치는 것이 아니라 성인(제후와 왕)에게 서민을 바라보고 나라를 다스리는 올바른 방향을 제시하고 있다.

『도덕경』의 사상은 복잡하고 혼란스러운 삶의 다양한 상황에서 성인(成人)에게 바른길을 안내해줄 수 있을 것이다. 많은 재화를 쌓아 부(富)를 축적하고 높은 자리에 올라 지위와 명예를 얻었으나 삶이 혼란스럽고 괴로운 사람은 더욱 노자 사상을 읽고 실천해 보길 권한다.

이 글을 다음과 같은 사람에게 추천한다.

1. 불혹(不惑) 이후 삶의 위기에 빠져 고민하는 사람
2. 국가를 다스리는 정치인 및 공무원
3. 기업, 회사, 조직의 중간관리자부터 최고위자(CEO)
4. 삶의 위기를 이해하고 나를 단단하게 만들려는 사람
5. 자신의 미래를 미리 준비하는 사람

인류 문명은 지속 발전하는 방향으로 전진하고 있으며, 문명의 이기는 하루가 바쁘게 새롭게 만들어진다. 사회는 다양한 문화, 제도, 도구, 시스템과 프로세스로 점점 더 복잡하게 얽히며 채워지고 있다.

복잡한 문명 속에서 현대인은 치열한 경쟁과 온갖 스트레스가 증가하는 삶을 살아간다. 우리는 혼란스러움과 불행, 불만, 고통을 위기(Risk)라고 부른다. 우리에게 다가오는 위기(Risk)는 대체 어

디에서 오고, 왜 생겨나는지 인공 지능을 활용하여 모델링하고 해석하고 싶은 심정이다.

모든 사람의 불행, 고통을 컴퓨터의 도움으로 풀 수 있을까? 의심이 먼저 앞선다. 살면서 경험하는 다양한 고통과 고난을 위기라고 할 때, 우리는 크고 작은 수많은 위기 속에서 살아간다. 그 위기를 어떻게 바라보고, 해석하며, 어떤 대응책을 마련하는 것이 최선일까? 고민하던 중에 노자의 사상으로 깨달음을 얻어 그 기쁨과 밝음을 공유한다.

2,500년 전 노자 사상을 알기 쉽게 설명하려는 마음으로 글을 정리한다.

2019년 8월

淸風明源에서

차례

도경
道 經

노자의 실존 여부는 불분명하다. 『도덕경』 원본도 희미하기는 마찬가지다. 옛 무덤의 발굴로 이어져 내려오는 몇 개의 고서(古書)만 존재한다.

사마천의 『사기』에 따르면 노자의 성은 이(李), 이름은 이(耳)이고 자는 담(聃)이다. 초나라 고현(苦縣) 여향곡(厲鄕曲) 인리(仁里)에 살던 사람이다. 주나라 왕실 도서관에서 책을 만들고 관리하는 사관이었다.

한자를 되짚어 보면 이(耳)는 많이 들은 사람 또는 많이 들어 학식이 있는 사람이다. 이순(耳順)을 바라보는 60세 노인일 수도 있다. 담(聃)자는 귓바퀴가 없다는 뜻으로 나이가 들어 청력이 희미해지고 있음을 의미한다. 또는, 고대 중국 춘추전국시대의 혼란한 상황을 추정하여 볼 때 귀를 잘리는 벌을 받고 도주한 학자라 상상해 볼 수도 있다.

고현의 고(苦)는 '쓰다' 또는 '고통스럽다'는 의미이다. 여향곡의 여(厲)는 '괴롭다', 그리고 인(仁)리의 인(仁)은 '어질다'는 뜻으로 인리가 어진 사람이 사는 마을이라는 지명을 뜻하는 것을 볼 때, 실제 지명이 아니라 춘추전국시대 전쟁에 의한 피해와 갖은 폭정 속에서 어렵고 힘들게 사는 곳이란 의미이다.

『도덕경』의 죽간본, 필사본 등 다양한 형태의 출토본에 대한 고증 및 단어의 맞고 틀림은 역사학자, 금석학자, 언어학자의 몫으로 남긴다.

이 글에서는 판본의 내용이 부실하여 흐름이 부족하고 사상의 이해가 어려운 경우, 다른 판본의 글자 일부를 빌려 기재하여 이해를 돕도록 하였다. 2천 년 전부터 구전을 통해 전달된 내용을 다시 적고, 필사되는 과정을 통해 이어져 왔다면 원본을 그대로 전달하는 건 불가능하다. 결국 『도덕경』의 사상을 이해하고, 현재의 교훈으로 삼는 것이 최선의 자세이다.

우리는 고통과 괴로움 속에서 살아간다. 누구나 행복을 추구하고, 행복하게 살고 싶어 한다. 하지만 행복하게 사는 모습을 쫓아가기 급급하다 보면, 정작 행복이라는 실체에는 접근하지 못하게 된다. 더 많은 부와 명예, 지위, 즐거움을 찾아서 열심히 달리는 괴로운 삶을 반복할 뿐이다.

즐겁고 신나는 일을 경험했던 순간을 기억해 보라. 그때는 삶의 괴로움이 뇌를 누르지 않는다. 즐거운 시간은 즐거운 시간일 뿐이다.

살면서 위기를 맞고, 삶에 대한 고민과 질문을 하는 것은 나를 다시 살펴보는 과정이다. 나를 살피고, 주위를 둘러보면서 무엇이 부족한가, 어떤 행동이 최선인가를 찾아가는 성숙의 과정이다. 즉, 삶은 스스로 답을 찾아가는 과정의 연속이다. 실패도, 성공도 경험해보는 것이 당연하다.

시험지에 답을 적듯이 정답을 채우고 싶다. 하지만 세상은 그렇게 단순하게 문제가 주어지지 않으며, 나의 욕심대로 이루어지지 않는다. 그래서 세상을 살아가는 답을 얻고자, 도움을 구하고자 지식을 습득한다. 지식 습득과 더불어 세상을 바라보는 지혜가 동시에 필요하다. 그것은 세상을 바라보는 방법과 가치에 대한 판단 능력이다. 삶에서 마주한 커다란 질문에 대한 답을 구하려 할 때, 위기를 맞아 괴로워하고 두려움에 갇혀 있을 때, 삶의 지혜를 구하고자 할 때 노자 『도덕경』을 참고하라.

처음부터 하나하나 교과서처럼 읽고 이해해야 할 이유는 없다. 대충 읽어보라. 마음에 담아 두고 싶고, 중요하게 생각하는 부분이 있다면 한두 구절만 내 것으로 해도 충분하다. 그러다가 괴로운 일이 생기면 또 다른 부분을 읽고 수양하면 된다. 마음이 편안하고 고통과 괴로움이 없다면 굳이 노자를 읽느라 시간을 허비할 이유 또한 없다. 나에게 주어진 시간을 소중히 여기고 삶을 즐기면 된다.

사람은 인식의 동물이다. 그 인식은 사람마다 다르며, 착각과 오해를 유발하기도 한다. 사람마다 다른 방향, 다른 관점에서 바라보기 때문이다. 그래서 사람 사이의 갈등과 다툼이 일어난다. 나의 욕심을 줄이고, 모든 사람과 상생하며 살아갈 수 있도록 도와주는 삶의 지침서가 필요하다.

『도덕경』은 인생을 바라보는 올바른 방법에 대해 81장에 걸쳐서 바른길(道)로 안내하고 있다.

도경 道經

1.
만물은 유와 무로 이루어져 있다

⊛ 도(道)에 대한 정의
- 도(道)는 하나로 이름 지을 수 없고
- 영원히 변하지 않는 것이 아니다.

⊛ 만물(萬物)은 유(有)와 무(無)로 이루어져 있다
- 유(有)는 존재를
- 무(無)는 시작을 의미한다.
- 만물은 존재(有)와 쓰임(無)의 사이의 오묘한 변화이다.

※ 만물(萬物) = 세상의 존재하는 모든 것

※ 오묘한 변화 = 도(道)의 운행 방법 = 현묘지문(門)

道¹⁾可道也, 非恒道也. 名可名也, 非恒名也.
도 가도야 비항도야 명가명야 비항명야

無, 名萬物之始也. 有, 名萬物之母也.
무 명만물지시야 유 명만물지모야

故恒無, 欲以觀其妙. 恒有, 欲以觀其所徼.
고항무 욕이관기묘 항유 욕이관기소요

兩者同出, 異名同謂. 玄之又玄, 衆妙之門²⁾.
양자동출 이명동위 현지우현 중묘지문

노자 도덕경 道

도(道)는 가히 도(道)라 하더라도, 영원히 동일한 도(道)는 아니다.

이름(名)은 가히 이름 지을 수 있다 하더라도, 영원히 그 명칭(名)은 아니다.

"무"라는 것은 만물의 시작, 시초이다.

"유"라는 것은 만물의 모체, 근원이 된다.

"무"의 상태에서는 그 미묘함을 살펴보게 되고,

"유"의 상태에서는 그 형체가 이루는 바를 보게 된다.

"유"와 "무"는 동시에 출생하여, 이름은 다르나 같은 것을 가리킨다.

깊고 또 깊어 모든 것의 오묘한 문이다.

1) 도(道) : 바른길, 순리에 맞는 길, 방법, 규칙, 원리의 총체적인 의미.
2) 문(門) : 무와 유가 연결되어 작용하는 오묘한 원리의 연결 통로를 의미.

恒(항) 항상 / 觀(관) 보다 / 妙(묘) 묘하다, 오묘하다 /
徼(요) 형체 / 異(이) 다르다 / 謂(위) 일컫다, 이르다

세상이 운행되는 법칙, 도(道)란 무엇인가?

도(道)에 대해 정의하고 있다.

도(道)는 세상이 운행되는 법칙, 세상이 돌아가는 이치, 원리, 방법에 해당한다. 그렇지만, 도(道)를 정확히 정의하거나, 이름 부르기에는 우리의 인식과 언어가 부족하다. 편의상 도(道)라고 부르기로 한다.

도(道)의 속성은 수천 년, 수만 년 동일하지 않고 변할 수도 있다. 명칭과 이름도 바뀔 수 있다. 도(道)라는 것에 대해 이름 지을 수 있다 하더라도 때에 따라, 장소에 따라, 시간의 변화에 따라 달리 이름 지어질 수 있는 가변성이 있다. 빅뱅 이전을 현대 과학이 설명하지 못하는 것과 마찬가지로 세상의 운행 규칙을 당시의 인식과 능력으로는 정확히 정의하지 못한다는 솔직한 표현이다.

신의 아들로 태어나 인간의 모습을 한 천자(天子)가 세상을 다스린다는 사상과 신에 의지하여 모든 것을 합리화하려는 사상을 벗어나서 도(道)에 대해 설명하려 함이다. 인간은 미약하고 아직 모르는 것이 많다는 전제 아래 도(道)를 정의하고 있다.

세상을 이루고 있는 가장 기본이 되는 성질은 무엇인가?
보이는 것(有)과 보이지 않는 것(無)

세상의 모든 만물의 구성 요소는 무(無)와 유(有)로 이루어져 있다. 무(無)에 대해 먼저 설명하면, 무는 만물의 시작점을 의미한다. 자연에서 만들어지는 모든 것과 인간에 의해 만들어진 모든 것은 우리가 존재를 인식하는 시점부터 없음에서 있음으로 바뀐다. 그래서 그것을 시작점이라 하였다.

자연에서 만들어지는 구름, 강, 계곡, 새로 태어나는 생명(풀, 나무, 곤충, 동물…) 등 모든 것이 존재하지 않는 무의 단계에서 유의 상태로 전환된다. 인간이 만드는 의자, 그릇, 옷, 집… 모든 것이 다른 상태에서 변환되어 만들어질 때에 새롭게 인식되고, 명명되는 순간이 시작점이라 할 수 있다. 없던 상태에서 새로운 것이 탄생되는 시점이다.

유(有)는 감각을 통해 인식되는 모습과 형체를 유(有)라고 부른다. 모든 만물은 형체와 모습을 지니며, 무(無)의 속성인 쓰임과 용도를 지닌다. 인간이 인식할 때에 무(無)에 대해서는 그 내재하고 있는 오묘한 성질을 이해하려 하고, 유(有)에 대해서는 그 형체와 모양, 색 등을 보려고 한다.

무와 유는 생성과 함께 동시에 존재하는 것이고, 이름을 달리 부르지만 같은 것을 지칭한다. 하나의 물질 존재에 무와 유가 동시에 내재하고 그 안에서 유(有)와 무(無) 사이의 오묘한 작용으로 물질의 성질 변화가 발생한다. 영향의 주고받음을 무엇이라 설명이 불가능하여 단지 '오묘하다(妙)' 표현하였다. 물질 내에서 일어나는 무(無)와 유(有)의 변화를 모두 표현하기는 불가능하다. 어떤 관계가 있을 것 같기는 한데, 당시 지식으로는 설명할 수조차 없었다.

노자 시대에 대표적으로 무(無)에 해당했던 공기에 대해, 현재는 78%의 질소와 20%의 산소, 그리고 기타 성분으로 이루어져 있다는 것을 알고 있다. 3백 년 전만 해도 공기가 유(有)라고 떠들고 다 닌다면 서양에서는 마녀재판을 받거나 동양에서는 귀신에 의해 미 쳤다고 생각했을 것이다.

무(無)라고 여기는 사항도 과학이 발전하면서 유(有)로 변할 수 있다. 그릇을 예로 들어 보자. 그릇의 형체는 유에 해당한다. 그릇 은 담을 수 있는 빈 공간(無)이 존재하기 때문에 그릇으로서 의미 가 있다. 그릇이 만들어질 때에는 눈으로 인식할 수 있는 그릇의 모습과 형체, 즉, 유(有)와 그릇에 담을 수 있는 공간 무(無)가 동시 에 생성된다.

보이는 부분은 형체를 기준으로 살펴보게 되고, 보이지 않는 부 분은 그 오묘하고 미묘한 쓰임을 본다. 그릇은 그 쓰임에 따라 다 양한 용도로 변하기 때문에 오묘하고 미묘하다 할 수 있다. 단순 히 비어 있는 공간만 따질 경우 담을 수 있는 양의 많고 적음만 이 야기된다. 하지만 나무 재질인지 흙 재질인지 금속 재질인지에 따 라 음식의 온도 유지와 맛의 속성에 영향을 미친다. 그릇이 가지 고 있는 무의 속성은 우리가 우선 보고 인식하는 유(有)에 비해 무 궁무진 할 수 있다.

무생물이며 단순한 그릇도 이러한데, 생명체의 유와 무의 그 오 묘하고, 신비한 변화는 현재의 지식과 언어로도 표현하기에 한계 가 있다.

2.
만물은 어우러져 이루어진다(相生)

⊗ 인간의 인식 오류에 대한 이해

  - 우리가 선호하고 좋아하는 것은 항상 일관되지 않다.

  - 인간 인식의 오류로 인해서 오해와 문제가 발생한다.

※ 불완전한 인식의 예 : 아름다움 대 추함, 선함 대 선하지 않음.

⊗ 상생(相生)

  - 모든 만물은 항상(恒常) 제 각각의 역할과 의미가 있다.

※ 유(有)와 무(無), 짧은 것과 긴 것, 어려움과 쉬움, 높음과 낮음, 음(音)과 성

  (聲), 앞과 뒤.

天下皆知美之爲美, 惡已.
천 하 개 지 미 지 위 미　악 이

皆知善之爲善, 斯不善矣.
개 지 선 지 위 선　사 불 선 의

有無之相生, 難易之相成, 長短之相形,
유 무 지 상 생　난 이 지 상 성　장 단 지 상 형

高下之相盈, 音聲之相和, 先後之相隨, 恒¹⁾也.
고 하 지 상 영　음 성 지 상 화　선 후 지 상 수　항　야

是以聖人居無爲之事, 行不言之敎.
시 이 성 인 거 무 위 지 사　행 불 언 지 교

萬物作而不始, 爲而不恃, 成功而不居也.
만 물 작 이 불 시   위 이 불 시   성 공 이 불 거 야

夫唯不居, 是以不去.
부 유 불 거   시 이 불 거

　세상 사람들이 인위적인 아름다움을 아름다운 것으로 안다면, 추악한 일이다.

　세상 사람들이 인위적인 선함을 선한 것으로 안다면, 그것은 선하지 못한 것이다.

　유와 무는 서로 상생(서로의 존재를 보완하고, 도와주는 형상)한다.

　어려움과 쉬움은 서로 도와 성공을 이루고,

　긴 것과 짧은 것은 서로 도와 형태를 만든다.

　높은 것(사람)과 낮은 것(사람)은 서로 도와 번영(채우다, 가득)하게 하고,

　음(고저)과 성(크고, 적음)은 서로 도와 조화를 이루고,

　앞서는 것과 뒤에 오는 것은 서로를 따르고 이끈다.

　(세상은) 항상 그렇게 이루어진다.

　성인은 일에 있어서 무위(인위적이지 않음)에 머무르고,

　굳이 말(지시)을 하지 않고 가르치는(다스리는) 방법을 실행한다.

　만물은 저절로 이루어지며(생성, 성장, 소멸) 시작했다고 하지 않는다.

　이루되, 과시(교만, 자랑)하지 않는다.

　노력을 들여 이루어낸 후에도, 거기에 안주하고 머무르지 않

는다.

안주하여 머무르지 않으므로, 내몰리지도 않는다.

한자풀이

1) 항(恒) : 항(恒) = 상(常)이란 도(道)의 운행 체계에 따라 동일하고, 일관되게 반복되는 형태를 항 또는 상이라 하고 있다.

참고 한자

皆(개) 모두 / 斯(사) 이것 / 隨(수) 따르다 / 夫(부) 대체로, 대저 / 唯(유) 다만 / 去(거) 가다, 내몰리다

해설

인간의 인식 오류에 대한 이해

아름다움(美)와 선(善)함의 예를 들어 인간 인식의 오류에 대해 설명하고 있다. 살면서 가장 중요하게 생각하는 것은 아름다움(美)을 추구하고 선(善)하게 사는 일이다. 아름다움(美)에 대한 기준은 인간 인식이 만들어낸 것이다.

자연에는 아름다운 것, 추한 것의 기준이 없다. 세상의 모든 만물은 자연스러운 것 그 자체이다. 못 생기거나 잘생긴 것에 대한 구분은 인간의 인식이 만든다. 유형·무형의 아름다움 추구는 인간의 본성인 동시에 인식의 왜곡을 일으킨다. 그래서 인위적인 미의 추구에 대해서 "악한 것이다.", "오류이다."라고 강조하였다.

인간 인식의 오류에 의해서 선한 행위도 선하지 못 할 수 있다. 나에게는 착하고 도움이 되는 행위가, 타인에게는 오히려 피해를 주는 행동이 될 수 있다. 경우에 따라서 선(善)에 대한 기준선이 모호해진다. 선(善)에 대한 정의가 불분명하고 모호하기 때문에 인위적 행위가 다른 사람에게 불편과 불이익을 주고 심지어는 해를 입히기도 한다.

현대 사회에서는 선(善)한 행동을 했다고 주장하는 사람과 피해를 입었다고 주장하는 사람과의 갈등이 끊이지 않는다. 선(善)한 행위에 대하여 논란이 제기되며 시비가 끊이지 않는다. 환경오염, 산업 재해, 사회적 불평등, 기업의 부도덕, 기업의 사회적 악영향, 겉으로 보이기에는 훌륭한 기업이지만 독과점을 통한 과다 이익 추구 등 뉴스를 보다 보면 이런 좋지 않은 소식을 흔히 접하게 된다.

기업 입장에서야 회사의 이익을 위해 선하게 운영하고 있겠지만, 원인이 명확히 밝혀지지 않은 피해를 보는 사람들이 많다. 산재로 인해 복숨 또는 건강을 잃는 경우, 대기업의 강한 활동에 눌려 중소기업이 설 자리를 잃는 경우 등 많은 사례를 찾아볼 수 있다.

우리 인식의 한계와 편협함을 설명하고, 세상 만물은 상생이라는 원칙에 따라 운행하고 있음을 언급하고 있다. 만물은 생성된 이후 나름대로의 가치와 쓸모를 지닌다. 사람을 포함한 만물을 인식할 때 가장 우선 생각해야 할 것이 상생이다. 상생의 관점에서 바라보면 무엇 하나도 무시할 것이 없다. 인간은 대자연 속에서 순리에 따라 상생하며 살아갈 뿐이다.

자연의 만물은 어떻게 구성되어 있나?
다양한 것이 어우러져 상생을 이룬다

　눈에 보이는 긴 것과 짧은 것, 큰 것과 작은 것, 잘생긴 사람과 못생긴 사람처럼 눈에 보이지 않는 무형의 성질도 서로 상반된 요소들로 이루어진다. 일도 역시 어려운 것과 쉬운 것으로 엮여 있다. 세상을 살면서 어떻게 쉬운 일만 있겠는가? 어려운 것도 겪고, 쉬운 것도 겪고 그게 인생이다.

　물론 나에게는 어려움이 지속적으로 찾아오는 것 같은 느낌이 들 수도 있다. 그것은 대부분 인식의 오류에서 발생한다. 의심이 간다면 객관적으로 삶을 분석해보라. 시간을 10년, 1년, 1개월, 1일 단위로 나누고 어려웠던 삶, 쉬웠던 삶을 정리해보라. 통계적으로 내가 인생의 몇 %의 기간 동안 어려움 속에서 힘들어하며 살았는가? 객관적으로 정리가 힘들다면 옆 사람의 도움을 받아 같이 정리해 보라. 나의 감정에 치우쳐 상당히 편중되게 느끼고 있다는 것을 쉽게 알 수 있다.

　우리는 물건을 선택할 때에 짧은 것보다 긴 것, 작은 것보다 큰 것을 선호한다. 어떤 형체나 쓰임새를 이룰 경우, 긴 것만 가지고는 완성할 수 없다. 때에 따라 짧은 것이 더 요긴하게 사용될 수 있다. 긴 것만 사용하게 되면 경직되고 유동성이 부족하다. 짧은 것을 많이 사용하는 편이 오히려 유동성을 보장하고 효율적일 수도 있다.

　대상 간의 비교보다는 각각의 존재가 그 자체로 의미가 있음을 강조함이다. 세상 사람들이 모두 높은 위치에 올라 왕과 같은 존재만 있다면, 고귀한 왕이 농사를 짓고 청소도 하러 가야 할 것이다. 상생을 이루는 모든 것이 자연스럽고 쓸모가 있다. 지위가 높거나 낮음을 구분할 이유가 없다. 무엇을 억지로 할 필요도 없으며, 순리에 따라 수행된 일을 "나의 공적이다." 자랑할 이유도 없다. 그저 자연의 순리에 따라 나의 일을 하며 살면 된다.

상생 관점에서 배울 수 있는 사항은 무엇일까?
무위(無爲), 자연(自然), 과시하거나 안주하지 않는다

군이 언어(명령, 지시, 말)로 가르침을 주고 싶다면, 말(명령, 지시)이 필요 없는 가르침이 최선이다. 만물은 스스로 생성, 성장, 소멸의 운행을 반복하면서도 이를 군이 도(道)의 규칙에 의해 이루어졌다고 과시하거나 자랑하지 않는다. 노력이 쌓이고, 축적되어 어떠한 것을 이루었다 하더라도 거기에 안주하여 머무르지 않는다. 멈추고 안주한다는 것은 운행을 스스로 중지함을 의미한다.

과시 또는 자랑에 빠져 있다는 것은 아름다움 또는 선함에 대한 편협한 인식 오류에서 시작된다. 상생 원리를 이해하면 자신 혼자서 세상을 만들어 갈 수 없다는 것을 알게 된다. 누군가의 도움과 협력을 통해서 이루어진 것이며 세상의 흐름에 따라 순행하는 일시적인 과정일 뿐이다.

상생이라는 커다란 관점에서 볼 때 높은 지위에 오르고 낮은 위치에 있는 것은 흘러가는 한 상태일 뿐이다. 과시하고 자랑함은 나의 만족을 위해 다른 사람을 비교하여 나를 돋보이고 다른 사

람을 낮게 하고 싶어 하는 욕심에서 비롯된다. 인간 인식의 오류
에서 발생하는 부자연스러운 모습이다. 즉, 도(道)를 벗어나는 행위
이다.

큰 일을 이룬 후에 멈추고 안주하면 지속적으로 성장, 발전 할
수 있는 기회를 놓치게 된다. 만약 당신이 스스로 안주하고 만족
함에 머무르며, 명성을 이용하여 사리사욕을 채운다면 곧 내몰리
게 된다. 성공을 이룬 사람은 시대의 흐름에 의해 조금 더 기회를
받아 권위와 지위를 얻었음을 이해하고, 더욱 상생의 마음을 근간
으로 삼아 살아간다.

3.
욕심을 비우고, 다투지 않도록 하라

❀ 성인은 욕심을 비우고, 서민이 다투지 않도록 한다

※ 재화와 욕심에 대한 경계.

❀ 서민의 배를 채워주고 뼈(기질)를 튼튼하게 해주며, 인위적인 일
　을 만들어 욕심을 조장하지 않는다

不上賢, 使民¹⁾不爭.
불상현　사민　부쟁

不貴難得之貨, 使民不爲盜.
불귀난득지화　사민불위도

不見可欲, 使民不亂.
불현가욕　사민불란

是以聖人²⁾之治也.
시이성인　지치야

虛其心, 實其腹, 弱其志, 强其骨³⁾.
허기심　실기복　약기지　강기골

恒 使民無知⁴⁾無欲⁵⁾.
항　사민무지　무욕

使夫智⁶⁾不敢不爲而已, 則無不治矣.
사부지　불감불위이이　즉무불치의

소위 '현명하다'는 사람을 받들어 높은 위치에 두지 않아서, 서민들이 (이익을 위해) 다투지 않도록 한다.

얻기 어려운 재물을 귀하게 여기지 않아서, 서민이 도적질을 하지 않도록 한다.

(성인의) 욕망, 욕심을 드러내지 않아서, 서민들이 혼란에 빠지지 않도록 한다.

이것이 성인이 나라를 다스리는 방법이다.

그 (성인의) 마음을 비우고, 그 (서민의) 배를 채우며,

그 (성인의) 뜻을 유연하게 하고, 그 (서민의) 골격을 강하게 한다.

항상 서민들이 (헛된) 지식과 욕심을 쫓아가지 않도록 한다.

얕은 지식을 지닌 신하가 감히 인위적인 일을 하지 못하도록 하면, 즉 다스려지지 않음이 없다.

1, 2, 6) 민(民), 성인(聖人), 부(夫) - 노자가 살았던 중국 춘추전국시대 말기의 사회 계급을 살펴보면 ① 황제, ② 제후·왕, ③ 신하, 부(夫) ④ 백성(百姓) ⑤ 민(民), ⑥ 노예·천인의 형태로 분류되고, 성인(聖人)은 제후와 왕을 가리킨다.

3) 골격(骨) : 배를 채우는 것은 단기적인 식량을 풍족하게, 골격을 강하게 하는 것은 장기적인 측면의 삶의 질을 높이는 것을 의미한다.

4) 무지(無知) : 무지는 무식하게, 지식이 없도록 어리석게 하라는 의미이나, 얕은 지식에 의한 폐해를 경계함의 의미이다.

5) 무욕(無慾) : 알고자 하는 마음과 하고자 하는 욕심, 욕망은 인간의 본성이다. 이를 없애라 하는 것은 근원적으로 불가하다. 무(無)는 강하게 하지 마라, 절제하라는 의미로 여기서는 강한 절제, 경계로 이해해야 한다.

6) 부지(夫智) : 성인(제후·왕)이 등용한 지혜를 겸비한 관리로 국가를 강성하게 만들기 위해 다양한 사업(有爲한 일)을 계획하는 역할이다. 계획된 일은 신하와 백성(촌장, 마을의 우두머리 정도)이 관리하고, 서민이 실행하였다.

참고 한자

賢(현) 현자 / 使(사) 시키다 / 虛(허) 비우다 / 實(실) 채우다 / 敢(감) 감히

해설

주나라 말기 춘추전국시대의 시대적 환경

2천 년간 이어져 온 하·은·주(夏·殷·周) 시대 중 주(周)나라 말기에 해당하는 춘추전국시대는 극도로 혼란한 시기였다. 중국 전역의 잦은 전쟁과 폭정으로 인해 사람들이 이웃 나라로 도피하는 일이 다반사였고, 하늘이 내려준 천자(天子)에 대한 믿음이 붕괴되는 시기였다. 또한 노자, 순자, 공자 등 학자들에 의해 새로운 사상이 정립되는 시기이기도 했다.

산업의 99.99% 이상이 농업이었으며, 기술적으로는 청동기 대

신 철기 도구 사용이 본격화되기 시작하였다. 나무 도구에 의존하던 농사기구가 단단하고 강한 철제 도구로 대체되었으며, 철제 도구를 활용해 더 깊이 땅을 파고 씨를 심는 심경법이 개발되었다. 이는 더 많은 곡물을 수확할 수 있음을 의미한다. 철기를 사용하여 농업기술은 대전환기를 맞았고, 생산력이 급격히 증가하는 혁명의 시기였다. 농업 생산력의 증가는 인구 증가로 이어졌으며, 경작이 유리한 토지에 대한 점유가 국가의 부(富)와 국력 증가로 직결되었다.

물론 부정적인 측면도 있었다. 철제 무기를 만들어 사용하기 시작한 것이 그것이다. 철제 무기는 기존 청동 무기와 비교해 월등한 우위를 제공하였고, 철제 무기의 생산력은 군사력과 비례하였다. 이런 시기에 황제의 권한이 약화되고 정치적으로 불안한 상황이 지속되자 각 지역의 제후들은 영토와 인구의 확장을 위해 전쟁을 일삼았다.

대전환기, 혼란의 시대, 변화가 많은 시기에는 변동성이 크게 증가한다. 즉, 삶의 리스크가 커지게 된다. 4차 산업혁명을 앞두고 있는 현대 사회의 리스크가 급격하게 증가하는 것과 맥락을 같이한다.

대 혼란의 시대에서 서민들은 생명을 겨우겨우 이어간다 할 정도로 삶을 유지하는 것이 힘들었다. 전쟁과 황폐해진 토지로 터전을 잃은 많은 서민(民), 백성(百姓), 선비(士) 계층이 빈번히 다른 나라로 도피하였다.

혼란과 위기는 새로운 기회를 부여한다
그 혼란의 대가를 치르는 것은 맨 아래 계층인 서민이다

　도피자 중에서 지식과 지혜를 지닌 인재는 해당 국가의 성인(제후·왕)에 의해 발탁되어 관리로 등용되었다. 이처럼 다른 측면에서 보면 사회의 혼란이 새로운 기회를 제공하기도 하였다. 성인(제후·왕)의 입장에서는 다른 나라의 효율적이라고 생각되는 제도, 기술을 도입하여 나라를 발전시키는 길이 부국강병의 지름길이고, 이는 국가 리스크를 해결하는 최선의 방법이었다.

　다만 지식을 전달하는 방법은 대부분 기록이 아닌 구두 전달에 의존했다. 극소수의 귀족만이 비단 또는 대나무에 글을 적어 생각과 지식을 전달하던 시기이다. 서민은 구전을 통해 기술과 얕은 지식을 습득할 수 있었고, 삶의 지혜를 발휘하여 나라에 유용한 도움을 줄 수 있었다.

　이는 신분상승의 기회가 열림을 의미한다. 신분제도에 의한 철저한 계급 사회였지만 현대의 신분증처럼 신원을 증명할 증빙 제도가 없었기 때문에 약간의 지식을 보유한다면 오히려 기회를 찾을 수 있는 사회였다. 대혼란은 기술의 발전과 사회의 변화를 더욱 가속시키는 역할을 했다.

　이런 대변화 시기에는 새로운 방법과 시도가 환영받는다. 새로운 방법의 시행은 성공을 목표로 하지만, 진행 과정에서 무리와 많은 실패가 뒤따른다. 그에 대한 혹독한 대가는 대부분 신분의 맨 아래 계층인 서민들의 몫이다.

　성인(제후·왕)은 현(賢)자를 구했고, 새로운 제도와 규칙을 만들어 서민의 삶에 혼란을 가중시켰다. 서민들이 살아남기 위해 다투고 도적질하는 모습을 바라보면서, 이를 서민 삶의 고통으로 인식하고 성인에게 바르게 나라를 다스릴 것을 주문하고 있다. 이를 바로잡을 수 있는 사람은 부(夫) 계층이나, 백성도 아니고 최고 관리자인 성인(聖人)이기 때문이다.

현자를 구하고, 인위적인 사업을 계획하며 실행하는 것은 헛된 욕심을 유발한다. 겉으로 보이기에는 부국강병인 듯하지만, 결국은 서민의 어려움을 가중시키는 길이다. 그래서 성인부터 욕심을 비우고 서민의 삶을 최우선으로 생각하며, 서민을 배부르게 하여 서민이 헛된 욕심에 빠지지 않도록 한다. 그러면 서민들도 자연스럽게 욕심을 비우고 순박한 마음으로 다투지 않으며 살게 된다.

4.
도는 보이지 않으나 만물의 운행원리이다

❀ 도(道)의 성질

  - 보이지 않고 비어 있으나, 넘치는 법이 없다.

  - 만물 운행의 근본 원리 같다.

  - 날카로움을 무디게 하고 분란을 해소한다.

  - (태양) 빛을 조화롭게 하고, 진흙을 뭉쳐 하나가(지구) 되게 한다.

❀ 도(道)는 태양, 지구, 우주보다 먼저 생겨난 것 같다

※ 충(沖) = 태양과 지구 사이 비어 있는 대기층(우주 공간)

※ 화(和) = 대기층이 태양 빛을 조화롭게 하여 인간을 이롭게 한다.

※ 동(同) = 진흙을 하나로 뭉쳐 우리가 사는 삶의 터전(지구)이 된다.

道沖[1]而用之, 又不盈也.
도 충　이 용 지　우 불 영 야

淵[2]呵 似萬物之宗.
연　아　사 만 물 지 종

銼其銳[3], 解其紛, 和其光, 同其塵.
좌 기 예　해 기 분　화 기 광　동 기 진

湛[4]呵 似或存.
담　아　사 혹 존

吾不知誰之子[5]也, 象[6]帝之先.
오 부 지 수 지 자　야　상　제 지 선

도(道)는 비어 있어 형체가 없으나, 그것을 사용할 때에는 넘치는 법이 없다.

깊고 깊어 마치 만물의 근원 같다.

날카로움은 무디게 하고, 분열은 풀어 해소하며,

빛은 부드럽게 하고, 티끌처럼 작은 진흙은 하나로 뭉치게 한다.

저 깊은 곳에 마치 존재하는 것 같다.

나는 어떤 분인지 알지는 못하지만, 도(道)는 천제보다 앞선 존재이다.

1) 충(沖) : 물수변(氵) 뜻은 물을 의미한다. 소리만 中자를 따온 글자이다. 화하다. 비우다. 공허하다. 담백하다. 깊다.

2) 연(淵) : 만물이 모이는 곳. 물이 모이는 곳. 깊고 깊은 연못(바다).

3) 예(銳) : 날카로운 것. 급박한 것. 강한 기세.

4) 담(湛) : 깊은. 물이 깊은.

5) 자(子) : 아들이라고 이해하기보다 공자, 순자, 맹자처럼 사람을 높이는 존칭이다. 어떤 사람 = 나의 능력으로는 알지 못하는 사람.

6) 상(象) : 형태. 모양. ⇨ 존재.

盈(영) 채우다 / 淵(연) 깊다 / 呵(아) 어조사 / 宗(종) 으뜸 /
銼(좌) 낮추다 / 解(해) 풀다 / 紛(분) 분열 / 塵(진) 진흙 /
似(사) 마치 / 誰(수) 누구 / 帝(제) 하느님

해설

　춘추전국시대에는 제후 및 왕권이 강화되고 천자(天子)는 허수아
비 같은 위치로 전락했다. 철저한 계급 사회에서 제후·왕을 칭송하
지 않고 잘함과 잘못함을 가리고 바른 이야기를 하는 것은 목숨
이 위태로운 행위다. 『도덕경』은 제후·왕에게 보내는 단순한 교훈
을 넘어 뼈아픈 경고의 메시지이기도 하다. 그래서 노자는 자신의
이름을 밝히고 현실 세계로 나올 수가 없었다.

　『도덕경』은 하늘의 뜻, 천자의 뜻에 따라 다스려지는 것이 바른
이치에 맞지 않다고 기술하고 있다. 도(道)라는 스스로의 운행 법
칙에 따라 모든 것이 이루어지고, 세상이 운행된다고 설명한다.

　사람은 기본적으로 인식의 오류를 지니고 있으며 불완전한 지
식과 욕심을 내포하고 있는 존재다. 성인을 비롯한 모든 인간은
만물의 상생 원리를 자주 잊어버리고 과도한 욕심에 빠져서 헤어
나지 못하는 불완전한 존재다.

　불완전한 존재가 불완전한 인간을 다스리고 있다. 그래서 발생
하는 문제점과 리스크를 최소화하기 위한 도구가 필요하다. 법률,
규칙, 질서 등이 그것이다. 그리고 법률, 규칙, 질서를 올바르게 이
끌어줄 견고한 사상이 우선적으로 요구된다.

『도덕경』은 불완전한 인간의 모습이 아니라 자연의 모습을 바라보고 자연의 운행 규칙을 기초로 만든 사상이다. 그 사상이 지칭하는 근본 원리인 도(道)는 하늘의 신(神), 천제의 명령 또는 천제의 명령을 받아 인간 세상으로 내려온 천자(天子)보다 앞선다.

인간이 사는 세상에서 보이지 않는 것의 의미
대기는 보이지 않지만 만물을 조화롭게 한다

도(道)의 운행 원리는 텅 비어 허무하게 보일 수도 있으나 깊고 깊으며 그 작용 또한 무궁무진하다. 3장에서 인간의 삶에서 가장 근본이 되는 부분을 언급하였다면 4장은 자연을 바라보고 세상의 운행 원리를 기술하고 있다.

사람이 살아가는데 가장 가까이 있고 가장 밀접한 것, 그러나 볼 수도 없고 만질 수도 없는 것이 바로 대기, 즉 공기다. 그 대기를 충(沖)이라 표현하였다. 사람이 살아가는데 가장 영향을 받고 도움을 얻는 것은 해와 지구(땅)이며, 그 사이에 비어 있는 부분(沖)이 대기다. 비어 있으며 형체가 없다. 충(沖) 자를 사용하여 표현한 것은 습기를 머금을 때에는 무겁고, 건조할 때는 가볍기 때문이다. 비어있지만 물과 연관이 있다. 공(空)의 개념이 아니다.

텅 비어 있고, 형체도 없는 공(空)과 유사하지만 쓰임은 무궁무진하다. 햇빛의 강렬함을 무디게 하여 식물이 타는 것을 막아 주고, 사람이 살 수 있도록 적정한 세기와 양으로 빛을 조화롭게(和)

하는 역할을 한다. 즉, 대기는 날카롭고 급박한 것을 무디게 만들어 만물에 도움을 준다. 사람의 마음이 날카롭고 조급해질 때에 길게 숨을 들이마시고 내쉬고를 반복하다 보면 마음이 여유로워진다. 이것은 2,500년 전이나 지금이나 다를 바가 없다.

하늘의 해와 가운데 있는 충(沖), 그리고 우리가 딛고 살아가는 땅(地)이 있다. 땅은 작은 먼지, 진흙이 어우러져 하나의 커다란 덩어리를 이룬다. 그것이 지구다. 땅은 잘게 쪼개지기도 하고 어떤 형태를 이루어 모이기도 하며, 물과 공기의 작용과 더불어 만물을 자라나게 한다.

인류는 햇빛을 받고 공기의 부드러운 완충 속에서 지구라는 땅을 딛고 서서 살고 있다. 해와 땅과 그 사이에 보이지 않는 무(無)에 해당하는 것 속에서 살고 있음을 설명하고 있다.

2,500년 전의 과학 상식으로는 충분히 설명이 안 되는 것이지만, 지구를 감싸고 있는 자기장과 대기라는 보호막이 없었다면 태양의 빛이 너무 강렬해서 생명은 존재하지 못하였을 것이다. 빈 공간처럼 보이는 대기가 인간이 살아가는데 필요한 최적의 양과 강도의 햇빛을 선사하고 있다. 도(道)의 원리에 따라 예리한 것은 무디게 만들고, 어지럽게 분열되어 있는 것들은 자연스럽게 스스로 해결되도록 한다.

도(道)에 어긋나는 행위, 즉 상생을 무시하는 자연 파괴는 이산화탄소(CO_2)의 증가와 오존층의 붕괴를 가져온다. 기온은 상승하게 되고 자외선은 증가하여 인간에게 치명적인 영향을 준다. 현대 사회에서는 누구나 그 중요성을 알고 강조하지만, 욕심과 무관심으로 쉽게 잊고 살아간다.

노자 사상은 자연의 모습을 바라보고, 계급 사회 속 인간의 삶의 모습을 간명하게 설명하고 있다. 2,500년 전에 기술한 내역이 현재의 과학으로 보아도 오류나 빈틈이 없다. 다만 당시의 언어와 지식, 이해의 한계로 충분히 설명하지 못할 따름이다. 아울러, 현재의 우리가 그 사상의 깊이를 충분히 이해하지 못하고, 해석하지 못할 뿐이다.

　우리에게 어떤 방향으로 인생을 살아야 하는지에 대한 깊은 사유의 통찰을 제시함은 그 어떤 사상도 따라갈 수 없다. 현대의 철학자, 물리학자, 그리고 자연·사회 과학을 연구하는 학자는 노자 사상을 다시 살펴보고 지금의 한계를 풀어나가는 도구로 여겨도 좋다.

5.
인간 자율 의지의 중요성

❈ 하늘의 마음과 성인의 마음은 같다

- (不仁)어질지 않다. 그리고 도(道)의 운행 규칙을 따른다.

❈ 하늘과 땅 사이(인간이 사는 세계)의 모습은 풀무와 같다

- 비어 있으나 오그라들어 있지 않고,

- 사용할수록 더 많이 (공기가) 나온다.

- 언어(지시)가 많아지면 오히려 일이 잘 되지 않는다.

- 스스로의 중심을 가지고 일하는 것이 제일 좋다.

※ 수어중(守於中) = 사람은 자신의 자율 의지를 지키는 것이 중요하다.

天地不仁, 以萬物爲芻狗[1].
천 지 불 인   이 만 물 위 추 구

聖人不仁, 以百姓[2]爲芻狗.
성 인 불 인   이 백 성 위 추 구

天地之間, 其猶槖籥[3]與.
천 지 지 간   기 유 탁 약   여

虛而不屈, 動而愈出.
허 이 불 굴   동 이 유 출

多聞數窮, 不若守於中.
다 문 삭 궁   불 약 수 어 중

천지는 어질지 않아서, 만물을 짚 강아지처럼 처리한다.

성인도 어질지 않아서, 백성을 짚 강아지처럼 처리한다.

하늘과 땅 사이는, 그 모습이 풀무와 같다.

안이 비어 있지만 오그라들어 있지 않고, 움직일수록 점점 더 많이 (공기가)나온다.

(빨리해라, 어떻게 해라 등의 말을)많이 들을수록 바삐 서두르게 되고, (힘이 빠져)중단하게 된다.

(내 마음의)중심을 지키고 (풀무질을) 수행하는 것만 못하다.

1) 芻狗(추구) : 짚 강아지, 즉 볏짚(벼=쌀이 자라난 줄기)으로 만든 강아지. 제사 때 사용하는데 사용 후에는 불에 태우거나 아무 데나 버린다.

2) 百姓(백성) : 고을, 촌락 등 지방의 소지역의 말단 관리자, 서민(民)을 관리하는 바로 위 계층에 해당한다. 훗날에는 백성과 서민이 혼용되며, 현재는 같은 의미로 사용되고 있다.

3) 橐籥(탁약) : 풀무, 철광석을 녹일 때에 용광로의 온도를 높이기 위해 산소를 불어 넣는 기구.

猶(유) 오히려 / 與(여) 같다 / 屈(굴) 굴복하다, 오그라들다 / 愈(유) 점점 더 / 數(삭) 자주 / 窮(궁) 궁하다 / 若(약) 같다

인간의 인식, 인정, 감정의 한계
인(仁)에 의한 다스림은 한계가 있다

하늘과 땅의 모든 이치는 어질지 않다. 어질다(仁)는 것은 사람의 속성이고, 사람이 원하는 것이다. 제사를 위해 사용되는 짚으로 만든 강아지처럼 쓸모가 다하면 자연에서는 초라하게 버려진다. 짚 강아지는 신(神)이나 조상을 기리기 위한 제사에 사용되므로 비록 자연에서 쉽게 구하는 손쉬운 재료로 이루어지지만 정성을 다해 만든다. 그리고 제사를 마치고 난 후에는 큰 의미 없이 버려져 다시 자연으로 돌아간다.

성인 또한 어질지 않다. 백성(百姓)의 쓸모가 다하면 헌신짝처럼 가차 없이 버린다. 성인에게 백성은 하급 관리로 필요하면 쉽게 만들거나 구하지만, 용도를 다하면 그만이다. 성인의 마음은 하늘처럼 무심하여 인정에 연연하지 않고 자연의 운행 법칙을 따른다.

현대 사회에서도 하급 관리자는 쉽게 구하고, 쉽게 버려진다. 쉽게 만들어지고 대체되며 다양한 정책을 실현하는 도구가 된다. 정책이 때론 부당하고 부적절하더라도 맨 아래 실행 계층 사람을 회유하고 강제하여 일을 수행해야 한다. 즉, 상위의 지시가 올바르지 못하더라도 지시에 따라 서민을 종용할 수밖에 없는 위치이다.

노자는 사람의 어질다(仁)는 속성에 대해 회의적으로 바라보고 있다. 도(道)를 가장 근본이 되는 운행 원칙이라 설명하고 있으며, 만약 도(道)에 대한 이해가 부족할 경우 다음으로 선택할 만한 것이 만인을 이롭게 하는 덕(德)에 의한 다스림이다. 덕(德)에 의해서도 다스리기 어려운 경우, 그다음에는 사람의 기본적인 마음인 인(仁)을 요구한다. 인간의 기본적인 선한 감정인 인(仁)은 노자 사상에서는 3순위로 요구되는 사항이다. 공자가 ① 인(仁) ② 의(義) ③ 예(禮) ④ 지(知) ⑤ 신(信)을 순서대로 주문하고 있는 것과는 명확히 구분된다.

노자 사상에서 덕(德)은 '베푸는 자'의 관점이 아니라, '백성(百姓)', '서민(民)' 등 만인을 포함한 보편적인 혜택을 누리는 '수혜자의 관점'이다. 만인, 만물은 덕을 통해서 성장하고 번성하게 된다. 즉 만물의 운행 원리에 부합하는 관점에서의 덕(德)이다.

모든 만물, 자연은 도(道)의 운행 규칙에 따른다. 사람도 도(道)와 덕(德)을 따른다면 굳이 어진 마음을 찾아 나설 필요가 없다. 어진 마음을 지니고 바른 정치를 실행하는 왕을 찾아 나설 이유가 없으며, 신하, 백성, 서민들을 어질고 바르게 살도록 가르칠 필요도 없다. 사람은 인식 오류를 일으키기 쉬워서 지식을 쌓으면 쌓을수록 잘못된 판단을 일으킬 수 있는 위험성도 증대된다. 이에 "무지무욕(無知無慾) 하라." 하였다.

천지자연이 모두 어질지 않은데, 하물며 성인(제후·왕)이 어찌 어질 수가 있겠는가? 인성이 좋고 인(仁)을 추구하는 성인이 있다면 그 성인 아래에서 살아가는 백성(百姓)과 서민(民)은 행복할 것이다. 하지만 그런 경우에도 인(仁)은 무디어지고, 상황에 따라 변하게 된다.

인(仁)이란 것은 아름다움이나 선(善)처럼 한마디로 정의하는 것이 쉽지 않다. 사람에 따라서, 주어진 환경에 따라서, 자라온 과정에 따라서 다르게 느낄 수 있다. 그것이 사람의 감정이며 어짊이다. 사람의 감정을 기반으로 한 속성은 필히 왜곡이 있다. 한 사람이 무한히 어질다 하더라도 주변 사람과의 관계에서 인지할 수 없는 상황으로 인해 오해가 발생할 수 있다.

왜곡과 오해가 발생할 수 있는 덕목을 성인이 갖추어야 할 최우선의 자세로 삼기에는 무리가 있다. 그래서 성인은 최대한 객관적으로 사람을 대하되, 좋은 것도 좋지 않은 것도 모두 크게 연연하지 않고 자연의 작은 지푸라기처럼 받아들이는 넓은 마음을 주문하고 있다.

철기 시대를 이끈 최고의 혁명적 기술은 풀무
풀무의 모습에 비유해 본 세상

하늘과 땅 사이의 공간을 풀무에 비유하고 있다. 해와 달과 지구 사이는 비어 있지만 그 공간은 오므라들어 있지 않고 충분히 넓으며 적절한 거리가 존재한다. 4장에서 충(沖)에 대해 설명했다. 그 공간에서 만물은 항상 움직이고 있으며, 움직임은 점점 더 빠르게 진행되어 어느 시점에 출(出), 나오게 된다.

춘추전국시대 이후, 기술은 발전에 발전을 거듭하여 땅 위에서, 바다에서 점점 더 멀리, 점점 더 빠른 활동을 가능하게 했다. 2,400년이 지난 1903년에는 라이트 형제에 의해 땅을 벗어나 새처럼 나는 꿈이 실현되었으며, 2,450년이 지난 1969년에는 아폴로 11호가 인류 최초로 지구를 출(出), 벗어나 달에 착륙하였다. 그리

노자 도덕경 道

고 지구를 벗어나 인류의 발자국을 달에 남겼다.

풀무는 철기의 생산을 비약적으로 증가시키는 그 시대 최고의 발명품이다. 철광석을 녹여 철을 추출하고, 가공하기 쉽게 철을 달구기 위한 필수적인 도구이다. 철은 녹는점이 1,500°C로 높기 때문에 불에 산소를 인위적으로 주입하여 화력을 높여야 녹인 뒤 가공이 가능하다. 초기에는 파이프 형태의 관에 입을 대고 불어넣는 방식으로 공기를 주입하였으나, 풀무라는 공기 주입 도구 개발로 입으로 불어 산소를 주입할 때에 비해 약 70배 이상의 효율을 가져왔다. 이는 철을 대량으로 녹이고 가공할 수 있는 생산력의 획기적인 발전을 일으켰다.

이런 발전을 통해 제후와 왕은 더 강하고 예리한 무기를 많이 만들 수 있었다. 철제 무기는 인접한 나라를 정복하여 토지와 인구를 늘리고 부(富)를 획득할 수 있도록 도와주는 요긴한 도구였다.

노자는 풀무의 예를 빌어서 최고의 기술이 인간의 탐욕에 의해 잘못 사용될 경우 병기(무기)를 만드는데 활용될 수 있음을 설명하고 있다. 이로 인해 수많은 사람을 죽이거나 다치게 할 수 있는 무시무시한 현실을 깊이 인식하고, 『도덕경』을 통해서 경계할 것을 주문하고 있다.

사회 속에서 목적 달성을 위한 명령보다 앞서는 것은?
인간은 자율 의지에 따라 살아가는 존재이다

제후와 신하의 주문이 많아서 백성이 서민에게 풀무질을 재촉

한다면, 풀무질하는 사람은 본인 마음의 중심을 지키지 못하고 서두르게 된다. 서둘러서 풀무질을 하다 보면 오히려 힘이 빠지고 지속성과 리듬을 잃는다. 그리고 생산에 더 비효율적인 결과를 가져오게 된다.

하늘을 날 수 있게 된 것은 누가 시켜서 이루어진 게 아니다. 지속적으로 꿈꾸어 오던 열망을 스스로의 힘으로, 실패와 실패를 거듭한 후에 성공한 것이다. 아폴로 11호가 지구를 벗어난 것도, 목표를 수립하고 그것을 실행할 수 있는 기술과 인력을 충분히 공급했기에 가능했다. 한두 개의 풀무를 두고 독촉의 말(言)이나 명령으로 재촉한다고 해서 목적하는 만큼의 생산이 이루어지지 않는다.

4차 산업혁명 시초에 있는 현재 인공지능(AI), 기계학습(ML), 자율주행(AD), 블록체인(BC) 등 신기술이 쏟아져 나오고 있다. 성인(聖人)의 지위와 역할을 수행하는 사람은 이런 기술이 나아가야 할 방향에 대한 미래의 모습(Vision)을 충분히 제시하고 있는지, 충분한 시스템과 인력을 갖추고 준비하고 있는지를 어떠한 성과를 요구하기 전에 우선 생각해 봐야 한다. 단지 결과에 급급하여 풀무장이 예시처럼 중간관리자를 독촉하며 으르고 있는 것은 아닌지 살펴볼 일이다.

인(仁)과 함께 주의 깊게 의미를 살펴볼 글자는 문(聞)이다. 말(言), 즉 지시를 듣는 사람은 수동적이게 된다. 아랫사람은 명령과 지시에 대한 배경 또는 근원을 이해하기가 어렵다. 사람 사이의 대화에서 오해가 발생하는 것은 필연적이다. 지시하는 사람은 더 많은 철제 기구를 생산하기 위해 독려하지만, 지시를 듣는 사람 입

노자 도덕경 道

장에서는 목표량이 합리적이지 않은 경우, 이해가 어렵고 혼란스럽다.

현실적으로 풀무장이가 얼마나 빠르게 풀무질을 할 수 있는지에 대해 정확히 알기는 어렵다. 평상시에는 그저 적정한 수준에서 풀무질을 하고 생산에 힘쓸 뿐이다. 지속적으로 주문량이 많아지고 독촉이 심해지면 고된 일의 연속으로 생각한다. 그렇다고 계급 사회에서 상급자의 지시를 등한시하여 풀무질을 게을리할 수는 없다. 이 경우 다양한 형태의 벌이 내려오기 때문이다. 그래서 감시자가 있는 경우와 주문이 많은 경우에 일시적으로 열심히 풀무질을 할 수는 있으나, 그것에도 한계가 있기 마련이다.

지시하는 사람도 풀무장이가 얼마나 빠르고 많은 일을 수행할 수 있는지 정확히 알 수 없다. 문제는 지시하는 중간관리자가 한 명이 아니고 여러 개의 지시가 동시에 내려올 경우 더욱 혼란스러운 상황이 벌어진다는 것이다. 농사 기구를 만들기 위한 풀무질을 우선해야 할지, 전쟁 병기를 만들기 위한 풀무질을 우선해야 할지 고민해야 한다. 요구가 많아지고 생산 능력을 벗어날수록 그 차이만큼 혼란이 가중될 수 있다. 이것이 오히려 작업이 원활히 이루어지지 않는 요인이 된다.

가장 좋은 것은 요구 사항을 최소화하고 명확히 전달하며, 중간에 혼선을 유발하지 않도록 프로세스를 갖추는 방법이다. 그보다 우선 살펴볼 사항은 풀무질을 하는 풀무장이의 땀방울이다. 그 노력에 대해 이해하고 적절한 휴식과 보상이 전제되어야 한다. 그래야 대충 두드려서 만든 제품이 아니라 담금질이 잘된 좋은 품질의 철기가 생산된다. 생산력을 늘려야 할 필요가 있다면 독촉보다

는 풀무와 풀무장이를 늘리는 것도 하나의 방법이다. 생산량 증가
만 요구하는 것은 욕심을 채우기 위해 풀무장이의 땀방울을 무한
히 요구하는 것과 같다.

6.
인간은 지속적으로 번영할 것이다

⊛ 인류는 여성(모체)을 통해 아이를 낳고 이어지고 이어져 왔으며,
앞으로도 영원히 번영할 것이다

谷¹⁾神不死. 是謂玄牝.
곡 신 불 사   시 위 현 빈

玄牝²⁾之門³⁾, 是謂天地之根.
현 빈 지 문   시 위 천 지 지 근

綿綿⁴⁾ 呵若存, 用⁵⁾之不勤
면 면   아 약 존   용 지 불 근

번역

(사람이 살아가는 곳) 골짜기는 신비스럽게 영원히 죽지 않는다.
이는 깊고 오묘한 여성의 힘 때문이다.
오묘한 여성의 문을 일러, 천지의 근원이라고 한다.
끊임없이 이어지고 이어져 존재하는 것은,
그 행함이 멈추지 않기 때문이다.

1) 곡(谷)은 골짜기라는 뜻으로 계곡에서 물이 八 형태로 흘러내려
   가는 것을 형상화한 글자이다. 이는 물이 흘러 비옥한 토양에
   서 경작을 하며 사람이 모여 살아가는 곳을 의미한다. 즉, 사람
   이 살아가는 터전인 곳 전체를 일컫는다.

2) 새로운 생명을 잉태하고 낳을 수 있는 것(암컷을 통칭)을 오묘하
   다 표현하였다. 지금의 생명 과학(의학) 기술과는 달리, 생명이
   탄생하는 구체적인 과정의 이해가 부족했던 당시 언어로는 오
   묘(심오)하다는 표현이 가장 적절하다.

3) 문(門) : 유(有)에서 무(無)로, 무(無)에서 유(有)로 변화되는 신비
   로운 통로이다. 여기에서는 생명이 탄생하는 통로를 의미한다.

4) 면면(綿綿) : 이어가고 이어가다. 면(綿)은 실을 이어가는 모습을
   의미한다. 사람의 생명을 하나의 실로 여길 때 실과 실을 이어
   가는 모습을 그대로, 소리 나는 형태로 표현하였다. 동양에서
   는 인간의 수명을 실로 비유하여 표현한다. 그래서 아기가 첫
   돌을 맞이하여 실을 잡으면 장수한다고 여기며 축복하곤 한다.

5) 용(用) : 실을 이어가는 것을 지속적으로 행하는 것을 의미한다.
   즉, 아이를 낳고 지속적인 번영이 이어지게 하는 쓰임(행동)을 의
   미한다.

牝(빈) 여성 / 根(근) 근원 / 綿(면) 이어지다 / 勤(근) 일하다

인류는 밝은 미래를 가꾸고, 지속적으로 번영할 것이다

곡(谷)은 사람이 살아가는 세상을 의미한다. 곡의 자형(字形)을 보면 물이 계곡의 하류에 있는 넓은 토지로 퍼져 나가는 형태로 그 아래에 입(口)이 있다. 즉, 물이 흐르는 땅에서 경작하고 사람이 먹고 살아가는 곳을 곡(谷)이라 하는 것이다. 사람이 일하며 살아가는 모든 곳을 곡이라 할 수 있다.

사람이 살아가기 위해선 토지와 그 위에 흐르는 물이 필수다. 메마른 토지만 있다면 사람은 살아갈 수 없다. 물이 흐름으로써 만물이 생장하고 번영할 수 있다. 물은 덕(德)과 선(善)의 성질을 내재하고 있다.

역사 이전부터 여성을 통해 아이를 낳고 낳아 인간의 존재는 끊임없이 이어져 왔고, 앞으로도 영원히 번성할 것이다. 이 행위는 그치지 않을 것이다. 여성의 힘을 통해서 인류의 끈은 이어진다. 그리고 그를 통해 인류는 지속적으로 번성한다. 이 문구에서는 여성이 인류의 모체, 근원임을 강조하고 있다.

인류의 역사에서 물리적인 힘이 열세인 여성의 권익은 남성에 비해 현저하게 낮게 다루어졌다. 뉴질랜드에서 1893년 세계 최초로 여성에게 참정권을 부여하기 전까지는 여성의 인권은 법적으로 보장되지도 않았다.

2,500년 전 귀족 계층에게는 여성에 대한 이런 형태의 표현이 상당히 거슬리고, 이해할 수도 없는 글이었을 것이다. 고대부터 근대

에 이르기까지 『도덕경』을 읽고 해석하고 풀어낸 봉건 귀족의 입장도 마찬가지였을 것이다. 그래서 『도덕경』에 대하여 글자 그대로의 의미를 받아들이고 이해하기에 앞서서, 기존 고정 관념에 따라서 여성을 비하하는 형태의 이상한 해석이 대다수이고 실제로도 그렇게 전해져 왔다. 현대 사회를 사는 여성과 젊은이들이 『도덕경』을 쉽게 가까이할 수 없었던 이유다.

『도덕경』에서는 실 한 가닥을 한 사람의 수명으로 비유하여 설명하고 있다. 어떤 실은 길고, 어떤 실은 짧으며, 어떤 실은 좀 더 강하고, 어떤 실은 약하다. 여러 가닥의 실을 꼬아서 사용하면 실의 힘이 배로 증가하게 된다. 그런 꼬인 실을 모아 꼬아서 사용한다면 더욱더 큰 힘을 받는 곳에 사용이 가능하고, 그런 꼬인 실의 집합 수십 개를 사용한다면 이루지 못할 일이 없다. 사람이 사는 사회의 모습도 이와 유사하다. 서로를 배척하지 않고, 같은 목적을 위해 서로를 감싸 안으며 하나로 뭉친다면 강력한 힘을 발휘한다.

수많은 실이 연결되고 연결되어 현재 인류의 모습을 만들고 있다. 유전 공학에서 DNA의 모습과 유전 정보 전달 구조를 실에 비유하여 설명하고 있는 것을 보면, 2,500년 전에 『도덕경』에서 사용한 비유가 전혀 새롭지 않다.

사람은 사후 세계와 현재의 고통, 그리고 미래에 대한 불안에 대해 위안받고 싶어 한다. 지옥에 가지 않기 위해서, 마음의 평화를 얻기 위해서, 구원을 얻기 위해서 어떤 확증을 기대한다. 『도덕경』에는 자연의 모습을 바라보고, 인류의 미래는 영원히 번성할 것이며, 그 근원은 여성에게 있다고 기술되어 있다. 미래에 대한 불안도, 장밋빛 인생이 펼쳐질 거란 포장도 없다. 그저 자연과 현재까지 이어져 온 인류의 모습을 보고, 인류가 번성하는 방향으로 향하고 있는 모습을 담백하게 설명하고 있다.

7.
하늘과 땅은 사심이 없어 장구하다

⊗ 성인(聖人)의 마음은 하늘과 땅처럼 사심이 없다
  - 하늘과 땅은 자신을 드러내지 않고 사심이 없다.
  - 스스로 운행하는 자연의 법칙, 도(道)를 따른다.

天長地久.
천 장 지 구

天地之所以能長且久者, 以其不自生也.
천 지 지 소 이 능 장 차 구 자   이 기 부 자 생 야

故能長生.
고 능 장 생

是以聖人退其身而身先, 外其身而身存.
시 이 성 인 퇴 기 신 이 신 선   외 기 신 이 신 존

不以其無私與. 故能成其私
불 이 기 무 사 여   고 능 성 기 사

번역

하늘은 길고 땅은 오래간다.
하늘과 땅이 길고 오래갈 수 있는 것은 자기부터 살겠다고 하지

않기 때문이다. 그래서 길고 오래 살 수 있다.

이 때문에 성인은 자신을 뒤로 물려도 늘 남보다 앞에 서고, 자신을 제외하여도 늘 그 안에 존재하게 된다.

자신의 사사로움이 없기 때문이다.

그래서 결국은 자신의 목적을 이룰 수 있다.

참고 한자

能(능) 능히 / 退(퇴) 뒤로 물리다 / 外(외) 바깥으로 두다 / 私(사) 사사로움 / 與(여) 어조사

해설

하늘과 땅은 사심이 없다

하늘과 땅이 무한히 오래갈 수 있는 것은 자신의 이익을 우선하려는 사심 없이 도의 운행 원칙에 따라 흘러가기 때문이다. 성인 (제후·왕) 또한 하늘과 땅을 본받아 자신의 사심을 버리고 국민(民)을 우선하는 것이 마땅하다.

현재 우리가 알고 있는 것들을 모두 비우고 노자 시대로 돌아간다면 인식할 수 있는 가장 커다란 것은 하늘과 땅이다. 우주라는 개념은 아직 생기기 이전이며, 태양은 강렬하기는 하나 하늘 전체에 비해 작은 점에 지나지 않는다. 반면 땅은 모든 만물이 살아가는 터전이며, 모든 생명과 물질을 포함하고 있는 광대한 모습이다. 그 당시 이동할 수 있는 가장 먼 거리를 가더라도 하늘의 모습은

동일하고 땅을 딛고 살아가는 인간의 모습 또한 유사하다.

하늘과 땅은 어느 한 부분, 어느 한쪽에 치우치지 않는다. 성인은 인식할 수 있는 가장 큰 존재를 닮아 치우치지 않는 마음을 가져야 한다. 하늘 아래 전 국민에게 균등한 덕을 베풀며, 도(道)의 운행 규칙에 순응한다. 내가 사심을 버리고 서민(民)을 우선하는 자세를 보이면, 나를 바라보고 나의 말을 듣고 일을 수행하는 신하, 백성, 서민 모두 사심을 경계하고 순리대로 살아가게 된다.

8.
가장 선한 사람은 물과 같다

❀ 가장 선한 사람은 물의 속성과 같다(물의 속성을 본 받아라)
  - 거선지(居善地), 심선연(心善淵), 여선인(與善仁), 언선신(言善信),
   정선치(政善治), 사선능(事善能), 동선시(動善時)
❀ 물을 본받으면 다투지 않고, 허물이 없게 된다

上善若水. 水善利[1]萬物 而不爭.
상 선 약 수 수 선 이 만 물 이 부 쟁

居衆人之所惡. 故幾於道矣.
거 중 인 지 소 오 고 기 어 도 의

居善地, 心善淵, 與善仁, 言善信,
거 선 지 심 선 연 여 선 인 언 선 신

政善治, 事善能, 動善時.
정 선 치 사 선 능 동 선 시

夫唯不爭, 故無尤
부 유 부 쟁 고 무 우

번역

지극히 선한 것은 마치 물과 같다.

물은 만물을 이롭게 하면서도 다투지 않으며

사람들이 싫어하는 (제일 낮은) 곳에 머문다.

그래서 도에 가장 가깝다고 한다.

머무르는 장소를 (제일 낮은 곳으로) 선(善)하게 선택하고,

마음은 (주위에서 오는 모든 물을 받아주는) 연못처럼 넓고 깊으며,

다른 사람을 대할 때는 (자신과 동일하게) 어질게 대하고,

말을 할 때에는 (물처럼 투명하게) 신뢰할 수 있으며

정치를 할 때는 (넘치거나, 무질서하지 않도록) 바르게 다스리고,

일할 때는 (나를 희생하고, 주위와 화합하여) 능히 무엇이든 이루고,

움직일 때는 (주위와 하나가 되어) 시간을 맞추어 행동한다.

이렇듯 다투지 않기 때문에, 허물(과실, 원한)이 없다.

한자풀이

1) 이롭게(利) 한다는 글자가 물의 속성을 설명하면서 『도덕경』에 처음 나온다. 이익(利)은 인간이 우선적으로 추구하는 사항이다. 만물과 만인을 보편적으로 이롭게 하는 것을 덕(德)이라고 한다.

참고 한자

幾(기) 가깝다 / 淵(연) 깊다 / 與(여) 대하다 / 尤(우) 허물

물은 만물을 이롭게 하면서도 다투지 않는다. 그리고 도(道)의 운행 규칙을 가장 잘 실천한다. 그래서 가장 선한 것은 물과 같다

물의 7가지 속성

거선지(居善地) : 물은 높은 곳에서 낮은 곳으로 흐른다. 그래서 마지막에는 항상 가장 낮은 곳에 머무르게 된다. 가장 낮은 곳은 가장 안정된 위치이며 모든 물을 품어주는 바다 또는 큰 호수와 같은 모습이다. 사람도 자신을 낮추면 낮출수록 더 안정되고 큰 모습이 된다.

심선연(心善淵) : 큰 바다(호수)는 주위에서 흘러오는 물이라면 흙탕물이든, 깨끗한 물이든, 어떤 형태를 지니고 있든 가리지 않고 차별 없이 받아 준다. 더 많은 물을 받아들일수록 그 넓이와 깊이가 더해진다. 사람도 나를 찾아오는 잘난 사람, 못난 사람, 나에게 이익을 주는 사람, 불이익을 주는 사람 가리지 않고 받아줄 때 내가 더 커지고 깊어질 수 있다.

여선인(與善仁) : 타인과 마주할 때는 물에 자신의 얼굴을 비추었을 때 보이는 사람을 대하듯 한다. 호숫가에서 물과 마주해 보라. 물에 얼굴을 비추면 누가 보이는가? 보이는 사람처럼 상대방을 대

하라. 물에 돌을 던져 파동을 만든 후에 비추어 보라. 어떻게 보이나? 나의 얼굴이 찌그러져 보일 것이다. 물을 아주 세차게 요동치게 만든 후에 비추어 보라. 어떻게 보이는가? 형체가 구분 안 되고, 잘 보이지 않을 것이다. 내 마음을 차분히 가라앉히지 않고, 마음의 요동이 심한 상태에서 상대를 대할 때에는 상대방이 잘 보이지 않는다. 마음이 흥분된 상태에서는 상대는 아랑곳하지 않고 내 마음대로 행하게 된다. 항상 마음을 차분히 가라앉히고, 나를 보듯이 상대를 보라. 그것이 인(仁)의 자세다.

언선신(言善信) : 물은 투명하다. 즉, 물은 거짓이 없다. 그래서 물의 속성과 같은 언어는 투명함을 전제로 한다. 세계에서 가장 큰 회계 법인 중 하나는 'PriceWaterhouse Coopers'로 회사명에 물(Water)을 포함하고 있다. 투명한 회계 처리를 강조하기 위함이다. 투명함과 신뢰를 기반으로 하는 말은 굳이 아름답게 포장할 필요가 없다. 또한 굳이 구구절절한 설명을 할 필요도 없다. 물의 무색, 무취, 무미의 속성처럼 사실에 대해 담백하게 전달하면 그만이다.

현대 사회의 정치를 보라. 포장, 독설, 숨은 의도가 있는 말로 가득 차 있지 않은가? 어렵지 않게 그 비율을 계산할 수 있다. 정치뿐 아니라 사회 전반에 걸쳐 그 구성원들 사이에는 투명함을 바탕으로 한 언어가 필요하다. 사회의 언어 창구 역할을 하는 방송 분야에서는 그 투명함이 더욱 절실하다. 전달하고자 하는 내역 및 전달하는 방식에 꾸밈이 없는 사실 전달이 필수이다.

정선치(政善治) : 물을 다스리는 치수 사업은 물이 넘치지 않도록 하는 게 중요하다. 인류 문명은 이집트의 나일강, 동·서 문명의 교류소인 중동의 티그리스-유프라테스강, 중국의 황하강 유역에서 시작되었다. 인간이 살아가는 대표적인 터전(谷)이었으며, 물을 잘 다스려 문명이 번창한 곳이기도 하다.

치수(治水), 즉 물을 관리할 때에 둑을 허술하게 쌓고 물길을 잘못 막으면 큰비가 내릴 때 홍수라는 커다란 재앙을 불러온다.

치수를 잘하면 그 비옥한 토지에서 농사를 지은 덕에 인구가 증가하여 풍요를 맞이하지만, 치수를 잘못하면 거꾸로 큰 리스크를 유발한다.

정치(政治)란 인위적으로 둑을 쌓는 것과 유사하다. 가장 좋은 방법은 인위적인 다스림이 없는 것이다. 하지만 사람이 많이 모여서 살다 보면 한정된 자원을 효율적으로 사용할 필요성이 생긴다. 바로 이때 인위적인 다스림이 생기는 것이다.

큰 강을 치수(治水)할 때에는 수십 년간 물 흐름의 속성을 이해하고 관리해야 한다. 10년, 100년 이상의 물 흐름에 대한 속성(恒)을 이해해야 함은 필수다. 급류, 완류, 물의 경사, 모여들고, 넓어지고, 생물이 번성하고, 쉬어 가는 곳에 대한 이해 없이 무작정 인간의 욕심에 따라 적당한 위치에 둑을 쌓고 물과 싸우는 것은 어리석은 일이다. 이는 자연과의 상생을 무시하는 치수(治水)다.

물을 다스리는 것은 물의 힘과 겨루어 다투는 것이 아니라, 물을 유용하게 사용할 수 있도록 물의 힘을 보완(補完)하여 사람에게 이득이 되게 하는 일이다. 정치도 물을 다스리는 것과 같아서 급격하게 이루어지지 않는다. 물을 다스리는 자, 즉 정치하는 사람의 이득이 아니라 그 곡(谷)에서 생업을 이어가는 사람들의 이익을 위해서 정치가 행해져야 한다.

　사선능(事善能) : 물은 일을 할 때에 자신을 내세우지 않는다. 일을 이루기 위해 자신을 기꺼이 희생하여 목적을 달성한다. 밥을 지을 때에나 빵을 만들 때 물이 꼭 필요하지만, 우리는 만들어진 요리를 밥, 빵이라 부르지 물밥, 물빵이라고 부르지 않는다. 물밥이라고 할 정도면 물을 너무 많이 넣어 정도에 지나친 경우라 할 수 있다.

　이렇듯 음식을 만들 때도, 그릇을 만들 때도, 집을 지을 때도 물과 흙, 물과 모래, 물과 시멘트 등을 섞어 벽과 바닥을 만들고 집을 짓는다. 물은 일을 할 때 목표하는 바를 정확히 이해하고, 함께 일하는 모든 것과 잘 화합하여 도움을 주며, 목적이 이루어지도록 이끄는 힘을 지녔다. 이런 모습을 두고 '일을 선하게 잘 이룬다', 즉 사선능(事善能)이라고 한다.

　동선시(動善時) : 선시(善時)는 '시간을 잘 지키는' 또는 '정해진 시간에'라는 의미이다. 2,500년 전에 볼 수 있는 시간을 잘 지키는 물의 대표적인 행동은 하루에 2번씩 발생하는 바다 혹은 큰 호수의 밀물과 썰물 현상이다. 당시에는 과학적 원리를 이해할 수 없었지만, 태양과 달의 인력, 그리고 지구의 자전이 빚어내는 이 정교하고 신기한 현상에서 물의 속성을 바라보고 있다.

　바다(大海)가 정해진 시간에 빠져나가고 정해진 시간에 밀려들어 오려면, 일부는 나가려 하고 일부는 들어오려 하는 일 없이 모두 동일한 순서와 질서를 유지하며 행동해야 한다. 그렇지 않다면 요동치고 파도를 만들어 수많은 소용돌이와 혼란을 일으킬 것이다.

인접한 물방울과 다투어 먼저 가려 하지도 않고, 똑같은 속도로 같이 나가고 들어옴을 수억 년이 지나도록 항(恒)상을 유지하며 시간을 지켜 반복하고 있다.

위 7가지 속성은 사람이 살아가면서 하나씩 하나씩 살펴볼 만한 큰 교훈이다. 상선약수(上善若水)를 멋지게 붓글씨로 써서 액자에 걸어 놓았다면, 이 숨은 뜻에 대해 이해하고 7가지 속성을 활용하여 체크리스트를 만들어 나의 삶을 돌아보는 것도 좋은 방법이다.

① 거선지(居善地) : 나의 현재 위치가 나의 능력과 노력과 비교해 적절한가? 과분하다면 리스크를 떠안고 사는 것이다. 높으면 높을수록 리스크와 스트레스가 높아진다.

② 심선연(心善淵) : 나의 마음은 누구에게나 공평한가? 마음 씀씀이에 차별이 많다면, 나의 마음이 심하게 오염되었고, 한쪽으로 치중되어 있으며, 깊이가 얕다는 것을 의미한다.

③ 여선인(與善仁) : 나는 타인을 대할 때에 나처럼 소중히 여기는가? 그렇지 않다면 나는 스스로 외로워지고 있으며, 심지어 적을 많이 만들고 있는 것이다.

④ 언선신(言善信) : 나의 언어는 담백하고 투명한가? 거짓, 꾸밈, 숨김이 많지는 않은가? 그렇다면 나는 잠재적 또는 명시적으로 신뢰를 잃어가고 있는 것이다.

⑤ 정선치(政善治) : 나의 다스림은 과다하지 않은가? 적절한 선을 넘고 있지는 않은가? 그렇다면 나는 큰 리스크를 자처하고 있는 것이다.

⑥ 사선능(事善能) : 나는 일할 때 헌신하고 남과 화합하고 있는가? 나를 과시하고 결과를 홀로 취하는가? 그렇다면 나는 주위에 원한을 쌓고 있는 것이다.

⑦ 동선시(動善時) : 나는 큰 조직, 사회에서 나만 먼저 가려 하고 있지 않은가? 그렇다면 나는 주위와 다투고, 조직 및 사회를 혼란스럽게 하고 있는 것이다.

노자 도덕경 道

9.
공적을 이룬 후에는 물러난다

❀ 공을 이루고 난 후에는, 물러날 수 있어야 한다

  - 지위, 재물, 지식과 기술을 지니되 교만해지는 것을 경계하라.

※ 영(盈) : 채움이 과하면 넘친다. 그럴 땐 오히려 부족함만 못하다.

> 持而盈之, 不若其已. 揣而銳之, 不可長葆之.
> 지 이 영 지 불 약 기 이 췌 이 예 지 불 가 장 보 지
>
> 金玉盈室, 莫之守也. 貴富而驕, 自遺咎也.
> 금 옥 영 실 막 지 수 야 귀 부 이 교 자 유 구 야
>
> 功遂身退, 天之道也
> 공 수 신 퇴 천 지 도 야

번역

가져서 가득 채우는 것은, 채우기를 그만두는 것보다 못하다.

(칼을 두드리고 다듬어서) 날카롭게 하면 오랫동안 예리함을 보전할 수 없다.

금과 옥이 방에 가득하면 지킬 수가 없고,

부귀를 누리면서도 교만하면 스스로 근심거리(허물, 비난)를 남기는 것이다.

공을 이룬 후에는 자리에서 물러나는 것이, 세상을 살아가는 도
(道)리이다.

참고 한자

持(지) 지니다 / 揣(췌) 다듬다 / 葆(보) 보존하다 /
驕(교) 교만하다 / 咎(구) 허물 / 遂(수) 이루다

해설

채움과 비움에 대하여

인간은 본능적으로 무언인가를 지속적으로 채우려 한다. 하지
만 어느 정도 채운 후에는 오히려 비우는 것이 낫다. 행복을 주제
로 다루는 서적이나 명사들의 이야기 중 대다수는 끊임없이 채우
는 삶의 문제점을 지적하고 있다. 삶의 무게를 덜어내는 것의 중요
성을 강조함이다.

컵에 물을 가득 채워보라. 채움에는 한계가 있다. 컵에 끊임없이
물을 붓는 경우 물이 넘쳐서 주변에 쏟아지게 된다. 설령 물을 넘
치지 않을 정도로만 가득 채우고 멈추었다 하더라도, 컵을 옮기려
고 하면 쏟게 된다. 물을 90% 채웠다 해도 여간 조심스럽게 움직
이지 않는다면 흘리기 쉽다. 반면에 물을 50% 이하로 채우면 움직
임이 훨씬 자유롭다.

인생도 이와 마찬가지로, 성장기에는 채움이 필요하나 인생 절
반을 넘어서는 시점부터는 채움의 의미를 되짚어 보아야 한다. 가

득 채워서 무겁고, 느리고, 조심스러운 삶을 살 것인지, 아니면 50%, 70%, 90% 정도 채우되 지속적으로 나누어 적정 수준을 유지하고 가벼운 마음으로 부담 없는 삶을 살 것인지. 이는 선택의 문제이다.

현대 사회에서 예리한 무기는?

무기를 두드리고 다듬는 것은 생존을 위해 준비하는 인간의 본성이다. 나의 리스크를 최소화하기 위한 노력이다. 인간은 구석기 시대부터 돌을 날카롭게 다듬어 나의 신체적 약점을 보완해 생존을 이루었다. 부족한 부분을 도구로 채워왔던 유전자가 연약한 인류를 혹독한 자연에서 살아남게 했다. 그리고 그 유전자가 면면이 이어져 왔다.

물리적인 충돌이 최소화된 현대 사회의 무기는 지식 기반의 경쟁력이다. 과거의 지식을 책으로부터 얻고, 주위 사람들과 사회 및 조직에서 생성, 가공되는 새로운 정보를 습득한다. 그리고 그것을 가공하고 다듬어 나에게 유용한 부분을 뇌에 저장하고 필요할 때 꺼내 사용한다.

단지 많은 데이터를 암기하여 머릿속에 넣는 것만으로는 날카롭지 못하다. 적절하게 사용할 수 있도록 지식을 가공하고 예리하게 다듬는 무기화 과정이 필요하다. 현대 사회에서는 많은 정보를 예리하게 활용할 수 있느냐 없느냐가 살아가는데 있어 효율의 차이를 불러온다. 즉, 지식 기반 무기의 날카로움과 예리함이 현대 사회 생존의 비교 우위를 결정한다는 것이다. 그리고 이것은 성공(成功)을 이끌어준다.

성공의 부상으로 주어지는 것이 금과 옥이다. 부(副)와 더불어 신분의 상승은 귀(貴)하게 됨을 의미한다. 귀(貴)하게 되기 위한 발판을 얻기 위해 현대 사회에서는 교육과 학습이 더욱 강조되고 있다. 청소년 시절에는 생존 도구가 되는 지식의 축적이 끊임없이 요구된다. 기술이 발달하면 발달할수록 인간은 더욱 많은 기기와 지식을 활용하게 되며, 예리함을 유지하기 위한 노력이 필요하다. 예리함은 시간이 지나면 무디어지기 때문에, 성인이 되어서도 지속적인 학습이 필요하다. 이는 뇌의 노동과 부하를 점점 더 증가시키고 있다.

이 과정에서 부작용(Side effects)이 발생한다. 예리하게 만드는 과정, 즉 학습 스트레스가 사회문제가 되고 있다. 학생들은 장차 어떤 일을 하게 될지도 모르는 상황에서 맹목적인 지식을 갈고닦도록 끊임없이 훈련받는다.

예리한 도구의 오용

예리한 도구와 기기는 인간의 탐욕에 의해 오용되어 왔다. 예리한 도구를 나의 이웃과 주변에 사용하기 시작했다. 농경 사회에서는 땅을 얻기 위해 칼을 들었고, 중세 대항해시대에는 동서양 간 특산물 전달을 통한 무역 이익을 얻기 위해 총과 대포를 사용했다. 산업 혁명 이후에는 석탄, 석유, 철 등의 자원을 얻기 위해 탱

노자 도덕경 道

크와 기계식 무기를 발명하고 사용했다. 3차 산업혁명 이후에는 지식과 금융 보호를 얻기 위해 첨단 기기로 무장한 스파이를 파견하고, 미사일과 핵무기로 상대를 협박하고 있다. 4차 산업혁명을 앞둔 현재는 해킹이 그 자리를 이어가고 있다.

인간의 탐욕이 빚어낸 대표적인 오류가 이익을 위한 전쟁이다. 『도덕경』은 춘추전국시대의 분열과 전쟁의 혼란 속에서 인간이 당면하고 있는 커다란 리스크를 이해하고 경계해야 할 사항에 대해서 설명하고 있다.

부(富)와 귀(貴)함 자체가 나쁜 것이 아니라, 부귀를 획득하기 위한 탐욕과 획득한 후에 발생하는 교만한 마음이 문제이다. 성공을 이룬 후, 교만한 마음이 커지기 전에 안주하지 않고 물러나야 한다. 이것이 리스크를 최소화하고 나를 보전하는 바른길이다.

10.
어머니의 사랑처럼 깊은 덕으로 다스린다

※ 성인은 어머니의 사랑처럼 깊은 덕(德)으로 나라를 다스린다
  - 아기를 바라보는 마음처럼 깊고 그윽하게 서민을 대하고
  - 아기를 기르는 마음처럼 서민을 살피고 정성을 다하며,
  - 낳고 길러도 소유하려 하지 않고 간섭하지 않는다.

戴營魄[1]抱一[2], 能無離[3]乎.
재 영 백　포 일　　능 무 이 호

專氣[4]至柔, 能嬰兒乎. 滌除玄監, 能無疵乎.
전 기 지 유　능 영 아 호　척 제 현 감　능 무 자 호

愛民治國, 能無知乎. 天門[5]開闔, 能爲雌[6]乎.
애 민 치 국　능 무 지 호　천 문 개 합　능 위 자 호

明白四達[7], 能無知乎.
명 백 사 달　능 무 지 호

生之畜之, 生而不有, 長而不宰, 是謂玄德
생 지 축 지　생 이 불 류　장 이 부 재　시 위 현 덕

번역

하나를 잉태하여 그 혼을 실어서 관리하면, 어찌(능히) 둘로 분리

됨이 없겠는가?

기운을 전하여 지극한 부드러움에 이르면, 능히 갓난아이가 나온다.

씻기고 손질하며 지긋이 바라보면, (갓난아이라도) 능히 흠이 없을 수가 있겠는가?

서민을 사랑하고 나라를 다스릴 때, 어찌 무지할 수가 있겠는가?

사람이 태어날 수 있도록 열리고 닫히므로, 능히 어머니(雌)라 부를 수 있다.

두루 밝고 사방으로 통달하는데, 어찌 무지하다 할 수 있겠는가?

아이를 낳고 기르면서도 소유하려 들지 않고

성인이 되어서는 간섭하거나 명령하려 하지 않는다.

이를 더없이 깊은 덕이라 한다.

한자풀이

1) 재영(載營) : 실어서 관리하다. 백(魄) 혼백, 마음을 의미

2) 포일(抱一) : 일(一)은 단순히 하나의 개체를 의미한다. 포(抱)는 일반적으로 '감싸다'라는 의미로 사용되지만, '아이를 잉태하다(가지다)'라는 뜻으로도 사용된다. 포(抱)라는 글자는 아이를 잉태하는 모습을 형상화한 한자이다.

3) 이(離) : 이별. 분리하다. 여기서는 아기가 어미와 분리되다

4) 기(氣) : 영혼과 아기의 몸에 기운이 전해진 후에 생명으로 탄생한다.

5) 천문(天門) : 사람은 본래 하늘의 아들처럼 모두 존엄한 존재이
다. 하늘에서 내려오는 통로를 천문이라고 하며, 얼굴의 미간
사이 5㎝ 정도 위쪽 정신의 기운이 모이는 부분을 천문(天門) 이
라고도 한다.

6) 자(雌) : 새의 어미 중에 암컷에 해당하는 한자. 여성을 지칭하
는 글자이다.

7) 명백사달(明白四達) : 모든 일에 밝고 사방으로 통달하다.

참고 한자

專(전) 전하다 / 脩(척) 씻기다 / 除(제) 손질하다 /

監(감) 보다, 살피다 / 疵(자) 흠 / 闔(합) 통합 / 雌(자) 어미 /

達(달) 통달하다 / 畜(축) 기르다 / 宰(재) 주재하다, 관리하다

해설

곡신불사(谷神不死), 즉 인류는 지속적으로 이어지고 번영한다.
생명이 면면(綿綿)히 이어지는 것이 반복되는 것은 항상(恒常)의 일
이다. 도(道)는 항상 동일하게 반복되는 것을 관찰함으로써 이해할
수 있다. 아이를 잉태하고 키우는 과정에서 항상 볼 수 있는 어머
니의 무한한 사랑과 조건 없이 베푸는 깊은 마음이 덕(德)이다.

인간 생명의 탄생에 대하여

아기 또는 인간을 잉태했다고 하지 않고, 혼을 몸에 실어서 관리한다고 표현하였다. 배 속에 있는 시점은 아직 완전한 인간이 아니라는 의미이다. 생물학적으로는 배 속에서 하나가 자라고 있고 영혼도 존재한다. 한 가지 더 필요한 것이 바로 기(氣)다. 영혼이 몸을 다스리는 힘을 기(氣)라고 한다.

어머니로부터 기(氣)가 전달된 후 지극한 부드러움에 이르러 골반이 확장되고 아이가 태어난다. 생명이 태어나기 위해서는 강한 힘이 아니라 지극한 부드러움이 필요하다.

태아를 언제부터 하나의 인간으로 간주해야 하는가? 현대에도 항상 논란의 소지가 되는 질문이다. 이 질문은 커다란 철학적 답을 요구한다. 인간으로 정의하는 시점부터 수많은 법적, 윤리적 문제가 다르게 해석된다. 낙태 문제, 세포에 대한 연구, 유전자 제어 등을 수행하고 해석하는 기준이 된다.

배아가 생성되는 시점, 즉 세포가 분열되기 시작하는 최초의 시점으로 보아야 하는가? 인지 반응이 시작되는 시점으로 보아야 하는가? 간뇌, 소뇌, 미주 신경계가 활성화되어 손발의 움직임을 통제할 수 있는 시점으로 보아야 하는가? 논란이 지속된다. 이는 현대의 과학과 철학에서도 의견이 분분하다.

노자는 기(氣)의 전달 이후를 영아라 표현하였다. 기(氣)는 인간의 뇌를 통해 몸을 자율적으로 통제할 수 있는 힘이다. 이는 태아기의 22주 정도에 완성된다. 옛날에도 충분히 성장하지 못한 육삭둥이, 칠삭둥이 등 임신 6, 7개월 만에 운 좋게 태어나 생존할 수 있었던 것은 몸의 내·외부 장기를 다스리는 신경계가 완성되었기 때문이다.

서민을 바라보는 마음

성인(제후·왕)은 어머니의 마음으로 서민을 바라보아야 한다. 자기 자식을 바라볼 때, 아무리 어여쁘다 하더라도 인간이기 때문에 흠이 없을 수 없다. 만민을 다스리다 보면 흠이 없는 인간이 없을 수 없다. 그래서 아이를 키우듯이 나의 백성과 서민을 깊은 덕으로 대한다.

아이를 키울 때 어머니는 사통발달의 지혜로 아이를 키우려 한다. 무지한 상태에서 아이를 키우고 싶은 어머니는 없다. 최고의 노력을 들여 지식을 습득하고 온 정성을 다해서 키운다. 만민을 다스릴 때도 동일하다. 성인은 무지한 상태에서 국민을 다스릴 수 없다. 나의 이익을 위해서 무지막지하게 국민을 다스리지도 않는다. 아무런 조건 없이, 국민 스스로 잘 살아갈 수 있도록 살피는 것이면 충분하다.

무위자연(無爲自然)은 "억지로 행하게 하지 않고, 스스로 행하도록 하라."라는 뜻이다. 성인은 어머니와 같은 사랑의 눈으로 서민을 바라보고, 섣부른 지식과 지혜를 사용하지 않는다. 나의 국민이기 때문에, 나의 자식이기 때문에 내 마음대로 소유하려 하거나 명령하려 하는 것을 경계해야 한다.

현대 사회의 가장 큰 스트레스 중 하나는 부모와 자식 간의 갈등이다. 부모가 욕심을 부려 자식을 마음대로 하려고 하기 때문이다. 자식을 위한다는 미명 아래, 부모는 욕심과 가치관에 따라 아이의 행동을 강제하려 한다. 어미의 몸에서 분리되어 하나의 자율 의지를 지니고 태어난 큰 존재임을 이해하지 못하기 때문이다.

이런 모습은 가정에서 사회로 확장된다. 조직 내에서 성인, 중간 관리자, 하급자에 이르기까지 상사는 부하의 행동을 자신의 마음대로 강제하려 한다. 계급을 기반으로 한 '갑질'이다. '갑질'은 사회가 경직되고 혼란스러울수록 더욱 심해지고 문제가 된다. '갑질' 문화를 근절시키는 노력을 하면서도 그 자체를 강제하려 한다면 근절이 아니라 또 다른 형태로 '갑질'을 조장하는 것이다. 눈에 보이는 형태나 모습보다 보이지 않는 정신과 문화가 정착되어야 한다. 교묘하고 지능적인 형태로 '갑질'을 조장하고 있는지 살펴볼 필요가 있다. '갑질'을 쫓아다니고 근절을 강제하는 것보다 사심과 욕심을 버릴 수 있는 시스템과 체계를 갖추는 노력이 더욱 필요하다.

어머니의 깊은 사랑에는 사심과 욕심이 없다. 성인의 마음도 하늘처럼 넓고 깊어서 치우치지 않고 사심이 없다.

11.
유는 이로움, 무는 쓰임에 해당한다

❀ 유의 속성은 이(利), 무(無)의 속성은 쓰임(用)

※ 세상을 볼 때에 이익(利)과 쓰임(用)을 같이 살펴보아야 한다.

※ 눈에 보이는 이익보다 쓰임을 먼저 생각한다.

三十輻[1]同一轂[2], 當其無, 有車之用也.
삼 십 복　동 일 곡　당 기 무　유 차 지 용 야

挻埴[3]爲器, 當其無, 有埴器之用也.
연 식　위 기　당 기 무　유 식 기 지 용 야

鑿[4]戶牖[5]以爲室, 當其無, 有室之用也.
착 호 유　이 위 실　당 기 무　유 실 지 용 야

故有之以爲利, 無之以爲用
고 유 지 이 위 리　무 지 이 위 용

번역

　서른 개의 바퀴살이 하나의 바퀴 축에 끼워지고

　당연히 바퀴살 이외에 바퀴통이 비어 있기 때문에 수레가 쓸모
가 있다.

　찰흙을 이겨서 그릇을 만들 때

당연히 그릇 속이 비었기 때문에 그릇이 쓸모가 있다
방문을 뚫고 창을 내어 방을 만들어 때
당연히 방안이 비었기 때문에 방이 쓸모가 있다.
유(有)는 이익을 위한 것이고, 무(無)는 쓰임을 위한 것이다.

1) 복(輻) : 수레바퀴의 바퀴살

2) 곡(轂) : 바퀴

3) 연식(挻埴) : 찰흙을 반죽하다

4) 착호(鑿戶) : 출입문을 뚫다

5) 유(牖) : 창문

해설

무(無)의 쓰임

통나무를 잘라서 동그란 형태의 바퀴로 하는 경우에는 바퀴 자체가 워낙 무거워서 비효율적이었다. 바퀴통을 둥글게 만들어 바퀴살을 채우고 중간을 비우니 바퀴의 무게가 현저하게 줄어들고, 오히려 충격에 강해져서 쓰임이 훨씬 좋아졌다.

그릇은 빈 공간이 있어서 그 쓰임에 의미가 있다. 방도 마찬가지다. 형상을 가진 물질과 물체인 유(有)는 이(利)익을 준다. 유(有)의 다른 면인 무(無)는 그 쓰임에 가치와 효율을 더해준다.

유(有)와 무(無)는 동일하게 존재하지만 우리는 항상 유(有)를 먼저 바라보고, 이익에 집착한다. 바퀴도, 그릇도, 방도 우선해야 하는 것은 그 용도이다.

보이는 것에 대한 욕심

통상 결혼하고 새 출발을 한 이후에 살림살이 그릇이 하나둘 늘어난다. 다양한 디자인과 재질로 된 그릇을 욕심껏 모으다 보면 찬장에 그릇이 그득하게 쌓이게 된다. 크기와 모양, 디자인에 반해서 수집한 내 욕심의 결과물이다. 어느 시점이 지나면 내가 주로 사용하는 그릇이 몇 가지로 한정되어 있다는 것을 깨닫게 된다.

그릇의 실제 용도는 동일하다. 순박한 마음으로 보면 다 거기서 거기지만, 나의 욕심의 곱셈만큼 그릇의 개수가 늘어난다. 그릇과 마찬가지로 옷도, 자동차도, 집도 많으면 많을수록 좋다. 그렇게 인간의 물질에 대한 욕심은 채우면 채울수록 늘어난다.

삶에서 소박한 자동차 한 대, 그릇 몇 가지, 아담한 집이면 그 쓰임의 관점에서 보면 사는데 큰 지장이 없다. 그럼에도 불구하고 물질과 물건이 주는 즐거움에 젖어 욕심을 부린다. 눈에 보이는 것을 기준으로 세상을 바라보기 때문이다.

노자 도덕경 道

보이는 것에 대한 경계와 비우는 지혜로움

물건은 쓰임, 사용하는 사람, 공유의 관점에서 보아야 한다. 유(물질)와 무(쓰임)의 상생 관점이다. 현대 사회는 유(물질)에 치중하는 경향이 강해지고 있다. 즉 이익에 치중함을 의미한다. 이를 경계하여 항상 쓰임과 이익을 같이 생각하는 노력이 필요하다.

유(有)에 치중되어 있는 현대 사회의 많은 사람은 물질에 치여 산다. 쓰임에 앞서 아름다움, 과시, 편리를 위한 과다 구매와 쇼핑으로 삶의 목적과 균형을 잃는다. 좁은 집에 욕심껏 물건을 사서 쟁여 놓다 보니 공간이 부족할 지경이다.

비움이 필요하다. 비움을 실행하기가 어렵다면, 체크리스트를 만들어보는 것도 좋은 방법이다. 한 개 이상 존재하는 물건들을 목록화하고 그 쓰임을 적어보라. 쓰임에 맞게 실제로 사용한 횟수, 최근 사용한 날짜를 기재해 보라. 그러면 물건의 용도와 쓰임이 명확해진다. 사용 횟수가 적은 것, 사용한 날짜가 오래된 것 기준으로 정리하면 비움이 쉬워진다.

기왕 구매한 것이니 주위 사람들과 나누는 것도 한 방법이다. 이를 통해 몸과 마음이 가벼워지고, 더욱 여유로워질 것이다. 채우지 말라는 것이 아니다. 욕심을 과하게 부리지 않고 자유 의지에 따라 필요한 만큼만 채우는 연습이 필요하다. 채우고 싶은 만큼 채워라. 넘치기 전에 채운 것을 다른 사람들과 나누면 된다.

이익과 쓰임에 대한 비교

눈에 보이는 것, 이익에 집착하다 보면 쓰임의 의미를 잊게 된다.

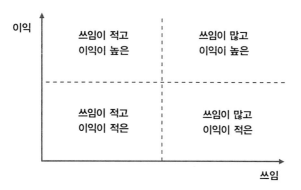

항상 나에게 이익이 많은 경우를 선호하게 되고, 노동의 시간과 노력은 최소화하려 한다. 즉, 개인의 관점에서는 쓰임이 적고 이익은 최대로 만드는 것에 관심을 두게 되고, 회사(조직)는 쓰임이 많고 이익이 높으며 비용은 최소화하는 쪽에 중점을 둔다. 결국 개인의 목표와 회사(조직)의 목표는 출발점에서부터 다른 방향을 바라보고 있다. 쓰임이 많은데 이익이 적은 경우의 대표적인 예는 봉사활동이다. 봉사활동은 지속적인 행동력을 유지하는 게 관건이다. 쓰임이 많고 이익이 많은 것이 항상 좋은가? 쓰임이 적고 이익이 적은 경우는 항상 피해야 할 사항인가? 눈에 보이는 이익의 관점이 아니라 가치의 관점에서 다시 살펴본다면 전혀 다른 의미를 찾을 수 있다.

단순히 이분법적인 정리를 통해서 생각을 결정하면 중요한 부분을 놓칠 수 있다. 쓰임이 많고, 가치가 높거나, 이익이 높은 경우 바쁜 삶으로 녹초가 되어 여유를 잃고 삶이 피폐해지거나 황량해질 수 있는 리스크가 존재한다.

우리는 아이의 쓰임과 이익을 계산하지 않는다. 우리는 단지 아이가 앞으로 발전하고 성장할 수 있는 무한한 잠재력에 관심을 둔다. 어떤 상태가 무조건 좋다고 여기는 것은 올바른 방법이 아니다. 다양한 측면을 고려하고 이해하며 서로 다른 상태에서도 의미를 찾고 상생할 수 있는 방안을 추구하는 것이 바람직하다.

12.
즐거움 추구보다 소박한 배부름에 만족한다

❀ 성인(聖人)은 즐거움 추구보다 소박한 배부름에 만족한다(절제)

五色¹⁾ 使人目盲. 五音²⁾ 使人耳聾. 五味³⁾ 使人口爽.
오 색 사 인 목 맹 오 음 사 인 이 롱 오 미 사 인 구 상

馳騁⁴⁾畋獵⁵⁾ 使人心發狂. 難得之貨 使人之行妨⁶⁾.
치 빙 전 렵 사 인 심 발 광 난 득 지 화 사 인 지 행 방

是以 聖人之治也, 爲腹⁷⁾不爲目. 故去彼取此.
시 이 성 인 지 치 야 위 복 불 위 목 고 거 피 취 차

번역

다섯 가지의 찬란한 빛깔은 사람의 눈을 멀게 하며,

다섯 가지의 화려한 소리는 사람의 귀를 멀게 하고,

다섯 가지의 다양한 맛은 사람의 혀를 상하게 한다.

말 달리고 사냥하는 것은 사람의 마음을 미쳐 날뛰게 하고,

얻기 어려운 재물은 사람의 행동을 방탕하게 만든다.

이 때문에 성인이 나라를 다스릴 때에는

배 채우기를 위하고, 눈을 즐겁게 하지 않는다.

그래서 즐겁게 하는 것을 피하고, 배를 채우는 것을 취한다.

노자 도덕경 道

1) 오색(五色) : 청, 황, 적, 백, 흑색을 말한다. 화려한 색을 의미. 고대에는 색을 내는 안료가 귀하였고, 염색 기술이 발달하지 않아서 색을 사용하는 것은 귀족 계급만 가능하였다.

2) 오음(五音) : 궁, 상, 각, 치, 우에 해당한다. 화려한 음악 소리를 의미한다. 음악을 연주하는 것은 많은 비용이 들어 귀족 계급만 듣는 것이 가능하였다.

3) 오미(五味) : 신맛, 쓴맛, 단맛, 매운맛, 짠맛. 온갖 음식을 의미한다.

4) 치빙(馳騁) : 말을 타고 달리다.

5) 전렵(畋獵) : 사냥하다.

6) 방(妨) : 방만, 방자, 방탕하다.

7) 위복(爲腹) : 배를 채우는 것.

참고 한자

爽(상) 상하다 / 彼(피) 저것 / 取(취) 취하다 / 此(차) 이것

해설

물질문명이 발달할수록 멀어지는 소박한 삶

오색, 오음, 오미, 말달리고 사냥하기, 사치스러운 물질 추구 등 다섯 가지 경계해야 할 것이 있다. 현대는 물질문명이 발달하여 위의 다섯 가지가 더욱 풍부한 시대이다. 풍부한 물질문명 속에서

이러한 것을 경계하는 것이 오히려 쉽지 않다는 주문이다.

소박하고 평이하게 사는 삶을 행복의 지름길이라고 생각하면서도 남들과 비교해서 경제적으로 여유를 갖춰야 한다고 생각한다. 물질문명의 삶 속에서 수많은 이기를 소유하고 부(富)를 소유한다. 그리고 그 경제적 여유는 미래에도 지속됨을 전제로 한다. 현대 사회에서 예측할 수 없이 길어진 기대 수명과 미래의 의료비 등 리스크 비용은 더 많은 부의 축적을 요구하고 있다. 충분한 재화의 축적을 이루기 전까지는 미래의 경제적 리스크에 대해 안심할 수 없다.

결국 현대 사회에서 미래에 대한 리스크 해소는 재화의 축적, 즉 돈으로 귀결되었다. 그래서 더 쉽게 욕심의 덫에 빠져들게 된다. 물질문명의 굴레를 벗어나지 못하는 것이 새로운 정신적 리스크로 다가왔다. 삶에 대한 스트레스가 그것이다.

사회적 오염은 어디에서 시작되는가?

『도덕경』에서 경계를 요구하는 대상은 서민이 아니라 성인(제후·왕)을 포함한 신하 및 귀족 계층이다. 삶이 어렵고 궁핍한 동네에 가서 굳이 사람들을 붙잡고 "호의호식 하지 마십시오. 좋은 물건으로 치장하고 살면 도리에 어긋납니다." 하고 강조하며 다닐 이유는 없다. 하지만 윗물이 오염되면 중간물도 쉽게 오염된다. 그것을 희석하고 정화하기 위해서는 서민들의 수많은 노력이 필요하다. 때문에 이 문구에서는 무엇보다도 사회 지도층의 청렴을 강조하고 있다.

사람이 살아가기 위해서는 깨끗한 공기를 하루 2만 번 흡입하고, 깨끗한 물을 10회 정도 마시며, 소박한 음식을 3회 섭취하면 된다. 과식은 몸을 위함이 아니라 오히려 배를 혹사하는 행위다. 과유불급(過猶不及)이라 했다. 지나침은 오히려 그치는 것만 못하다.

사회적 오염에 대한 확장과 재인식의 필요성

무분별한 개발과 국가 이기주의, 산업의 발달이 지나쳐 대기와 물을 오염시키고 있다. 대기 오염은 갈수록 심각해지고 있다. 사람의 폐를 포함한 호흡기에 직접적 문제를 일으키고 다양한 알레르기 및 아토피를 유발하는 요인이 된다. 뿐만 아니라 이산화탄소 과다 배출로 대기 순환 시스템의 항상성이 무너지면서 오존층이 깨지고 있다. 이로 인한 자외선 과다로 피부암을 유발하고, 지구 전체의 기온 상승과 이상 기후를 일으킨다.

눈에 보이지 않는 대기는 인간이 살아가는데 가장 기본이 되는 쓰임(用)에 해당한다. 그런 대기의 성질을 인식하고 산소(프랑스 라부아지에)가 생물 호흡에 근간이 된다는 것을 알게 된 것은 채 300년이 안 된다. 우리는 하루 2만 번이나 호흡하면서도 호흡이 기(氣)의 원천이고 사람에게 가장 중요한 쓰임이라는 것을 간과하고 살아간다.

대기는 빈 공간처럼 보이지만 태양과 지표 사이에서 무한한 작용을 한다. 인간에게 덕(德)을 주는 형태로 빛을 부드럽게 바꿔준다(和基光). 계절에 따라 적절하게 빛이 강해지고 약해지는 조화 (和)가 무너지면 북극과 남극의 빙하가 녹고 이상 기후가 발생하게 된다. 빙하가 녹는 것은 대기 오염으로 지구의 항(恒)상성이 깨지고 있음을 의미한다. 지구의 환경 주기(Life-Cycle)가 급변하게 되고, 인류는 환경 변화에 따른 커다란 리스크를 맞이하고 있다.

지구의 생태계를 충분히 이해하지 못하는 무지한 인간의 탐욕이 지구 환경에 변형을 가하고 있다. 이로 인해 빚어질 리스크에 대한 경계심 찾아야 한다. 4차 산업 혁명의 신기술에만 눈을 돌릴 것이 아니라 만물과 상생하며 하나의 지구에서 살고 있음을 돌아봐야 한다.

13.
총애와 굴욕 모두 경계해야 할 일이다

🉐 총애도 굴욕도 모두 경계하라

　- 총애를 주는 것도 굴욕을 주는 것도 경계할 일이다.

　- 총애를 받는 것도 굴욕을 받는 것도 경계할 일이다.

※ 성인은 자신의 몸을 대하듯 세상을 사랑으로 대한다.

寵辱[1]若驚, 貴大患[2]若身. 何謂寵辱若驚.
총 욕　약 경　귀 대 환　약 신　하 위 총 욕 약 경

寵之爲下, 得之若驚, 失之若驚. 是謂寵辱若驚.
총 지 위 하　득 지 약 경　실 지 약 경　시 위 총 욕 약 경

何謂貴大患若身. 吾所以有大患者, 爲吾有身也.
하 위 귀 대 환 약 신　오 소 이 유 대 환 자　위 오 유 신 야

及吾無身, 有何患.
급 오 무 신　유 하 환

故貴爲身於爲天下, 若可以托天下矣.
고 귀 위 신 어 위 천 하　약 가 이 탁 천 하 의

愛以身爲天下, 若可以寄天下
애 이 신 위 천 하　약 가 이 기 천 하

총애를 받는 것과 욕을 얻는 것 모두 똑같이 경계해야 할 일이다.

자신의 몸에 큰 우환이 닥치는 것처럼 중요하게 여겨야 한다.

왜 총애와 욕을 모두 경계해야 하는가?

총애는 아래 사람(부하)을 위하는 마음으로,

얻을 때도 경계해야 하고, 잃을 때도 경계해야 한다.

총애와 욕은 모두 똑같이 경계해야 할 일이다.

왜 자신의 몸에 큰 우환이 닥치는 것처럼 중요하게 여겨야 하는가?

내가 큰 우환이 있는 것은, 내가 몸을 가지고 있기(존재하기) 때문이다.

내가 몸이 없다면, 어찌 내게 우환이 있겠는가?

고로 자신을 소중하게 여기듯 천하를 소중히 여긴다면 천하를 부탁할 수 있다.

자신을 사랑하듯 천하를 사랑한다면 천하를 맡길 수 있다.

한자풀이

1) 총욕(寵辱) : 총애와 멸시. 모욕.
2) 환(患) : 우환. 걱정.

참고 한자

驚(경) 경계하다 / 何(하) 어찌 / 及(급) 미치다 / 托(탁) 맡기다 / 寄(기) 기탁하다

총애와 욕을 모두 경계해야 하는 이유

상하 관계에서 경계해야 할 부분을 설명하고 있다. 모든 것은 동전의 양면처럼 상반된 성질을 동시에 지니고 있다. 인간관계에서도 총애와 모욕 모두 양쪽 방향에서 봐야 한다. 도(道)는 한쪽으로 치우치지 않는다. 잠시 한쪽으로 치우치더라도 높은 수위의 물이 낮은 수위의 물과 섞이듯이 이내 균형이 이루어진다.

총애는 주는 윗사람이 생각하는 의미와 받는 아랫사람이 생각하는 의미가 다르다. 또한 총애를 주고받는 모습이 주위 사람에게 쉽게 영향을 미친다. 형체가 없기 때문에 사람들 사이에서 더욱 쉽고 빠르게 전파된다.

춘추전국시대는 대혼란기였다. 수많은 전쟁에서뿐만 아니라, 국가 내부의 불안으로 제후 혹은 왕이 살해되거나 내몰리는 경우가 다반사였다. 이런 시기에 믿을 수 있는 신하와의 좋은 관계는 왕의 생존에 필수 요소였다. 인간은 위협에 몰리고 급할수록 나에게 유리한 쪽으로 생각하게 된다. 나를 지켜주고 나를 지지해줄 것 같은 신하를 총애하게 된다. 나에게 반대하는 신하를 욕하게 되는 것이 인지상정이다.

이런 관계는 모두 유위(有爲)에서 비롯된다. 인위적인 활동이 많아지면 오판할 가능성이 증가한다. 사람과 사람 사이의 관계에는 진실 이외에도 거짓이 존재할 수 있다. 진실과 거짓은 사람이 인식하는 것이다. 그런데 인식에는 오류가 존재할 수 있기 때문에 어떤 사실(Fact)에 대한 진위(眞僞)를 항상 올바로 판단하는 것은 지혜로운 사람도 쉽지 않은 일이다.

그래서 지혜로운 사람은 총애를 받든 멸시를 받든 적당한 거리감을 두고 경계하는 방법을 선택한다.

아래 표에 이 관계를 정리하여 살펴보자.

	총애		멸시, 욕	
윗사람(왕) 주는 입장	충신	많은 사업 → 서민부담	충신	잠적, 제거
	간신	혼란	간신	배신
아랫사람(신하) 받는 입장	충신	많은 사업 → 서민부담	충신	괴로움, 도피
	간신	굴종, 사기	간신	배신

위의 표에서 확률적으로 왕이 충신을 선택하여 나라를 잘 다스릴 확률은 25%에 불과하다. 25%의 경우도 충신의 자발적인 행동을 용인하거나 충신에게 부국강병을 요구해서 많은 사업을 일으키고 실행하도록 한다. 이는 결국 서민의 부담을 가중시키는 일이다.

아랫사람의 입장에서도 결과는 유사하다. 대개는 확실한 충신이나 간신보다 중간적인 성향을 가진 사람이 더 많다. 왕이 총애와 멸시를 일삼는다면, 결국 이들도 둘 중 하나를 택해야 한다. 총애를 받기 위해 굴종하던가, 충성을 증명하기 위해 더 많은 일을 만들어 서민의 부담을 가중시켜야 한다.

결국, 인위적으로 사람을 다스리려 하면 오류가 더 많이 발생할 수밖에 없는 것이다.

리스크를 최소화하기 위한 방법

이 커다란 걱정거리를 어떻게 해야 하나? 인간이기 때문에, 사람 사이에 총욕(寵辱)이 존재하기 때문에 걱정과 우환이 존재한다. 당연한 일이다. 그렇기 때문에 이런 이치를 알고 스스로 주의하고 경계해야 한다.

신하는 충신만 있는 것도 아니고, 간신만 존재하는 것도 아니다. 서민에게 과도한 부담을 주고 각종 사업에 의한 폐해가 발생해 서민 봉기, 정치적 혼란, 배신을 유발하지 않는다면, 제후나 왕은 리스크를 최소화하고 살아남게 된다.

성인은 자신보다 천하를 사랑해야 한다. 성인(聖人) 자신의 리스크와 관심사를 생각하기보다 국민을 먼저 바라보고 사랑하는 마음을 강조하고 있다.

어떤 형태로든 인위적인 유위(有爲) 활동이 많아지면 서민에게 부담이 가중된다. 4차 산업혁명을 앞두고 있는 현대는 철기 시대로 전환할 때보다 더 큰 변화가 예상된다. 조직 내에서 관계를 유연하게 만드는 최고의 해법은 없을까? 복잡한 현대 사회에서 한마디로 정답을 요약하는 것은 쉽지 않다.

리스크를 최소화하기 위한 구글의 조직 관리 방법

그 힌트를 구글의 조직 관리 체계에서 얻어 보자. 위 관계를 다시 정리해 보면, 왕-상급 관리자(신하)-하급 관리자(백성)-실행자(서민)로 구성된 계층 구조다. 왕과 실행하는 사람을 없앨 수는 없다. 때문에 실행을 관리하고 독려하는, 중간에 끼어 있는 중간관리자의 역할이 중요하며, 리스크를 관리하기 가장 어려운 위치이다.

중간관리자(상·하급 관리자인 '신하'와 '백성')는 아래로 떨어지지 않기 위해, 혹은 더 높은 지위로 오르기 위해 총애와 욕을 마다하지 않기 때문이다. 욕을 받으면 받을수록 더욱 비굴해지더라도 총애를 받아 위로 올라가길 원한다. 그 기간을 단축시키면 시킬수록 현재의 위치 때문에 오는 불합리한 일을 수행해야 하는 일, 즉 리스크가 줄어든다. 중간 관리자를 인위적으로 활용하면 할수록 총애와 모욕이 난무하고, 조직은 도덕적 리스크가 더 높아지는 방향으로 운영된다.

구글은 이를 쉽게 해소하는 방법을 고안했다. 중간관리자의 평가 체계를 바꿔 총애와 모욕으로 인해 발생하는 불합리의 문제를 해소하고 있다. 상급 관리자가 하급 관리자를, 하급 관리자가 평사원을 평가하지 않도록 하였다. 조직 내에서 상급자의 총애를 얻거나 모욕을 경계할 필요가 없도록 만들었다.

직원의 평가를 동료 평가로 대체하였다. 그리고 동료들 간의 경쟁 체계가 아닌 협력 체계로 전환하고자 노력하였다. 이는 강력한 윤리의식을 요구한다. 부정직한 행위 및 동료를 이용하는 사악한 행위를 윤리의식을 통해 방지하고 있다.

하급 관리자에 대한 평가는 그 팀의 성과로 대체하여 평가한다. 상위 관리자가 하급 관리자를 평가하지 않도록 하여 하급 관리자도 총애를 얻거나 모욕을 피하기 위한 불필요한 노력을 하지 않는다. 회사 내에서 정치적인 활동을 최소화하는 것이다. 즉, 사람에

노자 도덕경 道

대한 평가를 배제하고 시스템적으로 일의 성과를 평가하는 체계로 전환하여 조직의 성과를 높이고자 하였다. 공동체에 대한 윤리의식과 협동을 투명하게 강조하고, 욕심이나 사심에 의해 동료를 이용하는 경우 사악하다 판정내리고 바로 퇴출하는 기업 문화를 만들어가고 있다. 동양의 공동체 우선주의 문화를 받아들이고 조직에 적용하는 모습이다.

현대 사회는 시스템과 프로세스가 복잡하여 사람을 평가하고 관리하는 방법이 그 한계에 도달했다. 개인 간, 그리고 조직 내의 소집단 간에 벽이 형성되고 이기주의가 팽배하고 있다. 그래서 더욱 올바른 사상과 윤리의식이 강조된다.

14.
시초를 이해하고, 현재를 다스린다

❈ 도기(道紀)에 대하여

　- 사람들은 보다(見)와 보이다(視)란 말을 혼용한다(인식의 한계).

　- 사람은 미래를 예측할 수도, 과거를 되돌려 볼 수도 없다.

　- 도를 기록하면 시작을 이해하고 현재를 다스릴 수 있다.

※ 과거를 이해하고 미래를 예측하기 위해 상(常)을 기록한다.

※ 항상(恒常) 일관된 형태, 행위를 법칙화한 기록 = 도기(道紀).

視¹⁾之而不見²⁾, 名之曰微. 聽³⁾之而不聞⁴⁾, 名之曰希.
시　지이불견　명지왈미　청 지이불문　명지왈희

搏⁵⁾之而不得⁶⁾ 名之曰夷⁷⁾. 三者不可致詰, 故混而爲一.
박　지이부득　명지왈이　삼자불가치힐　고혼이위일

一者, 其上不皦⁸⁾, 其下不昧⁹⁾, 尋尋¹⁰⁾呵不可名也,
일자　기상불교　기하불매　심심　아불가명야

復歸於無物¹¹⁾. 是謂無狀之狀, 無物之象, 是謂忽恍¹²⁾.
복귀어무물　시위무상지상　무물지상　시위홀황

隨而不見其後, 迎而不見其首¹³⁾.
수이불견기후　영이불견기수

執¹⁴⁾古之道, 以御今之有, 以知古始, 是謂道紀¹⁵⁾
집　고지도　이어금지유　이지고시　시위도기

보이기는 해도 본 것을 구분할 수 없는 것을 미세하다고 한다.

듣기는 해도 들은 것을 분간할 수 없는 것을 희미하다고 한다.

손으로 더듬어 어루만지기는 해도 잡을 수 없는 것을 평평하다고 한다.

이 세 가지의 경우는 따지고 헤아리기가 어렵다.

그래서 ("보이다"와 "보다"를) 섞어서 하나의 단어처럼 사용한다.

(물건이) 하나 있다.

그 물건이 존재하기 이전의 상태(其上)는 (머릿속에 맺히는 물건에 대한) 상이 또렷하지 않다.

그 물건이 존재한 이후의 상태(其下)에서는 (물건을 본 후 머리에 맺히는) 상이 어둡지 않다.

연구하고, 연구해봐도 명쾌히 정의(설명)할 수 없다.

(물건이) 없는 상태로 되돌려 보자.

이것을 물건이 없음에도 (머릿속에) 상이 맺히는 상태라고 하며,

물건이 없는 (머릿속의) 상이라 한다. 다른 말로 황홀하다.

(물건이 없어진) 뒤에는, 그(물건을)를 볼 수 없고

(앞으로 물건을) 맞이해도, 그 이전(물건의 시작, 원위치)을 볼 수 없다.

과거의 도(道)를 모아서, 지금 존재하는 것을 다스린다.

이로써 과거의 시작을 알 수 있으며, 이를 도(道)의 기록이라 한다.

1, 2) 시(視)와 견(見)에서 '시'는 '보이다'라는 의미로 수동적인 성격, '견'은 '보다'라는 의미로 능동적인 성격이 강하다. 단지 눈으로 보고 있는 상태(視)와 보고 있는 내용을 뇌로 인식하여 대뇌에서 기억하고 판단하여 다음 단계로 활용하는 과정(見)으로 큰 차이가 있다.

3, 4) 청(聽)과 문(聞)에서 '청'은 '들리다'라는 의미로 수동적인 성격, '문'은 '듣다'라는 의미로 능동적인 성격이 강하다. 단지 소리가 들리는 상태(聽)와 듣고 있는 것을 뇌로 인식하여 대뇌에서 기억하고 구분하여 다음 단계로 활용하는 과정(聞)으로 큰 차이가 있다.

5, 6) 박(搏)과 득(得)에서 '박'은 '손으로 어루만지다'라는 의미로 아직 형태를 모르는 단계(搏), '득'은 '손에 넣다, 얻다, 깨닫다'라는 의미로 형태를 아는 단계(得)로 큰 차이가 있다.

7) 이(夷) : 여기서는 '평평하다'는 의미. 다른 뜻으로는 '조용하고 평온하다'라는 의미가 있다. 그 예로 동이(東夷)는 중국을 기준으로 동쪽의 평온한 민족을 의미한다.

8) 교(皦) : 희다. 밝다. 뚜렷하다.

9) 매(昧) : 어둡다. 어둑새벽.

10) 심심(尋尋) : 찾다. 연구하다.

11) 무물(無物) : 물건이 없는 상태.

12) 홀황(忽恍) : 황홀, 머릿속에 남아 있는 형상.

13) 수(首) : 시작, 비롯하다.

14) 집(執) : 모으다.

15) 기(記) : 기록. 일기(日記) - 매일 매일의 기록. 여행기(旅行記) - 여

행의 기록. 도기(道記) - 도에 대한 기록.

微(미) 미미하다, 미세하다 / 希(희) 희미하다 / 致(치) 이르다 /
詰(힐) 묻다 / 混(혼) 혼재하다, 섞다 / 狀(상) 형상 /
隨(수) 따르다 / 迎(영) 맞이하다 / 御(어) 다스리다

해설

사람의 인식과 언어의 한계

노자의 『도덕경』에서는 하늘과 땅, 자연, 그리고 인간이 살아가는 모습을 관찰한 후, 세상이 운행되는 이치에 대해 기술하고 있다. 그것을 바른길, 도(道)라 이름을 붙였다. 도(道)의 이름을 짓거나 도를 정의할 수 없고, 영원히 불변일 수도 없다고 설명하였다. 즉, 인간이 정의한 도(道)는 변할 수 있다.

도(道)가 변하는 이유는 인간의 지식과 인식의 한계로 인해 우리가 정의한 것, 이름 지은 것이 바뀔 수 있기 때문이다.

이 장에서는 인간의 감각과 인식 과정에 대해 설명하고 있다. 노자는 정확히 설명할 수 없고 정확히 이해할 수 없는 부분에 대해서는 당시 표현할 수 있는 가장 담박한 용어로 기술하였다.

시(視)와 견(見)의 차이, 청(聽)과 문(聞)의 차이, 박(搏)과 득(得)의 차이를 통해 인간이 사용하는 언어의 부정확함을 이야기하고 있다. 단순히 보는 상황을 시(視)로, 본 것에 대한 이해가 더해지는

상태를 견(見)이라 하지만, 당시에는 정확히 구분하기 어려워 혼용한다고 하였다. 지금도 시(視)와 견(見)이라는 단어를 섞어서 사용하곤 한다.

'보다'와 '보이다'의 차이

인터넷 위키피디아를 통해 노자가 고민했던 시(視)와 견(見)의 차이에 대한 도기(道記)를 검색하고 이해해 보자. 키워드 "sense", "visual perception", "visual system"을 검색하면 현대에서는 누구나 인간의 시각 시스템에 대한 기(記)록을 찾아볼 수 있다.

눈은 물체가 반사하는 빛을 안구에 전달한다. 그리고 그 정보는 뇌의 시각에 관여하는 단기 저장 공간으로 전달된다. 정보가 단기 저장 공간에 전달된 상태가 바로 상(象)이다. 우리가 무심코 보고 있는 것, 즉 단기 저장 공간에 있는 상(象)은 모두 장기 기억화되지 않는다. 눈을 뜨고 있는 동안의 모든 사물, 행동, 변화를 기억한다면 사람의 대뇌는 과다한 에너지 소모로 터져 버릴지 모른다.

사람은 에너지 효율적인 존재다. 그래서 보이는 사실 모두를 받아들이지 않고, 기억하고 싶은 것과 생존에 꼭 필요한 최소한의 정보만 대뇌의 장기 기억 저장소로 전달하여 저장한다.

시각 데이터를 정보화하는 단계, 뇌가 상(象)을 구분하고 인지하는 상태가 견(見)이다. 단순히 상(象)을 맺은 것 중에서 인식을 통해서 구분하고 분석하여 다시 뇌에 저장하고 활용하는 상황이 보는 것(見)이다.

컵을 옮기는 상황을 예로 들어 보자. 보이는 상(象) 중에서 컵에 집중하여 인지하고, 대뇌의 저장 공간에 인식되어 있는 컵이라는 물체와 비교하고 조합하여 무게, 질량, 속성, 그 안의 내용물 등을 추정한다. 그리고 다른 곳으로 옮기라는 명령을 손에 전달하여 적절한 힘과 주의를 기울여 옮긴다. 견(見)은 뇌에 저장된 컵에 대한 정의를 끄집어내고 컵의 무게, 재질 등을 분석하고 판단하여 원하는 행동을 하기 위한 인식의 단계이다.

우리가 처음 보는 외계의 물질을 식탁에서 옮긴다고 가정해 보자. 단순히 보이는 것(視)과 보고 분석하고 파악하여 실행을 준비하기 위한 것(見)의 차이가 더 명확해진다.

식탁 위에 있는 컵을 치워보라. 머릿속의 단기 기억 저장소에 있는 컵의 상(象)이 잠시 동안 유지될 것이다. 하지만 다른 일을 하고 몇 분 후에 다시 그 상(象)을 불러 보라. 보이는가? 식탁 위에 존재하지 않는 다람쥐의 상을 머릿속으로 만들어 보라. 다람쥐 상(象)이 보이는가? 보인다면 상(象)이 아니라 상상력이 만들어낸 희미한 상상이다. 그 상상이 정확하고 뚜렷한 사람일수록, 대뇌 속에 다람쥐에 대한 더 정확하고 많은 이미지 정보를 기억하고 있는 것이다.

결국 물건이 없는 상태에서 우리는 상(象)을 짓거나 볼 수 없다. 그저 물건이 있다가 없어진 후 바로 뒤에 단기 기억 저장소에 있는 상(象)을 유지시킬 수 있을 뿐이다. 이것을 『도덕경』에서는 "홀황(忽恍)"이라고 표현하였다.

기록의 의의

인간의 인식 시스템 구조상 본 것은 영원하지 않다. 과거를 완벽하게 되돌려 볼 수도 없고, 미래를 미리 볼 수도 없다. 그래서 필요한 것이 기록이다. 과거의 기록을 통해서 우리는 현재의 상황을 이해한다. 그 기록을 통해 항상(恒常)성을 찾고 현재를 되돌려서 과거의 상태를 유추할 수 있다.

요약하자면 인간의 인식 및 뇌의 저장 시스템이 지닌 한계를 설명하고 이를 극복하기 위한 방안으로 기록을 강조하고 있는 것이다.

현대는 과학 기술의 도움으로 크기가 미세해서 볼 수 없는 것들을 현미경이라는 도구를 통해서 볼 수 있다. 밤하늘의 희미한 별들을 망원경을 통해서 가깝게 볼 수 있게 되었다. 다시 말해 인간의 인식이 미미한 원자 단위 이하부터 130억 광년이나 떨어진 원거리까지 확장된 것이다. 최근에는 CCTV와 컴퓨터 기억 장치의 가격이 내려간 덕분에 온갖 영상을 저장하고 검색하여 활용할 수 있는 시대가 도래했다. 인식할 수 있는 것의 크기가 무한히 작아지거나 무한히 커지고 있고, 정보를 저장할 수 있는 공간이 무한히 확장되고 있으며, 컴퓨터의 도움으로 상상하지 못했던 편리함을 복합적으로 누릴 수 있는 시대이다.

인간은 미래를 미리 보거나 과거를 완벽하게 되돌려 볼 수 없다. 2,500년 전 과거나 지금도 마찬가지다. 그렇기 때문에 도(道)에 대한 기록이 중요하다. 기록된 자연과학의 법칙을 이해함으로써 자연계에서 벌어지는 일의 과거와 현재를 살피고 미래를 예측할 수 있

노자 도덕경 道

다. 역사와 사회과학을 연구하고 기록하는 이유도 마찬가지이다.

인간은 인식하는 과정에서 오류를 범하기 쉽다. 나를 기준으로 모든 것을 받아들이고 해석하기 때문이다. 보는 것, 듣는 것, 만지는 것 등 감각을 통해서 얻는 것과 학습을 통해서 쌓은 지식이 아주 소량에 불과함에도 대단히 많은 것을 알고 있고 그 지식이 위대한 것으로 착각하며 산다.

그 착각을 뒤로하고 현실을 인식한 사건이 있었다. 2016년 알파고와 이세돌 기사의 바둑 대결. 그 결과 인류는 새로운 두려움을 느끼게 되었다. 인간의 기억력과 분석력이 컴퓨터보다 떨어진다는 이 강렬한 메시지는 인간이 지구상에서 가장 위대한 존재라는 신념에 혼란을 가져왔다. 바둑판 위 19×19줄에서 만들어내는 $2×10^{170}$의 조합을 기반으로 한 전략과 계산에서 더 이상 인간이 기계보다 우위에 있지 않음이 판명되었다.

물론 그 기계를 인간이 만들어 내기는 했다. 하지만 해당 논리를 인간이 사전에 프로그래밍하여 기계에 넣어 주는 방식이 아니라 기계 스스로 학습을 통해 전략과 계산 방법을 습득하는 방식이다. 스스로 학습하고, 스스로 판단하고, 스스로 전략을 세울 수 있는 것이다.

학습의 속도와 양은 인간과 비교조차 되지 않는다. 그런데 전략을 세우고 판단하는 능력까지 기계가 인간을 앞선다면, 미래에는 인간이 기계의 전략과 판단에 따른 명령을 수행해야 할 수도 있다.

불과 십 년 전에는 세계 최고의 공학도나 통계학, 수학을 전공한 우수한 인재들이 월가의 투자 전문가로 고용되어 투자를 통해 번 이익에 대한 성과금으로 수백, 수천만 불의 연봉을 받는 이야기가 기사화되곤 했다. 그런데 지금은 그런 기사를 찾아보기 힘들다. 월가의 투자 전문가가 해야 할 일을 '알고리즘'이라는 소프트웨어가 대신하고 있기 때문이다. 투자자는 더 이상 판단할 때 오류를 범하기 쉽고 컴퓨터에 비해 느려터진 사람의 두뇌에 의존하지 않는다. 프로그램에 비해 느린 사람의 두뇌에 의존해서 큰 리스크를 감당하고 싶지 않기 때문이다.

그동안 축적되어온 지식, 도기(道紀)를 통해서 인류는 조금씩 발전해 왔다. 그런데 컴퓨터와 네트워크는 인간이 통제할 수 없을 정도로 빠르게 변하고 있고, 어느새 새로운 위협으로 다가오고 있다. 이를 다스릴 수 있는 윤리와 견고한 사상의 구축이 절실히 필요한 시기이다.

15.
도를 깊이 통달하여도, 모두 다 알 수는 없다

🏵 도(道)를 행하는 사람의 마음가짐

 - 도는 심오해서 모두 알 수는 없다.

 - 항상 조심스럽게 대하고 욕심을 배제하며 겸손해야 한다.

 - 도는 채울 수 없기 때문에 폐기, 정정하여 새로 만들 수 있다.

古之善爲道者, 微妙玄通, 深不可識.
고 지 선 위 도 자　미 묘 현 통　심 불 가 식

夫唯不可識, 故强爲之容
부 유 불 가 식　고 강 위 지 용

豫¹⁾呵 其若冬涉水, 猶²⁾呵 其若畏四隣, 嚴呵 其若客,
예　아 기 약 동 섭 수　유　아 기 약 외 사 린　엄 아 기 약 객

渙呵 其若凌釋, 敦呵 其若樸,
환 아 기 약 릉 석　돈 아 기 약 박

濁而靜之徐淸, 安以動之徐生.
탁 이 정 지 서 청　안 이 동 지 서 생

保此道者, 不欲盈. 夫唯不欲盈, 是以能弊而新成
보 차 도 자　불 욕 영　부 유 불 욕 영　시 이 능 폐 이 신 성

옛날부터 도를 행하기 좋아하는 사람은

미묘하고 깊이 통달하였으나, (도는 워낙) 깊어 다 알 수는 없다.

다 알 수는 없으나 강제로 그 모양새를 그려보니

머뭇거림은 마치 (코끼리가) 겨울에 흐르는 물의 징검다리를 건너는 것 같고

망설임은 마치 (원숭이가) 사방을 두려워하는 것 같으며,

공손함은 마치 손님과 같고,

바뀌는 것은 마치 큰 얼음덩어리가 사르르 녹는 것과 같으며,

두터움은 마치 통나무와 같고,

섞여 있음은 마치 흐린 물과 같으며,

넓게 트임은 계곡과 같다.

흐렸다가 청정한 상태로 서서히 맑게 되고,

안정된 상태에서 활발한 움직임은 서서히 일어난다.

이런 모습을 지켜서 도(道)를 수행하는 사람은 욕심으로 채우지 않는다.

욕심으로 채우지 않음으로써 (기존의 것을) 폐하고 새로운 것을 이룰 수 있다.

1) 예(豫) : 코끼리가 머뭇거리는 모양

2) 유(猶) : 원숭이가 주위를 경계 머뭇거리는 모양

　　　　　　　　　　　　　노자 도덕경 道

참고 한자

善(선) 잘하다 / 爲(위) 행하다 / 通(통) 통달하다 / 深(심) 깊다 /

識(식) 인식하다 / 容(용) 얼굴, 모습 / 涉(섭) 건너다 /

畏(외) 두려워하다 / 隣(린) 이웃, 사방 / 嚴(엄) 엄숙하다 /

客(객) 손님 / 渙(환) 흩어지다, 풀리다 / 凌(릉) 얼음 /

釋(석) 풀리다 / 敦(돈) 두텁다 / 樸(박) 통나무 / 濁(탁) 흐리다 /

曠(광) 넓다 / 徐(서) 서서히 / 弊(폐) 폐하다

해설

도를 실천하는 사람의 모습

도(道)는 심오해서 모두 다 통달할 수 없으며, 다 알 수 있는 것
도 아니다. 이 장에서는 도(道)를 잘 알고 실천하는 사람의 모습을
설명하였다. 겨울철 코끼리가 징검다리를 건너는 것처럼 조심스럽
게 접근하고, 원숭이가 사방을 경계하는 모습처럼 전후, 좌우, 상
하 모든 방면에서 검토하고 주의를 기울인다. 손님의 예를 들어 함
부로 행하지 않고, 기존의 것을 함부로 변형하지 않는다. 겨울을
지나 얼음덩어리가 녹는 것처럼 인식하지 못하는 사이에 조금씩
변한다. 그 내면에는 두꺼운 통나무와 같이 투박하면서도 든든함
이 존재하며, 혼탁한 물처럼 섞여 있어 그 속을 모두 볼 수 없고,
깊고 넓은 계곡과도 같아 그 안에 살고 있는 수많은 생명의 움직
임을 모두 알 수는 없다.

넓은 하늘처럼 흐렸다가 서서히 맑게 되며, 천천히 움직임이 일

어나면서 조금씩 활동이 활발해진다. 자연의 변화는 급격함이 없다. 서서히 진행을 이룬다. 그 조금의 움직임이 쌓여 커다란 변화를 일으킨다. 도(道)는 대자연의 운행 규칙과 동일하다. 인위적인 욕심으로 급히 무엇을 추구한다면, 필히 급히 징검다리를 건널 때처럼 빠지게 되고, 다방면을 검토해야 할 때 누락이 발생하게 된다. 변화를 추구할 때는 무리가 가지 않도록 서서히 진행하는 것이 바람직하다. 그렇게 하기 위해서는 우선 사심과 욕심을 버리고 행해야 한다.

도(道)를 완벽하게 채울 수는 없다.
기존의 것은 완벽한 것이 아닐 수도 있다.
그렇기 때문에 기존의 법칙을 버리고 새로운 법칙을 세울 수 있다.

16.
마음이 허무함에 이르면 고요함을 지켜라

❀ 마음이 허(虛)하면 정(靜)을 지키고, 상(常)을 알고 도(道)를 수행
  하라
  - 그러면, 죽을 때까지 위태롭지 않을 것이다.

至虛極也, 守靜篤也.
지 허 극 야　수 정 독 야

萬物方作, 吾以觀其復也. 夫物雲雲[1], 各復歸於其根[2].
만 물 방 작　오 이 관 기 복 야　부 물 운 운　　각 복 귀 어 기 근

曰靜, 靜是謂復命[3].
왈 정　정 시 위 부 명

復命[4]常也, 知常明[5]也. 不知常妄[6], 妄作凶[7].
부 명　상 야　지 상 명　야　부 지 상 망　　망 작 흉

知常容, 容乃公, 公乃全, 全乃天, 天乃道, 道乃久.
지 상 용　용 내 공　공 내 전　전 내 천　천 내 도　도 내 구

沒身不殆
몰 신 불 태

번역
허무함이 극에 이르면, 진심을 다하여 고요함을 지켜라.

만물이 사방에서 태어나고 자라날 때, 나는 그 되돌아감을 생각한다.

만물이 구름처럼 뭉게뭉게 피어난(번성한) 후에는, 그 뿌리로 되돌아간다.

이를 정(고요한 상태)이라 하고, 정은 다시 생명이 시작함을 이른다.

생명이 다시 시작함은 항상 지속되는 일이며,

항상 지속됨을 아는 것을(세상을 이해함이) 밝다고 한다.

항상 지속됨을 알지 못하는 것은 망령된 것이다.

망령됨(제멋대로, 함부로 함)은 흉한 일을 일으킨다.

항상 지속됨을 알면 포용할 수 있게 되고,

포용하면 공정하게 되며,

공정하게 되면 (여기저기) 퍼지며,

(여기저기) 퍼지면 천하를 이루게 되고,

천하를 이루는 것이 도(道)다.

도(道)에 의함은 오래 지속되고,

몸이 다해 없어질(죽을) 때까지 위태롭지 않다.

한자풀이

1) 운운(雲雲) : 구름이 뭉게뭉게 피어오르는 모습. 번성함을 표현하였다. 덧없이 피었다가 사라지는 모습을 상징하기도 한다.

2) 근(根) : 시작. 시점.

3~5) 명(命, 明) : 생명. 목숨. 성질. 규칙.

6) 망(妄) : 제멋대로. 함부로.

7) 흉(凶) : 해치다. 흉악하다. 근심하다. 다투다.

노자 도덕경 道

極(극) 지극하다 / 篤(독) 독실하다, 진심으로 /
命(명) 생명, 명령 / 容(용) 포용하다 / 公(공) 공정하다 /
全(전) 퍼지다 / 沒(몰) 몰락하다 / 殆(태) 위태롭다

해설

지허 수정(至虛 守靜)

사람은 살면서 공허하고 허무할 때가 반드시 있다. 이때에는 수정(守靜), 즉, 고요함을 지켜야 한다. 허무와 공허함이 지극에 다다를수록 마음의 고요함을 유지하고 처음부터 다시 살펴볼 필요가 있다.

춘추전국시대에는 풀무의 개발로 철기 생산력이 급격히 향상되었다. 철제 도구를 기반으로 다양한 기기와 물건을 만들었고 제조 기술이 발달했다. 전쟁과 사회 혼란으로 인구의 이동이 활발해지고, 물건을 교환하는 상업 또한 발달한 시기였다.

급격한 변화는 인간이 예측하지 못하고 원하지 않는 방향으로 진행되기 쉽다. 성인(제후·왕)은 성인대로, 신하는 신하대로, 말단 관리는 말단 관리대로, 서민은 서민대로 삶의 리스크와 고통 속에서 허무와 공허함이 극에 다다른 시기였다.

큰 바람이 불면 불수록 바다와 호수의 물은 요동치고 흐려진다. 이후, 서서히 고요의 상태(靜)로 복귀하게 된다. 고요한 상태에서는 물속이 보이고, 새로운 생명이 시작됨을 알게 된다. 추운 겨울

에는 생장을 모두 멈추고 낙엽도 다 떨어져 공허한 상태가 된다. 봄이 오면 어김없이 나무와 풀이 다시 피어나고 번성한다. 만물이 피어나고 번성할 때에 나는 다시 돌아오는 시작을 바라본다. 피어나고 성장하는 좋은 시절에 추운 겨울을 생각하여 다음 해의 성장을 살피고 계획한다. 오래 지속된 자연의 반복, 상(常)을 이해하려는 모습이다.

올해 농사를 지으면서 갖은 화학 비료와 농약을 써서 흙(谷)을 황폐화시킨다면 내년 농사가 위태롭게 된다. 섣부른 이익을 추구하여 지구를 황폐화시키는 것은 지구 생태계를 무너뜨리는 일이다. 즉 지구의 항상(恒常)성을 무너뜨리면 다시 인간에게 영향을 주게 된다. 오랜 삶의 터전을 위태롭게 만드는 일이다.

사람은 사회 속에서 살아가며, 그 속에서 자신의 욕심을 채우려 한다. 자신의 노력에 비해 결과가 부족하다고 생각하는 경우 공허와 허무함이 밀려온다. 나는 거짓 없이 최선을 다했다 하더라도, 주위에 의해 또는 다양한 환경적 이유로 공허함은 발생할 수 있다. 공허가 지속되는 것은 시기적으로 겨울에 해당한다.

이럴 때일수록 고요하고 안정적인 상태를 유지하고, 시작부터 다시 생각해 보아야 한다. 그 시작과 끝, 그리고 성장하는 모습을 상기해 보라. 반복적으로 진행되어 온 과정을 되돌아보면 어떻게 흘러가는지 이해가 될 것이다. 즉, 순리의 흐름에 대해 알게 된다. 그러면 나의 마음이 밝아지고 여유로워져 포용의 마음이 생기게 된다.

항상성을 유지하는데 크게 문제가 없는 상황에 인위적인 행위를 더할 필요가 없다. 인위적으로 무엇을 가감하지 않는 포용은

노자 도덕경 道

공정함을 이끈다. 그 공정함은 널리 퍼지게 되며, 이로써 천하는 도(道)의 운행 규칙에 따라 순행하게 된다. 그 순행이 오래 지속되면, 죽을 때까지 평생 위태롭지 않게 된다.

현대 사회는 모든 것이 네트워크로 연결되는 초연결 사회로 변하고 있다. 점점 더 사회가 복잡해지고, 영향을 주고받는 변수가 많아진다. 나의 의지와 상관없이 허무한 상태가 될 가능성이 커졌다. 이런 환경일수록 우선 마음의 고요함을 지키고 나와 주변을 살펴보아야 한다. 과거 경험을 비추어 보고, 미래에 발생할 수 있는 예상 시나리오를 그려보라. 그러면 흉한 일을 벌이지 않을 수 있고, 리스크를 최소화할 수 있다.

17.
언어를 최소화하여 스스로 행하도록 이끈다

❀ 성인(聖人)의 처세

- 최선은 아랫사람이 성인이 존재하는지 모르는 것.

- 차선은 아랫사람이 성인을 두려워하는 것.

- 최악은 아랫사람이 성인을 업신여기는 것이다.

- 그래서 항상 언어(명령)를 조심하고 최소화한다.

※ 백성들은 스스로에 의해 일을 이루었다고 한다. = 無爲自然

太上不知有之, 其次親譽之, 其次畏之, 其下侮之.
태 상 부 지 유 지　기 차 친 예 지　기 차 외 지　기 하 모 지

信不足焉 有不信焉. 猶呵 其貴言也.
신 부 족 언　유 불 신 언　유 아　기 귀 언 야

功成事遂, 而百姓[1]皆謂我自然.
공 성 사 수　이 백 성　개 위 아 자 연

> **번역**

가장 좋은 것은 아래 사람들이 (성인이) 존재하고 있음을 모르는
것이고,

그다음으로 좋은 것은 가까이하고 존경하는 것이며,

그다음에는 두려워하는 것이고,

가장 나쁜 것은 조롱하는 것이다.

믿음이 부족하면 불신이 생겨나고, 오히려 말을 귀하게 여긴다.

성공과 일이 이루어지면 백성들은 모두 자연히 그렇게 되었다고
말한다.

한자풀이

1) 백성(百姓) : 춘추전국시대의 백성은 제후·왕의 먼 친척쯤 되는
   귀족이었다. 이들은 지방의 말단 관리 역할을 수행하는 계층으
   로서 서민에게 세금을 걷거나 부역을 통제하였다.

참고 한자

   次(차) 다음 / 親(친) 친하다 / 譽(예) 찬양하다 / 侮(모) 멸시하다

해설

성인의 처세

이 장은 거꾸로 이해하고 분석해 보는 것이 필요하다. 춘추전국
시대 성인(제후·왕) - 신하(大夫, 賢人) - 백성(百姓) - 서민의 계급 구
조에서, 백성(百姓)은 하급 관리자에 해당한다. 신하 계급이 정책
이나 계획을 만들고 성인의 언어를 빌려 명령을 하달한다. 그리고
하급·지방 관리자에 해당하는 백성(百姓)이 서민과 함께 명령을 수
행한다.

성인이 신하 계층에게 어떤 일의 결과를 묻지 않는 것은 신뢰할 수 없기 때문이다. 그래서 차하위(次下位) 계층에게 결과를 확인하고 싶어 한다. 차하위 계층인 백성이 도모하여 성인에게 거짓을 보고하기는 불가능하다. 현대 사회에서도 성인의 위치에 해당하는 사람은 차하위 계층에게 현실을 물어보고, 이해하고 싶어 한다. 하지만 현대는 실시간 메신저와 통신 수단이 발달하여 하위, 차하위, 저 말단의 실행자(서민)에 해당하는 사람까지 일시에 성인을 경계하는 게 가능하다. 즉, 현실 왜곡이 가능해졌다.

과거에는 성공과 일의 완성에 대한 결과를 백성(百姓)들에게 물어보면 신뢰할 수 있는 답을 얻을 수 있었다. 백성들이 "일을 하다 보니 자연히 성공하게 되었습니다."라고 하는 것이 가장 이상적인 형태이다.

자연히 그렇게 되었다는 것은 성인이 다스리는 방법과 시행하고 있는 정책이 잘 계획했고, 잘 실행했으며, 그 결과도 좋다는 것을 의미한다. 만약 문제가 있다면 신하 계층의 계획이 부실 또는 과도하였거나, 백성의 관리 소홀 또는 착복 등이 그 원인이다.

잘못된 형태의 다스림은 서민에게 어려움을 준다. 통상 문제가 불거지면 중간 계층에서 다툼과 갈등이 발생한다. 그러면 성인의 입장에서는 외적의 침입에 대비하는 어려움과 내분의 어려움 모두 해결해야 하는 곤란한 입장에 처한다. 그리고 성인은 모든 것을 신뢰하기 어려워진다. 불신이 점점 커지고, 못 믿는 마음에 부하를 채근하게 된다. 하지만 이때는 오히려 언어를 삼가야 한다.

성인(제후·왕)의 언어는 법보다 강한 지시를 의미한다. 현대 사회도 대통령의 언어는 훈령으로 법을 좀 더 구체화한 실행 규칙이

노자 도덕경 道

되어 내려온다. 성인의 언어는 신뢰도가 있어야 한다. 명령이 많으면 그만큼 더 어려워진다. 다 지킬 수 없을 뿐만 아니라, 백성 이하의 계층이라면 그 의미와 목표하는 바를 모두 이해하기도 어렵다.

성인의 언어에 대한 신뢰가 떨어지면 백성(百姓)은 고민하게 된다. 지시의 종주를 파악하기도 어렵고 번복되거나 지킬 수 없는 명령으로 인해 자신의 목숨이 위태롭기 때문이다. 신하가 굳이 계획을 만들어 성인(제후·왕)의 언어로 "이렇게 하라.", "저렇게 하라." 명령하지 않더라도 백성들은 자신의 일을 자발적으로 수행한다. 그렇게 되면 성인을 조롱하거나 업신여길 일도 없다.

성인의 마음속에 백성과 서민의 행동에 대한 불신이 생기면 신하를 통한 명령이 많아진다. 백성은 많아진 명령을 두려워한다. 그 명령이 현실적이지 못하거나 사심과 욕심이 가득 찬 경우라면 성인을 조롱하게 된다.

현대 사회에서 성인의 처세

현대 사회의 성인은 더욱 복잡해진 시스템, 프로세스 속에서 신뢰 부족으로 고민에 빠져 있다. 나의 언어가 신뢰를 주고 있는지? 하급 관리자를 신뢰하고 있는지? 현재의 시스템이 적절한지? 변화가 필요한지? 프로세스가 항상 부족한데 어떻게 해야 하는지? 빠른 변화 속에서는 모든 것이 고민이다.

신뢰하고 있지 못하다면 시스템이 부족하기 때문이다. 일의 성공과 결과에 대해 신뢰하고 살펴볼 수 있는 시스템이 없기 때문에 인위적인 보고를 요구하게 된다. 그리고 그 보고서의 신뢰성에 의구심을 갖게 되며, 부하들에게 또다시 신뢰성 있는 보고서를 요구하는 악순환에 빠진다. 결국 원활한 일의 수행보다 보고서에 묻혀 살게 된다.

또 다른 경우는, 너무 많은 시스템과 프로세스로 인해 하급 관리자가 신뢰성을 상실하는 경우다. 하급 관리자가 본연의 일을 수행하기보다는 상위 관리자가 만든 인위적인 일을 수행하느라 혼란에 빠지는 경우다. 시스템이 증가하고 복잡하면 복잡할수록 하급 관리자가 이를 확실하게 수행할 수 있도록 프로세스를 단순하게 적용해야 한다.

성인은 변화를 이해하고 언어를 통해 민첩하게 명령할 수 있다. 하지만 조직이 크면 클수록 이에 맞춰 조직 구성원들이 민첩하게 변하고 대응할 수 있는지를 우선 살펴보는 것이 필요하다.

18.
도를 잃으면 인의가 나타난다

❀ 도(道)를 잃으면 인위적인 인(仁), 의(義), 지혜, 충신이 요구된다

大道廢, 有仁義. 智慧出, 有大僞.
대 도 폐　유 인 의　지 혜 출　유 대 위

六親¹⁾不和, 有孝慈. 國家昏亂, 有貞臣.
육 친　불 화　유 효 자　국 가 혼 란　유 정 신

번역

큰 도(바른길)가 사라지자 인의(어질고 의로움의 덕목)가 생겨나고,
지혜가 나타나자 큰 거짓(사기, 좋지 않은 방향의 계획, 꾸밈)이 나타
난다.
육친이 불화하면서 효도와 자애로움이 생겨나고,
나라가 혼란스러워지면 곧은(충성스러운) 신하가 나타난다.

한자풀이

1) 육친(六親) : 부자, 형제, 부부

廢(폐) 폐기하다 / 僞(위) 거짓 / 慈(자) 자애로움, 내리사랑

사람이 살아가는데 우선순위로 두어야 할 것

　도(道)를 잃는 경우 발생할 수 있는 문제점을 이야기하고 있다. 인(仁), 의(義), 효(孝), 자(慈)를 과소평가하거나 나쁜 것으로 간주하는 게 아니다. 도(道)에 넘치는 사항이 있는지를 우선 생각해야 한다는 의미다. 인(仁), 의(義), 효(孝), 자(慈), 정신(貞臣)을 먼저 찾는 것은 인위적인 해법이다. 이런 것들을 강조하다 보면 바른길을 놓치게 될 수 있다.

　도(道)를 따르는 길은 만물과 인간을 상생(相生) 관점에서 바라본다. 사심과 욕심을 버리고 소박한 마음으로 남과 다투지 않는다. 모든 만물과 인간은 저마다의 쓰임이 있다. 조금 부족하더라도 상생의 마음으로 넓게 포용한다면 살아가는데 크게 문제가 될 것이 없다.

　그러나 사람들은 눈에 보이는 부분을 기준으로 인간미(仁)를 찾고, 의(義)로움을 정의하려고 노력한다. 효(孝)와 자(慈)에 대해 설명하며 구구절절한 해석을 들어 실천을 요구한다.

　나를 기준으로 해석하고, 나를 기준으로 생각하기 때문이다. 상생(相生)은 질서와 양보를 의미한다. 나의 이익을 먼저 추구하지 않는다면 다툴 일이 없다.

19.
사욕(私欲)과 학문에 대한 집착을 버려라

❀ 세 가지 훈령

- 견소포박(見素抱樸) 소박하고 투박하라.

- 소사과욕(小私寡欲) 사사로움과 욕심을 버려라.

- 절학무우(絶學無憂) 학문 집착을 버리면 근심이 사라진다.

絶聖棄智, 民利百倍. 絶仁棄義, 民復孝慈.
절 성 기 지　민 리 백 배　절 인 기 의　민 복 효 자

絶巧棄利, 盜賊無有. 此三言也, 以爲文未足.
절 교 기 리　도 적 무 유　차 삼 언 야　이 위 문 미 족

故令[1]之有所屬, 見素抱樸, 少私而寡欲, 絶學無憂.
고 영　지 유 소 속　견 소 포 박　소 사 이 과 욕　절 학 무 우

번역

총명한 사람 구하는 것을 끊고 지혜롭게 되고자 함을 버리면,
서민의 이익이 백 배가 된다.

어진 사람을 모으는 것을 끊고, 의롭게 되고자 함을 버리면,
서민이 다시 효도하고 자애한다.

기교 있는 사람을 구하는 것을 끊고, 이익을 얻고자 함을 버리면,

도적이 사라진다.

이 세 가지 말은 글로 적어 놓고 보니 부족함이 있다.

그래서 거기에 덧붙여 (명)령한다.

수수하고 소박한 것을 바라보고 투박한 마음을 간직하라.

사사로운 마음을 줄이고, 욕심을 덜어내라.

학문에 대한 집착을 끊으면 걱정도 없어진다.

한자풀이

1) 령(令) : 널리 알리다. 공식적인 포고, 선포하다.

참고 한자

絶(절) 끊다 / 棄(기) 버리다 / 巧(교) 기교 / 盜(도) 도둑 /
屬(속) 부착하다 / 寡(과) 잃다, 버리다 / 憂(우) 근심, 걱정

해설

국가가 공식적으로 선포할 명령 3가지

도(道)가 무너지는 상황에서 지혜로운 현인을 구하여 인(仁), 의
(義)라는 미명 아래에 벌어지는 갖은 혼란을 경계하고 있다. 춘추전
국시대는 성인 및 귀족의 이익만 추구하다 보니 서민의 어려움은
극에 달하던 시대였다. 단순히 글자로 적는 것은 부족하여 "령(令)"
이라는 용어를 사용하여 강력하게 아래의 3가지를 따르라 선포하
고 있다. 지금도 대통령 훈령 ○○조 형태로 준수해야 할 사항을 공

식적으로 알린다. 성인(제후·왕)에 대한 권고가 아니라 귀족, 백성, 서민에 이르기까지 모두에게 널리 알려 공식화한다는 의미이다.

현재도 3가지 령(令)은 삶의 지침으로 가치가 충분하다. 높은 권위와 부(富), 화려한 모습을 추구하다 보면 소박하고 담백한 삶에서 멀어진다. 사사로운 마음이 우선하면 공사(公私)를 구분하지 못하게 된다. 조직을 사사로운 이익을 위해서, 나의 욕심을 채우는 도구로 활용하는 일이 다반사다. 먹고 살기 위해서, 조직 내에서 생존하기 위해서라는 핑계가 우선한다.

상생(相生)의 근본인 도(道)와 다 같이 잘 사는 덕(德)을 추구하기보다는 이익을 위해 학문이 도구화되고 있다. 자격을 획득하여 욕심을 채우려고 온갖 노력을 다한다. 그 모습이 참으로 안타깝다. 상생 관점으로, 그리고 소박하고 투박한 마음으로 보면 인간의 존재는 어떤 형태로든 소중하고 쓰임이 있다.

높은 자리와 큰 역할처럼 멋있는 쓰임도 있지만, 아름답고 작은 쓰임 하나하나가 모두 소중하게 사회를 이룬다. 높은 자리와 큰 역할에 과도한 물질적 보상을 제공하기 때문에, 오히려 감사와 존경이라는 정신적 보상은 그 의미가 퇴색되고 있다. 작은 쓰임에 대한 물질적 보상 방법을 연구하고, 큰 쓰임에 대한 정신적인 보상 방법을 연구할 필요가 있다.

성인(聖人)은 사회의 시스템을 투명하게 만들어 서민들의 삶이 소박하고 투박하도록 이끌어야 한다. 과도한 경쟁 유발은 인간의 마음과 자원을 낭비하도록 만든다. 경쟁으로 인한 스트레스로 인해 사람이 정신적으로 점점 병들어가고 황폐해지는 것을 경계해야 한다.

20.
삶의 방향은 내가 선택하는 것이다

❀ 삶의 방향

    - 사회생활, 관계 속에서 이익과 두려움에 대한 의문 제시.

    - 나도 결국은 사회의 한 구성원(偶人)이고, 어울려 살아간다.

    - 바른길을 가기 위해서는 두려움을 버리고 결단이 필요하다.

    - 최우선적으로 가정을 소중히 하라.

※ 세상을 살면서 삶의 방향은 내가 선택하는 것이다.

唯¹⁾與阿²⁾ 其相去幾何. 美與惡 其相去若何.
유 여아 　 기 상 거 기 하 　 미 여 악 　 기 상 거 약 하

人之所畏, 亦不可以不畏. 荒³⁾呵 其未央⁴⁾哉.
인 지 소 외 　 역 불 가 이 불 외 　 황 아 　 기 미 앙 　 재

衆人熙熙, 若饗⁵⁾於太牢⁶⁾而春登臺.
중 인 희 희 　 약 향 　 어 태 뢰 　 이 춘 등 대

我泊焉未兆⁷⁾, 若嬰兒未咳⁸⁾. 累⁹⁾呵 如無所歸.
아 박 언 미 조 　 약 영 아 미 해 　 누 아 　 여 무 소 귀

衆人皆有餘 我獨遺. 我愚人之心也 沌沌¹⁰⁾呵.
중 인 개 유 여 　 아 독 유 　 아 우 인 지 심 야 　 돈 돈 　 아

俗人昭昭¹¹⁾, 我獨若昏呵. 俗人察察¹²⁾, 我獨悶悶¹³⁾呵.
속 인 소 소 　 아 독 약 혼 하 　 속 인 찰 찰 　 아 독 민 민 　 아

忽呵 其若晦[14], 恍呵 其若無所止.
홀 아 기 약 회　　황 아 기 약 무 소 지

衆人皆有以, 我獨頑[15]以鄙[16]. 吾欲獨異於人 而貴食母
중 인 개 유 이　아 독 완　이 비　　오 욕 독 이 어 인 이 귀 식 모

번역

공손하게 대답하는 것과 아부하여 대답하는 것이 얼마나 차이가 있겠는가?

아름다움과 추악함의 차이가 같지 않겠는가(얼마나 다르겠는가)?

사람들이 두려워하는 것은 나 역시 두려워하지 않을 수 없다.

공허하구나(흉년이 두렵구나). 아직 재앙이 닥치지 않았더라도.

무리의 사람들이 즐겁고 즐거워하며

갖은 음식을 차려 봄에 누각을 오르는 것 같다.

나는 순박해서 피하여 달아나지도 못하고, 마치 웃지도 못하는 갓난아이 같다.

괴롭다! 돌아갈 곳이 없다.

무리의 사람들은 남고, 나 홀로 떨어졌다.

나의 마음은 참 어리석다. 혼탁하고 어지럽다!

사람들은 밝고 밝게 잘 지내는데, 나 혼자 어두워져 있다.

사람들은 잘 알고 잘 알아 여유가 있는데, 나 혼자 답답하다.

희미하구나. 마치 달빛조차 없는 어둠 같다.

어질어질하구나. 그침이 없는 것 같다.

사람들은 저마다 이유(까닭)가 있겠지만,

나만 홀로 완고하고 촌스럽게 질박하다.

나는 혼자가 되더라도 다른 사람과 달리,

식모(나에게 식사를 주는 아내)를 소중하게 여기려 한다.

한자풀이

1) 유(唯) : 공손하게 대답하는 말.

2) 아(阿) : 아부, 영합하여 대답하는 말.

3) 황(荒) : 공허, 허황하다. 흉년이 들다.

4) 앙(央) : 재앙.

5) 향(饗) : 바치다. 대접하다.

6) 태뢰(太牢) : 제왕이 제사 지낼 때 준비하는 소, 돼지 등의 음식.
   즉, 갖은 음식.

7) 조(兆) : 피하다. 달아나다.

8) 해(咳) : 아이가 방긋 웃다.

9) 누(累) : 폐를 끼치다. 괴로워하다.

10) 돈(沌) : 혼탁하고 어지럽다. 우매하다.

11) 소소(昭昭) : 소는 밝다는 의미. 해가 떠서 밝고, 또 밝음.

12) 찰찰(察察) : 살피다. (제사 등) 큰일 치를 때 미리 살펴서 여유가
   있는 모습을 표현했다.

13) 민민(悶悶) : (준비가 덜 되어) 답답하다. 혼미하다. 어둡다.

14) 회(晦) : 그믐, 어두움. 음력의 매월 말일로 달이 기울어 달빛조
   차 희미한

15) 완(頑) : 완고하다.

16) 비(鄙) : 촌스럽다. 질박하다.

泊(박) 담박하다 / 餘(여) 남다 / 遺(유) 떨어지다 /
愚(우) 어리석다 / 昏(혼) 어둡다 / 獨(독) 홀로 / 異(이) 다르다

해설

사회 속에서 살아가는 관계에 대하여

19장에서 견소포박(見素抱樸), 즉 "소박한 것을 바라보고 투박하게 살아라."라고 했다. 현대 사회는 인구의 폭발적 증가와 더불어 지식과 문명의 발달로 모든 것이 갈수록 복잡해지고 있다. 사람들은 생존을 위해서, 리스크를 피하기 위해서 또는 잘 살기 위해서 자신의 이익을 추구하며 끊임없이 달린다. 조금이라도 뒤처지지 않기 위해 뛰고 또 뛰는 것이 현대 사회인의 모습이다. 그러다 보니 정작 소중한 것을 놓치고 산다.

"예, 그렇습니다."라는 공손한 표현과 "옙, 그게 맞습니다!"라는 아부하는 표현에 무슨 차이가 있겠는가?

이런 질문으로 시작하고 있다. 우리는 사회생활에서 관계의 편의와 이익을 위해 후자를 선호한다. 또한 "아름다움과 추악함이 무슨 큰 차이가 있겠는가?"라는 질문도 하고 있다. 우리는 아름다운 것을 뚜렷하게 선호한다.

2,500년 전에도 이런 질문을 화두에 던지는 것은, 사람 사이의

관계에 있어서 그때와 지금이 크게 달라진 바가 없음을 의미한다. 사람은 본능적으로 편리한 쪽, 나에게 유리한 쪽을 택한다. 그 기준에 오류가 있고 없음은 이후의 문제다.

보통 사람들이 두려워하는 것, 다가오는 리스크에 대한 대응은 거의 비슷하다. 나 역시 사람이기 때문에 두려워할 수밖에 없다. 그것이 사람의 본성이다. 모든 것을 하나하나 따져 기준을 정하고, 삶의 방향을 정하고, 행동 하나하나의 오류를 분석하며 살지는 않는다. 사회 속에서 어울려 살아갈 뿐이다. 내가 속한 조직과 사회의 관습과 행동을 따라가며 산다.

나는 미래에 다가올 흉년과 어려움 등 재앙이 걱정이 된다. 하지만 사람들은 이런 것을 모르는지 과다한 연회와 모임을 즐긴다. 나는 감히 마다하지도 못하고 끌려가지만, 마음이 고달프기만 하다. 결국은 동참하지 않고 나 혼자 떨어져 나와서 괴로워하는 모습을 그리고 있다.

과거나 현대 모두 조직에서 홀로 떨어져 나온 모습은 외톨이, 즉 '왕따'로서 피해야 할 사항이다. 홀로 떨어진다는 것은 얽매이지 않아 자유롭지만, 반대로 조직 밖으로 밀려나와 제일 바깥쪽에 위치함을 의미한다. 가장 먼저 조직에서 축출되고, 심하게는 죽임을 당할 수도 있다. 그럼에도 불구하고 괴로움을 무릅쓰며 홀로 나오는 것은 바른길이 아니라는 확신이 있기 때문이다.

'소소(昭昭)'는 밝음이 지속되고 있는 모습을 시적으로 표현한 것이다. 해가 떠서 밝은 상황이다. 밝은 낮에는 밤이 찾아오는 것을 잊게 된다. 시간이 흐르면 저녁이 되어 어두워지는 것이 자연의 이치다. 항(恒)이고 도(道)이다. 그럼에도 불구하고 사람들은 음식과 여흥에 취해 다가오는 어둠을 잊는다.

나는 다른 사람과 달리 나에게 식사를 제공해 주는 여성(어머니 또는 아내)을 귀하게 여긴다고 하였다. 가족이 모여 사회와 국가가 이루어진다. 가장 작은 단위인 가정에서부터 행복이 이루어져야 한다는 의미다. 그러면 사회와 국가도 자연스럽게 행복하게 될 것이다.

어울려서 갖은 음식을 준비하고, 누각을 찾아 소풍을 가고, 아름다운 것을 추구하는 것은 모두 인위적인 것에 해당한다. 인위적인 행사를 만들어 어울리는 것보다 우선 해야 할 사항은 가정이다.

이처럼 가장 소중히 해야 할 길을 제시하고 있다.

21.
큰 덕의 모습은 도를 따른다

⊗ 큰 덕(德)의 모습은 도(道)를 따른다

※ 세상은 도(道)에 의해서 크게 번영을 이룬다.

孔德之容, 唯道是從. 道之物, 唯恍唯忽.
공 덕 지 용 　 유 도 시 종 　 도 지 물 　 유 황 유 홀

忽呵恍呵, 中有象¹⁾呵. 恍呵忽呵, 中有物呵.
홀 아 황 아 　 중 유 상 아 　 황 아 홀 아 　 중 유 물 아

幽呵冥呵, 中有情²⁾呵. 其情甚眞, 其中有信.
유 아 명 아 　 중 유 정 아 　 기 정 심 진 　 기 중 유 신

自今及古, 其名不去, 以順³⁾衆甫⁴⁾.
자 금 급 고 　 기 명 불 거 　 이 순 　 중 보

吾何以知衆甫, 之狀⁵⁾哉, 以此.
오 하 이 지 중 보 　 지 상 　 재 　 이 차

번역

큰 덕의 모습은 오직 도를 따른다.

도를 물건으로 여기면, 있는 듯도 하고 없는 듯도 하다.

없는 듯 있는 듯 그 가운데 상이 있고,

있는 듯 없는 듯 그 가운데 사물이 있다.

어둑어둑하고 컴컴하나, 그 가운데 실상(진상, 본성)이 있으니,

그 실상은 깊고 진실하며, 그 중심은 신뢰를 바탕으로 한다.

지금부터 옛날에 이르기까지 그 이름이 사라지지 않는 것은

이 순리에 의해 인구가 많아지게 되었다.

어떻게 인구가 많아지게 됨을 아는가? 그것은 사실에 근거함이

다. 이런 이유다.

한자풀이

1) 상(象) : 존재하는 모습. 형태.

2) 정(情) : 실상. 사실. 본성. 진리. 이치.

3) 순(順) : 이치. 진리.

4) 보(甫) : 커지다. 많아지다. '俌', '保', '補', '普', '步' 등 많은 보의 대
   장격인 글자로, 중생(인류)이 많아지고 커지도록, 번성하도록 하
   는 것이 도(道)이다.

5) 상(狀) : 사실에 의한 근거.

참고 한자

幽(유) 그윽하다 / 冥(명) 어둡다 / 甚(심) 심히

도(道)에 대하여

도(道)라는 것은 한자의 뜻으로는 '천천히 가다(辶)'와 사람의 머리(首)를 뜻하는 글자가 결합된 것이다. 이것을 점차 '사람을 인도하다, 이끌다, 바른길'이라는 의미로 사용하게 되었다. 큰 덕(德)은 도(道)의 속성을 따른다. 덕(德)은 무(無)형이고 무(無)는 쓰임을 살펴봐야 한다.

도(道)는 무형이기 때문에 표현하기 어렵다. 그래서 사물에 비유하여 속성을 설명하고 있다. '있는 듯 없는 듯' 해서 설명이 쉽지 않다. 하지만 분명히 그 상이 존재한다. 잘 보이지는 않으나 그 실상이 존재하고, 깊고, 진실하다.

도(道)는 사실과 진실성을 기본으로 한다. 그 성질에 있어서는 항상 신(信)뢰가 바탕이 되어야 한다. 이럴 때는 이렇고 저럴 때는 저렇게 변할 수 있는 것은 신뢰가 없는 상태다. 즉, 신(信)이라는 것은 일관성을 의미한다. 일관성은 당시의 언어로 항(恒) 또는 상(常)이라 표현하였다. 과학에서 이야기하는 법칙과 규칙에 해당한다.

인류는 도(道)의 순리에 따라 더욱 크게 번성하였다. 현대의 문명발달과 번성은 2,500년 전과는 비교가 되지 않는다. 도(道)는 현대 모든 분야의 과학과 기술을 포함한다. 자연, 사회, 응용, 순수 과학 등의 발전에 의해 인류(衆生)는 지속적으로 번영하고 발전해왔다. 이것은 역사적 사실에 근거한다.

22.
과시, 자만, 자랑, 자긍을 경계하라

❀ 과욕, 교만, 자랑, 이기, 자긍을 경계하라

企[1]者不立. 跨[2]者不行.
기 자불립 과 자불행

自視者不章[3], 自見者不明, 自伐者無功, 自矜者不長.
자시자부장 자견자불명 자벌자무공 자긍자부장

其在[4]道曰 餘食贅形. 物或惡之, 故有道者不居.
기 재 도 왈 여 식 췌 형 물 혹 오 지 고 유 도 자 불 거

번역

뒤꿈치를 들고서는 오래 설 수 없다.

보폭을 과하게 해서는 멀리 갈 수 없다.

스스로 보이려(과시, 자랑) 하는 자는 모범이 될 수 없고,

스스로 보는(다 안다고 자만하는) 자는 밝지 못하며,

스스로를 위하는(나를 우선 챙기는) 자는 공을 세울 수 없고,

스스로를 공경(자긍)하는 자는 큰 사람이 될 수 없다.

그런 사람을 바른길에 비교하여 이야기하면

먹다 남은 음식 또는 군더더기 혹의 형태라 할 수 있다.

그런 것은 사람들이 싫어한다.

그래서 도(道)를 행하는 사람들은 거기에 머무르지 않는다.

한자풀이

1) 기(企) : 발돋움하다.

2) 과(跨) : 보폭을 넓게 하다.

3) 장(章) : 모범. 본보기.

4) 재(在) : 살피다.

참고 한자

伐(벌) 자랑하다 / 矜(긍) 자랑하다 / 贅(췌) 혹

해설

과욕, 교만, 자랑, 이기, 자긍에 대하여

멀리 여행하는 사람은 보폭을 과하게 넓히거나 무리하지 않는다. 진정 높이 되고자 하는 사람은 과욕, 교만, 자랑, 이기, 자긍심을 경계한다. 사람의 마음은 간사해서 조금 높은 지위에 오르기 시작하면, 그동안 성장해온 과정과 초심을 잊기 쉽다. 위를 바라보고 달리기에 급급해지고, 다시 밀려날까 두려워 여유를 잃기 쉽다. 누구나 알고 있는 사실이지만, 실천은 쉽지 않다.

과욕, 교만, 자랑, 이기, 자긍의 늪에 빠져 있다면, 사람들은 그런 사람을 먹다 남은 음식 찌꺼기처럼 하찮게 여기거나, 있어서는

안 되는 혹으로 생각할 것이다. 내가 아래 위치에 있었을 때, 그때의 마음을 상기해 보라. 내가 조직에서 혹 또는 암 같은 존재로 보인다면 얼마나 슬프겠는가?

그래서 성인은 높이 올라갈수록 좌우명을 글로 적어서 액자에 걸어 놓고 수시로 반성하며 마음을 가다듬는 계기로 삼는다.

23.
다툼을 피하라 굽히면 온전해진다

❀ 나를 기준으로 세상(남)을 바라보는 시각의 문제점을 이해하라
❀ 다툼을 피하라. 굽히면 온전해진다

曲則全, 枉則正, 窪¹⁾則盈, 敝則新, 少則得, 多則惑²⁾.
곡 즉 전 왕 즉 정 와 즉 영 폐 즉 신 소 즉 득 다 즉 혹

是以聖人執一 以爲天下式.
시 이 성 인 집 일 이 위 천 하 식

不自視 故章, 不自見 故明,
부 자 시 고 장 부 자 견 고 명

不自我 故有功, 不自矜 故長.
부 자 아 고 유 공 부 자 긍 고 장

夫唯不爭, 故莫能與之爭.
부 유 부 쟁 고 막 능 여 지 쟁

古之所謂 曲則全者, 豈虛語哉. 誠全歸之
고 지 소 위 곡 즉 전 자 기 허 언 재 성 전 귀 지

번역

굽히면 온전해지고, 휘면 곧아진다.
우묵하면 채워지고, 낡으면 새로워진다.

노자 도덕경 道

적으면 얻을 수 있고, 많으면 걱정하게 된다.

이 때문에 성인은 하나를 집어서, 천하의 기준으로 삼는다.

스스로 보이려 하지 않으니 모범이 되고,

스스로 다 볼 수 있다 하지 않으니 밝게 되며,

스스로 나를 위하지 않으니 공을 세우게 되고,

스스로 공경하지 않으니 큰 사람이 된다.

남들과 다투지 않으니, 고로 다툼에 이르지 않게 된다.

옛날부터 이를 일러 "굽히면 온전해진다."라 했으니, 어찌 헛말이 겠는가?

진실로 온전하게 돌아갈 것이다.

한자풀이

1) 와(窪) : 우묵하다. 웅덩이.

2) 혹(惑) : 의혹을 받다. 번뇌하다.

참고 한자

曲(곡) 구부리다 / 全(전) 온전하다 / 枉(왕) 휘다 / 式(식) 기준 /
豈(기) 어찌 / 誠(성) 진실로

해설

유연함의 이로운 점

자연은 대체로 굽은 형태다. 곧은 형태가 흔하지 않다. 그래서 대부분의 경우 굽은 형태로 돌아가는 것이 자연의 원래 형태에 순응하는 길이다. 인간관계에서도 직선적인 형태는 많지 않다. 굽히고 유연하게 해결하면 문제가 술술 풀리는 경우가 다반사다. 물론 비열하게 처신하라는 의미는 아니다. 양보하고 순응하되, 내가 바른길을 명확히 모를 경우나 상대방과 의견이 다를 때에는 굽히는 것이 다툼을 피하는 길이라는 뜻이다. 또한 옳고 그름을 쟁점으로 하여 상대방과 충돌하고 이견을 다투는 것은 좋은 방법이 아니라는 것이다.

곧은 것은 구부려지고, 구부려진 것은 다시 펴지고, 낡은 것은 새로워지며, 새로운 것은 다시 낡게 된다. 적으면 많아지고, 많으면 다시 적어지는 것이 세상 만물의 변화다. 어떤 상태가 항상 좋다고 할 수는 없다. 다만 하나의 기준선이 존재하고, 그 기준선에 대한 차이가 있을 뿐이다.

기준이 존재하는 이유

성인은 어떤 것이든 기준선을 정해야 한다. 기준 자체가 없을 경우에는 혼란이 일어나고 다툼이 많아지기 때문이다. 기준이 없을 경우 나를 우선하여 생각하고 바라보게 된다. 나를 기준으로 생각하는 것을 경계하라는 뜻이다.

사람은 원시시대부터 생존율을 높이기 위해 나에게 유리한 방향을 최우선으로 여기도록 유전자가 진화해 왔다. 원시 시대에는 나에 대한 자긍심을 갖고, 내가 본 것에 대해 믿음을 갖고, 내 힘의 과시를 통해 부족 내에서 나의 입지를 명확히 할 수 있었다. 수십만 년간 이어진 사냥, 채집 시대에서부터 이런 유전자가 우성이 되었고, 동시에 전달되어 왔다.

하지만, 인간관계의 밀도가 높아질수록, 사회가 복잡해질수록 나를 기준으로, 그리고 나를 먼저 생각하고 행동하는 것은 조직 내에서 위험을 초래하는 일이 되었다. 모든 사람이 나를 기준으로 산다면 다툼이 끊이지 않게 된다. 고대와 중세에는 배고픔과 질병, 전쟁이 삶에서 가장 큰 고통이었다. 현대는 사회조직 내의 다툼과 갈등으로 인한 스트레스가 가장 큰 삶의 고통이 되고 있다.

우리가 노자 사상을 다시 바라보는 이유는, 복잡한 사회에서 오히려 간단명료한 삶의 방향을 제시하고 있기 때문이다.

나를 굽혀 양보하고 겸손하며 다툼을 피하라.

24.
말을 삼가는 것이 자연스럽다

❀ 자연의 이치에 따라 말(명령, 지시)을 삼간다

  - 도와 함께 하는 삶은 도를 주고,

  - 덕과 함께 하는 삶은 덕을 주고,

  - 상실과 함께 하는 삶은 상실을 준다.

※ 근묵자흑(近墨者黑)과 동일한 이치. 생각과 행동을 가까이하면 함께 하는 것

  과 친하게 되고, 그렇게 행하게 된다.

希言自然. 飄風不終朝, 暴雨不終日.
희 언 자 연　표 풍 부 종 조　폭 우 부 종 일

孰爲此 天地而不能久, 又況於人乎.
숙 위 차　천 지 이 불 능 구　우 황 어 인 호

故從事而道者
고 종 사 이 도 자

同於道, 德者 同於德, 失者 同於失.
동 어 도　덕 자 동 어 덕　실 자 동 어 실

同於德者, 道亦得之. 同於失者, 道亦失之.
동 어 덕 자　도 역 덕 지　동 어 실 자　도 역 실 지

　　　　　　　　　　　　　　　　　노자 도덕경 道

말을 적게 함은 자연스러운 것이다.

큰 바람은 아침 내내 불지 못하고, 큰 비는 하루 종일 내리지 못한다.

누가 그렇게 만들었을까?

하늘과 땅도 (비, 바람을) 오래가지 못하게 하는데, 하물며 사람은 어떻겠는가?

일을 할 때에 도(道)를 행하는 사람은 (말을 삼가는) 도와 함께 한다.

덕을 얻으려 하는 사람은, 덕(을 베푸는 일)과 함께한다.

잃는 사람은, 잃는 것(주로 잃는 사람들)과 함께한다.

덕(을 베푸는 일)과 함께 하는 사람은, 도 역시 얻게 되고,

잃는 것(주로 잃는 사람들, 잃는 방식)과 함께 하는 사람은, 도 역시 잃게 된다.

참고 한자

飄(표) 회오리바람, 질풍 / 朝(조) 아침 / 孰(숙) 누가 /
況(황) 더군다나

해설

윗사람 언어의 힘

세찬 바람, 폭우는 옛날이나 지금이나 윗사람의 강력한 말과 언

어에 비유된다. 하루가 멀다 하고 그런 강력한 언어를 쏟아내면 홍수가 발생하여 백성과 서민은 괴롭다. 하루 종일 세찬 비바람이 몰아치듯 화를 내고 몰아붙이면 그 사람이 무엇을 할 수 있을까? 그럼에도 불구하고 윗자리에 올라서면 이런 이치를 자주 잊어버리고 지낸다.

사람은 자기성찰보다 타인의 오류가 더 눈에 띄기 마련이다. 타인의 오류가 우선 눈에 띄기 때문에 윗사람 입장에서는 명령과 지시를 통해 관리하려고 든다. 하지만 이때 조심하고 삼가야 할 것이 바로 언어다.

일을 실제로 수행하는 사람은 아랫사람이다. 수행할 수 있는 여력과 마음을 세찬 바람과 홍수로 다 쓸어버린다면 무슨 의미가 있겠는가?

내가 가까이 할 것은 무엇인가?

도(道)와 함께하고자 노력하는 사람은 도(道)를 따르게 되고, 덕(德)을 얻고자 하는 사람은 덕(德)을 베풀어 덕(德)과 함께한다. 잃고자 하는 사람은 남에게 어려움과 실망, 상실을 준다. 남을 해치고 잃는 것과 친해지면 자신도 잃게 된다.

유유상종(類類相從)이고 근묵자흑(近墨者黑)이다. 사람도, 사람의 행위도 평소 친하게 지내면 닮게 된다. 입에 욕을 달고 사는 사람은 욕과 친해지고, 입에 불평을 달고 사는 사람에게는 불만스러운 일이 늘 따르게 된다.

노자 도덕경 道

25.
도는 스스로의 법칙을 따른다

✸ 물질세계의 원리, 운행 규칙을 도(道)라 한다

　- 하늘(天), 땅(地), 사람(人)의 속성을 크다(大)고 정의.

　- 사람은 땅(地)의 운행 규칙을 따르고,

　- 땅(地)은 하늘(天), 하늘(天)은 도(道)의 운행 규칙을 따르고,

　- 도(道)는 스스로의 운행 규칙을 따른다.

有物混成, 先天地生.
유 물 혼 성　선 천 지 생

蕭[1]呵 寥[2]呵, 獨立而不改, 周行而不殆.
소 아 요 아　독 립 이 불 개　주 행 이 불 태

可以爲天地母. 吾未知其名, 字之曰道.
가 이 위 천 지 모　오 미 지 기 명　자 지 왈 도

吾强爲之名曰大. 大曰逝, 逝曰遠, 遠曰反.
오 강 위 지 명 왈 대　대 왈 서　서 왈 원　원 왈 반

故道大 天大 地大 人亦大.
고 도 대 천 대 지 대 인 역 대

域[3]中有四大, 而人居[4]其一焉.
역 중 유 사 대　이 인 거 기 일 언

人法地, 地法天, 天法道, 道法自然.
인 법 지　지 법 천　천 법 도　도 법 자 연

모든 물질은 혼재되어 이루어져 있고, (도(道)는) 하늘과 땅보다 먼저 생겨났다.

소리도 없고, 적막하구나.

그 속에서 스스로 생겨난 후에는 반복되지 않고,

그 운행이 태만함 없이 진행된다.

가히 (도는) 하늘과 땅의 어머니라 할 만하다.

나는 그 이름을 아직 알지 못하나,

글자로 적을 때 도(道)라고 할 뿐이고,

억지로 이름을 부르자면 '크다'라고 한다.

큰 것은 천천히, 평온하게 움직인다.

천천히 움직이는 것은 멀고, 심오하다.

멀고, 심오한 것은 다시 되풀이(반복)된다.

그러므로 도는 크다고 할 수 있다.

하늘도 크고, 땅도 크고, 사람 또한 크다.

영역 중 4가지 큰 것이 존재하는 곳이 있으며,

사람은 그 영역에 살고 있다.

(그 영역 안에서) 사람은 땅의 법칙에 의해 살고, 땅은 하늘의 법칙에 따르고, 하늘은 도의 법칙에 따르며, 도는 스스로의 운행 규칙을 따른다.

1) 소(蕭) : 소리 없이 고요한.
2) 요(寥) : 적막한.

　노자 도덕경 道

3) 역(域) : 영역. 사람이 살고 있는 영역을 세계라 하면, 은하 전체
   영역을 은하계, 우리 은하 바깥의 다른 은하계는 또 다른 영역
   을 의미한다.
4) 인거(人居) : 사람이 사는 곳.

참고 한자

改(개) 고치다, 되돌리다 / 周(주) 달리다 / 殆(태) 태만 /
强(강) 강제로 / 逝(서) 서행하다 / 遠(원) 멀다 /
法(법) 법칙을 따르다

해설

인식 확장에 대한 이해

사람은 기존에 가지고 있는 지식과 고정 관념에 쌓여 착각을 일으키기 쉬운 존재이다. 『도덕경』에서는 기존의 관념을 모두 물리치고 자연을 바라보면서 자연의 운행 규칙에 근간하여 존재하는 물질계를 설명하고 있다. 고대에는 육안으로 인식할 수 있는 바로 앞에 있는 0.1mm 이상의 세계와 멀리 있는 하늘을 바라볼 때 1cm도 안 되는 반짝이는 별이 인식할 수 있는 전부였다.

당시와 비교하여 현대 과학은 물질 최소 단위인 '원자'를 이해하고, 분해하고, 다루고, 구분할 수 있는 능력을 지니고 있다. 가장 작은 수소원자 1개의 질량(1.6×10^{-24}g), 크기(1×10^{-9}cm)를 측정할 수 있고, 130억 광년 거리에서 오는 빛을 분간해 우주의 나이를 추정

할 정도로 멀리 볼 수 있다.

현대 물리학과 과학에서 알아낸 이해를 모두 잊어버리고 2,500년 전으로 돌아가 살펴본다면, 이 장의 설명은 자연에 대한 놀라운 통찰이라 할 수 있다. 현대의 과학으로도 동일하게 설명되며, 오히려 물리학자들이 지속해서 연구해볼 만한 내역이다.

만물은 혼재되어 세상을 이룬다

유물(有物)은 존재하는 모든 물질이다. 우선 무(無)에 대한 것을 배제하고 설명하면, 존재하는 모든 물질은 혼재되어 있다. 하늘과 땅도 물질로 보았을 때, 하늘과 땅은 현재 혼재되어 있지 않고 분리되어 있다. 원래는 하늘과 땅도 혼재되어 있는 상태였으나 도(道)의 운행 규칙에 의해 서서히 분리되어 현재의 독립체에 이른 것이다. 그렇기 때문에 하늘과 땅의 존재보다 도의 운행 규칙이 우선한다.

2,500년 전으로 돌아가 그 당시 사람의 눈으로 살펴보자. 집 앞 뜰로 나가서 보이는 것을 살펴보라. 무엇이 보이는가? 콘크리트 덩어리의 건물, 차량, 도로, 경계를 짓고 있는 표식, 담장, 난간 등 현재 보이는 것을 다 지우고 머릿속에 그려 보라. 아마도 남아 있는 것은 자연의 모습일 것이다.

머릿속에 들어 있는 기존의 지식도 모두 지워보라. 우선 'Big Bang', '지동설', '지구가 둥글다', '태양이 달보다 훨씬 크다' 이런 요소들을 모두 지운 후에 고개를 들어 하늘을 보아라. 무엇이 보이는가? 하루를 관찰하면 동전 크기의 해가, 또 동전 크기의 달이, 그리고 엄청나게 큰 구름이 지나가는 것을 볼 수 있다. 비가 온다면 비도 보이고, 운이 좋으면 천둥과 번개, 우박도 경험할 수 있다. 하늘에 있는 모든 것은 혼재되어 나의 힘으로 구분 지어 정리하거나 표현하거나 기록하는 것이 불가능하다.

자연 속에 혼자 앉아 있다면 대부분의 시간이 소리가 없어 적막하다. 땅을 관찰해도 비슷하다. 내가 딛고 서 있는 흙만 해도 많은 티끌, 진흙, 나무 부스러기, 썩은 곤충의 잔해를 비롯한 수많은 것이 혼재되어 있다. 땅을 파 보아도 다양한 토양이 혼재되어 있으며, 그 속에 수많은 나무와 풀뿌리가 엉키어 있다.

그 혼재된 것들 속에서 봄이 되면 만물이 생장하기 시작하고, 여름의 성장, 가을의 풍요로움을 지나 다시 겨울의 정적으로 되돌아간다. 하루를 기준으로 살펴보면 낮이 지나면 밤이, 밤이 지나면 다시 낮이 찾아온다. 하루와 일 년을 주기로 반대 방향으로 지속해서 움직인다. 하늘과 땅에 존재하는 모든 유물(有物)은 혼재되어 있으며, 커다란 하늘과 땅을 기반으로 살아간다.

만물은 모두 독립적이고, 유일무이한 존재이다

춘추전국시대는 하늘로부터 인간을 다스릴 권한을 받은 천자의 권한이 무너지는 시기였다. 황제(천자)도 하나의 인간일 뿐이다. 당시 존재했던 수많은 신의 모습 또한 허황되고 불완전하기는 마찬가지였다. 전지전능한 신이 있다면 어째서 인간의 삶이 이렇게 허망하고, 분열과 전쟁 등으로 인한 고통 속에 살아야 하는 것인지에 대해 끝없는 의문을 가졌을 것이다. 아직 역사적으로 강력한 유일신이 존재하기 이전이다. 그래서 자연을 바라보고, 그 운행 규칙을 기본으로 사상을 정리하였다.

자연의 모든 만물은 적막 가운데 스스로 생겨난다. 땅속에 물론 씨앗이 있었겠지만, 겨울의 적막을 지나 봄이 되어야 만물이 솟아나기 시작한다. 이때도 요란한 소리를 내며 시끌벅적 생겨나는 것이 아니라 조금씩, 조금씩 눈에 띄지 않을 정도로 서서히 자라난다. 혼재되어 있는 땅을 뚫고 수많은 새 생명이 나온다.

그 하나하나의 독립적인 존재는 자연계에서 다시 반복되는 경우가 없다. 모든 자연계의 존재는 인간을 포함하여 유일무이한 존재이다. 한 번 생겨난 후에는 그 생명의 주기(life-Cycle)에 따라서 태만하지 않고 나름의 규칙에 따라 열심히 운행한다. 그 생명과 용도를 다할 때까지 주행한다. 이것이 하늘과 땅을 위시한 모든 만물의 운행 규칙(道)이다. 그 때문에 이 운행 규칙인 도(道)를 '모든 것의 어머니'라 칭할 만하다.

도의 속성은 크고, 천천히 운행한다

『도덕경』에서는 이 만물의 운행 규칙을 바른길을 뜻하는 '도(道)'라는 글자로 표기하고, 억지로 다시 칭하여 '크다(大)'는 성질로 이름하였다. 역으로 생각해 만약 '소(小)'라는 글자로 도를 해석했다면, 하늘과 땅을 비롯한 모든 것의 운행 규칙이 확장이 아니라 작아지는 방향으로 가야만 했을 것이다. 하지만 자연계의 모습을 보면 큰 것이 작아지는 경우는 드물다. 만물은 작은 상태에서 점점 커지는 방향, 즉 자라나는 '대(大)'의 방향으로 가고 있다. 현대 물리학자들도 우주 또한 점점 커지고 있다고 설명한다.

대의 속성 중의 하나는 서(逝)행이다. 자연의 모든 것을 바라보라. 거대한 것이 깡충깡충 뛰며 빠르게 움직이는 경우는 거의 없다. 서(逝)는 천천히, 또는 평온하다는 의미도 지닌다. 지구라는 거대한 물체가 스스로 회전하며 태양 주변을, 그리고 태양계가 은하계의 중심을 어마어마한 속도로 운행하고 있다는 것을 알고 있다 (※ 자동차 100km/h, 비행기 700km/h, 지구의 자전 속도 약 1600km/h, 태양계의 공전 속도 200km/s). 하지만 그 엄청난 속도에도 불구하고 누구도 이동하고 있다는 것은 느끼지 못하고 항상 평온하게 제자리 있는 듯 살아간다. 우주 전체의 입장에서 볼 때, 은하계라는 아주 작은 영역에서 서행을 하고 있다.

서서히 확장되는 것은 점점 멀어지는 것을 의미한다. 그 이후는 반(反)이라 하였다. 반의 의미는 여러 가지로 해석할 수 있다. '다시 돌아온다.', '뒤집어진다.', '반복된다.'는 의미 등으로 다양하게 해석된다. '작다(小)'라든가 수축의 표현을 사용하지는 않는 이유는 지구상에서 눈으로 확인할 수 있는 것 중 일시적으로 수축하는 것을 제외하면 지속적으로 작아지는 것을 볼 수 없기 때문이다.

낮과 밤이 반하여 반복된다. 봄, 여름, 가을, 겨울이 바뀌며 계절은 끝없이 반복된다. 사람이 1년 단위로 주기를 나누고 연도를 구분하였을 뿐이다.

우리가 사는 세계에 대한 이해

정리하면 물질세계의 운행 규칙을 도(道)라고 정의하고, 대(大)라는 속성으로 설명하였다. 그리고 하늘과 땅, 사람의 속성도 대(大)라고 하였으며, 우리가 사는 세계(域)에는 4가지 큰 것이 있다고 하였다. 우리가 사는 영역이 아닌 다른 영역의 세계가 있다면 5가지 큰 것이 있을 수도 있고, 10가지 큰 것이 있을 수도 있다. 그런 곳은 우리의 세계와는 다른 운행 법칙(道)이 적용될 것이다.

2,500년 전에는 달을 사람이 갈 수 있는 공간으로 생각하지 않았다. 동전 크기의 달이 지름 3,500㎞나 되는 거대한 땅덩어리라고는 상상하지도 못했다. 우리는 이미 1969년 닐 암스트롱을 달에 보냈고, 현재는 많은 우주인이 우주정거장에 거주하고 있다. 화성에 지구인을 보내는 꿈이 실현된다면, 사람이 사는 공간인 '인거(人居)' 또한 더 확장되는 시초를 맞이할 것이다.

역(域)의 정의는 큰 틀(세계)에 해당한다. 큰 틀을 벗어날 경우에는 새로운 법칙이 필요하다. 우주 정거장에서는 중력의 법칙을 벗어나게 되며, 걷는 대신 유영을 하며 날아다닌다. 우리가 그동안 인간의 기본적인 특징으로 여겨 왔던 직립보행이 무의미해진다. 즉, '우주정거장'이란 틀 안의 법칙을 따르게 된다.

인간은 땅의 법칙을 따르고, 땅은 하늘(태양을 중심으로 한 태양계)의 법칙을 따르고, 그 하늘은 도(道)라고 정의한 자연의 법칙을 따른다. 도(道)는 스스로의 운행 법칙을 따른다.

노자 도덕경 道

사람에 대한 인식의 전환

자연의 모든 것은 스스로의 운행 법칙을 따라 주행한다. 만물이 생성되기 이전에 운행 법칙이 존재했고, 그 운행 법칙에 의해 만물이 생성되며 주행하는 것이다. 눈여겨 볼 사항은 인간이 하늘과 땅과 동일한 '대(大)'에 해당하는 존재라는 점이다. 『도덕경』은 하늘의 신이 내려보내 주신 천자가 인간 세계를 지배하는 세계, 즉 사람은 미약하고 하찮은 존재라는 관념을 무너뜨렸다.

과학이 발달하기 전, 하늘에 대한 인식은 '절대적인 것'이었다. 폭풍도, 홍수도, 모든 작물을 메마르게 하는 가뭄도, 천둥과 번개도 하늘의 힘과 작용이었다. 때문에 지상에 붙어있는 조그마한 인간과 비교할 수 없는 큰 존재였다. 그런 하늘과 인간을 동등한 대(大)의 존재로 정의하고 있는 것이다.

이는 사람 하나하나가 가장 존엄하고 독립적인 존재라는 의미이다. 그래서 『도덕경』은 고대의 계급 사회에서 통치 이념으로 받아들이기에 상당히 무리가 있는 사상이었다. 자연의 모습을 기반으로 만든 사상이라, 대부분을 고대의 귀족들이 이해할 수 없었다. 그래서 당시 제자백가의 사상 중에서도 노자의 사상보다는 지배 계급의 통치를 뒷받침해줄 수 있는 충(忠)과 효(孝)를 강조한 유학 사상이 더 환영받았을 것이다.

만물은 독립적으로 반복되지 않는다. 물질계에 동일한 물질은 없다. 현대에는 과학 기술의 발달로 형태, 속성, 크기, 성능의 항상성을 유지하는 동일한 형태를 공장에서 끊임없이 찍어내고 있다. 물론 동일한 제품이지만, 그것도 각각을 뜯어보면 역시 유일무이하다.

4차 산업 혁명의 촉발과 함께 바이오, 기계, 컴퓨터 공학이 네트워크와 결합되고 있다. 만약 신체 일부분의 효용성이 다한 경우 교체, 대체가 지속적으로 가능하다면 삶은 어떻게 변할까? 인간 수명 연장 프로젝트에 의해 짧아진 텔로미어(세포의 분열 횟수를 저장하고 있는 유전 염색체의 끝부분으로, 분열이 끝나면 노화해 죽게 된다. 즉 생명체의 수명에 해당하는 부분)의 길이를 늘일 수 있게 되어 생명이 계속 유지된다면 어떻게 될까?

인간의 두뇌보다 훨씬 많은 정보를 저장하고 효과적으로 정보에 접근하고 활용하는 인공지능이 발달하고 있다. 인간이 기계에 의존하고 최종적으로 종속되는 시기가 온다면, 인간의 가치와 삶은 재평가되어야 한다. 그렇게 되면 멀어지는 원(遠)의 단계만 지속되고, 반(反)의 단계가 지연되거나 무너지는 것에 해당한다. 그 속에서 살아가는 인간은 지금과는 다른 새로운 사상이 필요하게 될 것이다.

26.
무거운 것은 가벼운 것의 근원이다

⊛ 성인은 가볍게 행동하지 않는다

　- 무거움과 가벼움. 정적의 상태와 조급함.

重爲輕根, 靜爲躁君.
중 위 경 근　정 위 조 군

是以君子終日行, 不離其輜[1]重.
시 이 군 자 종 일 행　불 리 기 치　중

雖有榮館燕處 則超然.
수 유 영 관 연 처　즉 초 연

若何萬乘[2]之王, 而以身輕於天下.
약 하 만 승　지 왕　이 이 신 경 어 천 하

輕則失根, 躁則失君.
경 즉 실 근　조 즉 실 군

번역

무거운 것은 가벼운 것의 근원이요,

고요한 것은 조급한 것의 우두머리가 된다.

군자(제후·왕)는 하루 종일 다녀도 자신의 수레(왕의 마차)를 벗어나지 않는다.

비록 화려한 집과 연회가 있다 하더라도 초연함을 유지한다.

만승을 보유한 왕이라면, 어찌 몸을 세상에 가볍게 굴리겠는가?

가볍게 행동하는 것은 근원을 잃는 일이요,

조급하게 굴면 주된 것을 잃는다.

한자풀이

1) 치(輜) 짐수레, 여기서는 왕의 마차/수레
2) 만승(萬乘) 네마리 말이 끄는 군대의 전차(병기)

참고 한자

重(중) 무겁다 / 輕(경) 가볍다 / 根(근) 근본, 기반 /
靜(정) 고요하다 / 躁(조) 조급하다 / 君(군) 주인 /
離(이) 나누다, 떨어지다 / 榮館(영관) 훌륭한집 /
燕處(연처) 연회가 열리는 곳 / 超(초) 초월한다

해설

자연에서 찾아보면 무거운 것은 항상 중심을 잡고, 아래에 위치하여 가벼운 것을 받쳐준다. 무거운 것은 가벼운 것의 근간이 된다. 지구의 중심으로 갈수록 밀도가 높아지는 것도 같은 이치이다. 무거운 액체는 가라앉고, 무거운 기체 또한 낮은 위치로 향한다.

자연의 모든 현상은 고요함에서 출발한다. 그리고 조금씩 변화가 일어나고 번성한 후에 다시 고요함으로 복귀한다. 자연은 이를 반복한다. 이 반복됨을 항(恒) 또는 상(常)이라 한다. 새벽의 정적에서 아침의 고요함으로, 그리고 햇빛이 달아오르는 오전을 지나 뜨거운 한낮과 다시 차분해지는 저녁, 그리고 깊은 밤의 정적이 찾아온다. 매일매일의 동일한 반복(恒)이다.

계절을 주기로 겨울의 정적을 지나 새봄에 생명이 돋아나고, 번성하는 여름, 가을, 다시 만물이 고요해지는 겨울로 변화한다. 하루 주기, 일 년 주기, 인생 주기로 볼 때도 자연계의 만물은 항상을 유지하며 반복된다.

정적 상태는 변화의 시초이자 우두머리이다. 조급한 변화에 이리저리 흔들리는 모습은 성인의 모습이 아니다. 군자는 중심을 잡고, 세상의 변화를 바라보며, 덕을 베풀고, 지지해주는 근원이다.

27.
좋은 사람을 구하고 사람을 버리지 않는다

⌘ 성인의 자세 : 어떤 사람도 소중하게 여긴다

　- 잘하는 사람, 잘못하는 사람도 배움과 도구를 통해 보완이
　　가능하다.

善行者 無徹迹¹⁾. 善言者 無瑕適²⁾. 善數者 不以籌策³⁾.
선 행 자 무 철 적.　선 언 자 무 하 적　선 수 자 불 이 주 책

善閉者 無關籥⁴⁾ 而不可啓也.
선 폐 자 무 관 약　이 불 가 계 야

善結者 無繩約⁵⁾ 而不可解也.
선 결 자 무 묵 약　이 불 가 해 야

是以聖人恒善救人 而無棄人. 物無棄材⁶⁾. 是謂襲明⁷⁾.
시 이 성 인 항 선 구 인 이 무 기 인　물 무 기 재　시 위 습 명

故善人者 不善人之師, 不善人者 善人之資也.
고 선 인 자 불 선 인 지 사　불 선 인 자 선 인 지 자 야

不貴其師, 不愛其資, 雖智乎大迷. 是謂妙要
불 귀 기 사　불 애 기 자　수 지 호 대 미　시 위 묘 요

> **번역**

길을 잘 가는 사람은 자취를 남기지 않고,

말을 잘하는 사람은 허물을 만들지 않으며,

셈을 잘하는 사람은 계산 도구를 쓰지 않는다.

(문) 폐쇄를 잘하면 자물쇠를 사용하지 않더라도 열 수 없고,

끝맺음을 잘하면 노끈으로 묶지 않고도 풀리지 않는다.

그래서 성인(제후·왕)은 항상 (잘하는) 사람을 구하기를 다하고, 찾은 사람을 버리지 않는다. 물건도 함부로 버리지 않는다.

이를 "밝음을 이어간다."라고 한다.

고로 잘하는 사람은 잘하지 못하는 사람의 스승이요,

잘하지 못하는 사람은 잘하는 사람의 자산이 된다.

스승을 귀하게 여기지 않거나 제자를 사랑하지 않는다면, 비록 똑똑한 것 같더라도 크게 길을 잃은 것이다.

이런 것을 부족하면서도 요긴하게 이룰 수 있다고 한다.

한자풀이

1) 철적(徹迹) : 수레바퀴 자국으로 먼저 지나간 흔적을 이르는 말.

2) 하적(瑕適) : 허물을 남기다.

3) 책(策) : 고대 사람들이 계산할 때 사용하던 도구, 계산도구

4) 관약(關籥) : 문을 걸어 잠그기 위한 자물쇠.

5) 묵약(繩約) : 노끈으로 묶다.

6) 재(材) : 재료의 성질. 특성.

7) 습명(襲明) : 밝음(원리, 이치, 해박함)을 잇다.

참고 한자

數(수) 셈하다 / 閉(폐) 닫다 / 啓(계) 열다 / 結(결) 맺다, 묶다 /

解(해) 풀다 / 救(구) 구하다 / 棄(기) 버리다 / 師(사) 스승 /
資(자) 자본 / 貴(귀) 귀하게 여기다 / 迷(미) 혼란하다, 어리석다 /
要(요) 요긴함

해설

사람은 모두 나름의 쓰임이 있다

사람은 하늘, 땅과 마찬가지로 큰 존재다. 하지만 사람에 따라서 잘하는 사람, 재주가 있는 사람, 그렇지 못한 사람이 있을 수 있다. 그래서 성인은 잘하는 사람을 구하기에 최선을 다하고, 그렇지 못한 사람도 내 사람으로 받아들인 이상 함부로 버리지 않는다. 잘하는 사람의 지식과 기술을 배우도록 하여 실력을 향상시키면 잘 못하는 사람도 요긴한 역할을 할 수 있다.

별도의 도구도 없이 정밀하게 잘하는 사람을 쉽게 구할 수 있는가? 대가나 성인이 만족할 만한 실력을 지닌 사람은 드물다. 그런 사람을 구하는 비용과 노력 대신, 잘하지는 못하지만, 도구의 도움을 얻어서 원만한 역할을 수행할 수 있다면 소수의 특별한 사람보다 다수의 보통 사람을 활용하는 것이 더욱 효과적일 수 있다.

성인(聖人)은 잘하는 사람을 구해서 효율적인 도구 및 프로세스를 만들고, 잘하지 못하는 사람을 가르치고 훈련시켜 부족한 가운데에서 요긴하게 쓸 수 있는 형세를 갖춘다. 이것이 모두를 상생으로 이끄는 길이다.

현대 사회는 지식과 기술이 더욱 복잡하게 얽히고설키어 잘한다는 것 기준 자체가 모호해졌다. 사람을 구하고 선택함에 있어서 어떤 부분에 더 가치를 두어야 효과적인지 구별하기가 더욱 어려워졌다. 컴퓨터와 네트워크의 발달로 인간의 뇌에 저장되어 있는 지식은 갈수록 초라해지고 있다. 최근 인공지능 기술의 발달로 인간의 두뇌가 가지는 판단능력보다 컴퓨터가 효과적으로 분석하고 대응하는 게 더 뛰어나다는 것이 2016년 3월 이세돌 9단과 알파고의 바둑 대결에서 명확하게 드러났다. 그리고 인공지능을 탑재한 컴퓨터에 의해 인류가 밀려날 수 있음을 두려워하고 있다.

이제는 단순 지식의 많고 적음을 평가하는 시대는 저물었다. 단순 지식이 많은 사람보다 논리적인 판단, 사고, 추론을 잘하는 사람이나 윤리의식이 투철하고 사람과의 관계가 유연하여 협업을 잘하는 사람을 구하는 것이 오히려 유리하다. 하지만 현실적으로 이런 능력을 구분하기는 쉽지 않다.

교육 과정을 만들고 평가하는 사람들은 많이 외우고, 문제를 꼼꼼히 읽고, 답을 신속히 선택하는 사람을 골라내는데 열심이다. 단순히 암기하거나 저장한 것을 활용하는 시대가 아니라 복합적인 사고 과정을 통해 지식과 정보를 활용하는 시대로 바뀌어가고 있음에도 불구하고 오랜 관습과 편의를 그대로 답습하고 있다. 사람의 쓰임과 활용을 우선하고 중요하게 여기기보다 경쟁을 통해 서열을 정하는 것을 우선하고 있다. 그 서열의 기준에 따라 대학 입학을 허용하고 회사의 입사 기준으로 삶는 문화가 지속되는 한, 단순 암기와 신속한 문제 풀이를 지향하는 교육의 문제는 해결될 수 없다.

성인(聖人)은 잘하는 사람과 잘 못하는 사람이 어우러져 협업을
이루고 발전할 수 있음을 이해하고 모든 사람을 소중히 여긴다.

28.
사람이 사는 세계의 바른 모습

❀ 삶의 바른 모습

- 가정 내에서는 서로 이해하고, 담백하며 소박하여야 한다.

- 사회의 제도와 법은 사악함을 방지하고,

- 사회의 고른 분배가 이루어지며,

- 성인은 편파적이지 않으며, 사회를 잘 관리해야 할 소임이 있다.

知其雄, 守其雌, 爲天下谿[1].
지 기 웅 수 기 자 위 천 하 계

爲天下谿, 恒德不離. 德不離, 復歸於嬰兒.
위 천 하 계 항 덕 불 리 덕 불 리 복 귀 어 영 아

知其白, 守其辱[2], 爲天下谷[3].
지 기 백 수 기 욕 위 천 하 곡

爲天下谷, 恒德乃[4]足. 德乃足, 復歸於樸[5].
위 천 하 곡 항 덕 내 족 덕 내 족 복 귀 어 박

知其白, 守其黑, 爲天下式.
지 기 백 수 기 흑 위 천 하 식

爲天下式, 恒德不忒. 德不忒, 復歸於無極.
위 천 하 식 항 덕 불 특 덕 불 특 복 귀 어 무 극

樸散則爲器[6], 聖人用則爲官長. 夫大制[7]無割
박 산 즉 위 기 성 인 용 즉 위 관 장 부 대 제 무 할

인간 세상은 남편을 이해하고 부인을 지키면서 이루어진다.

인간 세상은 항상 덕이 떠나지 않는다.

항상 덕이 떠나지 않으면 새 생명의 태어남이 반복된다.

진솔함을 알고, 욕되지(농사의 때를 어기지) 않도록 인간의 삶이 이루어진다.

인간의 삶에서 항상 덕(물질의 풍요)은 부족한 듯이 채워진다.

덕이 겨우 채워지는 것은 투박하게 살아감을 의미한다.

깨끗함을 알며 사악하게 되지 않으려고 법과 제도가 만들어진다.

법과 제도가 만들어지면 덕에 특별히 어긋나지 않게 된다.

덕에 어긋나지 않으니 혹독한 나쁨에 이르지 않게 된다.

투박한 삶이 골고루 흩어져 이로운 도구와 기기가 만들어진다.

성인은 이런 것을 총체적으로 관리하고 다스리는 역할이다.

위대한(바른) 제도는 편파적으로 나누거나, 빼앗거나, 해치지 않는다.

1) 천하계(天下谿) : 천하는 천상(신의 세계)와 대립하는 말로 인간 세상을 의미한다, 계(谿)는 사람들이 모여 사는 곳 세계.

2) 욕(辱) : 과거 농업사회에서는 게으름으로 인해 때를 못 맞추고 어기어 농사를 망칠 때 욕을 당하였다.

3) 곡(谷) : 인간의 먹고사는 삶. 곡(穀).

4) 내(乃) : '비로소', '겨우'라는 뜻이다. '충분히', '대단히'의 경우는 충족, 만족이란 표현을 사용하고, 모자랄 때는 '부족'이라는 표

현을 사용한다. 내족(乃足)은 다 채워지지 않은 투박한 만족, 즉 자족을 의미한다.

5) 박(樸) : 통나무. 투박한 원재료는 내실이 있음을 의미한다. 비어 있는 상태의 투박함이 아니라, 원재료 나름의 가치가 있으나 화려하지 않음을 의미한다.

6) 기(器) : 기구 또는 도구. 즉, 인간의 문명을 발달시키는 기구나 제도를 의미한다.

7) 대제(大制) : '위대한(바른) 제도를 의미'하며, 또한 '천자(왕)의 말, 지시'를 의미한다.

참고 한자

雄(웅) 수컷, 남편 / 雌(자) 암컷 부인 /

谿(계) 계곡, 인간이 사는 사계 / 嬰兒(영아) 아기 /

黑(흑) 검다, 악하다 / 式(식) 법, 제도 / 忒(특) 사악하다, 틀리다/

極(극) 극한 / 散(산) 흩어지다 / 官(관) 관리하다 /

割(할) 분할하다, 나누다

해설

삶의 바람직한 모습

인간이 사는 세계는 남성과 여성이 가정을 이룬 구조의 확장이다. 가장 작은 단위인 가정에서 남편을 이해할 것을 요구한다. 이는 남편의 뜻을 알고 행동을 같이한다는 의미다.

선사시대 이후부터 가족, 부족 단위 삶에서 리스크를 책임지는 가장에 대한 이해는 필수적이었다. 맹수에 쫓겨 달아나야 할 시점에 남편 뜻을 이해하지 못하고 반대 방향으로 달아나는 경우, 물리적인 힘이 약한 여성은 생명을 잃을 위험에 빠진다.

춘추전국시대에도 가족 또는 부족이 생존을 위협받는 상황에 놓여 있는 경우가 많았다. 남편의 판단과 뜻을 따라서 사회 및 제도에 순응하기도 하고, 저항하기도 하고, 최악의 경우 도피하기도 하였다. 인간이 어우러져 사는 과정에서 가족을 보호하고, 생계를 유지하고, 기본적인 생활을 위한 활동에서 리스크 관리가 남편에게 있었기 때문에 남편을 이해하고 이에 맞추어 보호받아 사는 것이 필수였다.

반면 현대의 대부분 국가에서는 여성이 남편으로부터 물리적 보호를 받아야 할 경우가 극히 드물다. 아울러 여성이 사회 활동 및 생산 활동에 참여해 가족의 생계유지를 위해 공헌하는 비율이 점점 높아지고 있다. 오히려 여성의 수입이 높은 경우도 많다. 이런 사회 구조 변화로 인해 2,500년 전에 가족을 바라보는 시각과 지금의 시각은 현저히 달라졌다.

변화는 새로운 시각과 새로운 관점에서 세상을 바라보게 하고, 변화에 따른 적절한 행동을 요구한다. 과거의 윤리의식을 기반으로 동일한 형태의 가족관계를 요구하는 것은 시대의 흐름에서 동떨어진 것으로 이해되곤 한다. 새로운 변화에 맞는 적절한 방법을 찾아야 할 때다.

현대는 사회 제도 및 법에 의해 약자를 보호하는 체계를 갖추었다. 더 이상 물리적 보호는 큰 관심거리가 아니다. 노자 사상을 굳이 현대식으로 변형하면 첫 문장은 "남편과 아내를 서로 이해하라." 정도가 될 것이다. 이 구절은 결혼식에 가면 주례사로 항상 듣게 되는 말씀이다. 그만큼 현대에서도 모든 주례자(노자老者 = 나이가 들어 현명한 분)가 제일 소중하게 생각하는 덕목이다. 이처럼 사회의 가장 작은 단위인 가정 역시 상호 이해를 출발점으로 삼아야 한다.

도(道)는 만물이 순행하는 원리를 기반으로 설명하고 있으나, 사람에게는 어디까지가 자연스러운 순행인지, 항상(恒常) 일관되게 바른 것인지를 규정하기가 쉽지 않다. 그래서 덕(德)이라는 항목을 추가하여 설명하였다.

사회의 최소 단위인 가정에서도 서로를 이해하고, 서로에게 도움이 되는 방향, 즉 덕(德)을 기본으로 살아간다. 자신에게만 이득이 되는 방향이 아닌 배우자와 가족 전체에 도움이 되는 방향이다. 그 덕이 항상 유지됨으로써 인간은 새 생명을 얻고, 번영하게 된다.

사람은 진솔함을 기반으로 욕되지 않게 살아야 한다. 우리가 욕됨을 당하는 것은 진솔함이 부족하여 거짓 또는 사악한 행위를 하기 때문이다. 욕(辱)의 어원은 게으름으로 인해 적절한 시기를 놓쳐 농사를 망친 경우 비난의 대상이 되었다는 것이다. 즉 먹고 살기 위해 해야 하는 기본적인 일, 역할을 제대로 못하는 경우 욕을 먹게 된다. 농사를 짓는데 홍수나 가뭄이 발생하여 어쩔 수 없이 흉년이 된 경우에는 사람을 욕하지 않고 하늘을 탓한다. 다만, 씨 뿌리는 시기를 놓쳐서 작물이 아예 자랄 수 없게 한다든가, 적절한 관리가 필요한데도 불구하고 방치하여 농사를 망쳤을 때는 욕을 듣는다. 사회생활, 직장 내에서도 이는 마찬가지로 적용되는 이치다. 기본적인 활동을 게으름으로 망친다면 비난당하는 것이 마땅하다.

그러면 기본적인 활동의 범위는 어느 정도인가?

그것은 개인별로 다르다. 개인의 주관적인 요소가 포함된다. 보편적으로 이야기하면 약간 부족한 정도면 충분하다. 그것을 투박하다고 한다. 투박함은 기초가 부실하다는 의미가 아니다. 원재료 및 내용에는 모자람이 없지만, 아름답게 보이려고 꾸미는 행위가 없는 경우다. 인위적으로 꾸미는 것과 아름다움을 추구하는 것은 사치와 욕심을 불러일으킨다. 그로 인해 이기심과 사심이 증가하고 그런 흑심, 즉 검은 마음과 올바르지 못한 행동은 제도와 법으로 경계해야 한다.

제도와 법도 덕(德)을 기초로 한다. 사회 전체의 사람이 고르게 도움을 받을 수 있도록, 편향되지 않고 과다하지 않아야 한다. 법과 제도는 혹독한 나쁨을 물리치고 경고할 수 있어야 한다. 그러나 모든 것을 세세한 법과 제도에 기반하여 나라를 다스리려 한다면 오히려 그 논리의 오류에 빠지고 사람들이 지킬 수 없는 법을 만들게 된다. 그리고 그런 법과 제도를 만든 사람들은 스스로 훌륭한 일을 했다 칭찬하기 바쁘게 된다.

남편의 뜻, 아내의 뜻을 이해하지 못하는 경우 가정에서 다툼이 일어나게 된다. 서로의 뜻을 이해한다면 양보와 타협점을 찾게 된다. 이해하지 못한다는 것은 대화가 충분히 이루어지지 않았거나, 이해·전달의 오류에 원인이 있다. 대화가 장시간 단절되었거나 충분한 이해를 구하는 활동 없이 임의로 판단하고 수행했을 때 다툼이 일어나기 마련이다.

제도와 법도 마찬가지다. 제도와 법을 만드는 사람은 열심히 만들었지만, 정작 제도와 법을 지켜야 하는 사람이 너무 방대하고 내용이 많아서 이해할 수 없다면 무슨 소용이 있겠는가? 후에 문제가 발생하면 해석을 달리하고 다툼만 일어난다.

현대사회는 문명의 발달로 너무 많은 것이 얽혀 있다. 수많은 분야, 수많은 시스템, 수많은 제도와 법이 지속적으로 생산되어 누구를 위해 만들고 누구에게 도움이 되는지 헛갈릴 정도이다. 제도와 법에 우선하기보다 투박한 마음을 기본으로 살아간다면 인간은 서로에게 덕을 베풀고 서로에게 도움을 주며 살게 된다.

인간의 문명은 스스로 지속·번영하고, 발달하며 확장한다. 성인은 문명을 총체적으로 관할하고 다스리는 소임을 받았다. 수행할 때에 한쪽으로 치우쳐 편파적이지 않고, 해를 끼치지도 않으며, 자신의 사사로운 이로움을 위해 다른 사람의 것을 빼앗으려 하지 않는다. 즉, 성인의 덕(德)은 사람들을 구분하지 않고 모든 사람에게 평등하게 적용된다.

29.
심한 것, 과한 것, 사치를 멀리 한다

❀ 성인은 인위적인 행위를 경계한다

　- 무력이나, 권위의 힘으로 다스리려 하는 것을 경계한다.

※ 특히 심한 것, 과한 것, 사치하는 것 세 가지를 경계한다.

將欲取天下而爲之, 吾見其不得已.
장 욕 취 천 하 이 위 지　오 견 기 부 득 이

夫天下神器也, 非可爲者也.
부 천 하 신 기 야　비 가 위 자 야

爲者敗之, 執者失之.
위 자 패 지　집 자 실 지

物或行或隨, 或歔或吹, 或彊或剉, 或培或墮.
물 혹 행 혹 수　혹 허 혹 취　혹 강 혹 좌　혹 배 혹 타

是以聖人 去甚 去太 去奢.
시 이 성 인 거 심 거 태 거 사

번역

　장차 세상을 얻으려 할 때 인위적인 행위를 통해 얻고자 하면,
내가 볼 때 그렇게는 세상을 얻을 수 없다.

천하는 신기하고 묘한 것이라, 인위적으로 얻을 수는 없다.

인위적으로 얻으려는 사람은 실패하게 되고, 잡고자 하는 사람은 잃게 된다.

만물은 앞서가는 것이 있으면 뒤따라가는 것이 있고,

내쉬는 것이 있으면 들이마시는 것이 있다.

굳세게 하는 것이 있으면 약하게 하는 것이 있으며,

북돋는 것이 있으면 훼손하는 것도 있다.

그래서 성인(제후·왕)은 심하다 싶은 것을 버리고, 과다한 것도 버리고, 사치스러운 것도 버린다.

참고 한자

將(장) 장차, 앞으로 / 取(취) 얻다 / 得(득) 얻다 /

神器(신기) 신령스럽다 / 敗(패) 실패하다 / 執(집) 잡다 /

失(실) 잃다 / 或(혹) 혹시, 어떤 것 / 隨(수) 따르다 /

歔(허) 한숨쉬다 / 吹(취) 불다 / 彊(강) 굳세다 / 剉(좌) 꺽다 /

培(배) 북돋우다 / 墮(타) 훼손하다, 빠지다 / 甚(심) 심하다 /

太(태) 커다랗다 / 奢(사) 사치하다

해설

인위적인 행위에 대한 경계

세상은 만물이 다양한 조화를 이룬 덕분에 구성되었다. 이를 이해하지 못하고 인위적인 방법으로 얻으려 한다면 얻지 못할 것이다. 애초에 불가능한 일이기 때문이다.

이 장에서는 성인이 경계해야 할 지침으로 심한 것, 과다한 것, 사치스러운 것을 버릴 것을 강조하고 있다.

개인이 부(富)나 행복을 추구하는 것은 인위적인 일이다. 사람의 삶 자체가 한 번은 들이쉬고, 한 번은 내쉬는 자연스러운 리듬으로 이루어져 있다. 들이쉬기만 하거나 내쉬기만 할 수는 없다. 부(富)를 얻기 위해 한쪽 방향만 보고 열심히 뛴다면 반대쪽에 있는 것들은 잃게 된다. 부(富)를 위해 빠른 속도로 인생을 달리면, 느리게 볼 수 있는 것들을 놓치게 된다. 행복도 부와 마찬가지다.

우리가 어떤 것을 인위적으로 추구한다는 것은 자신 뇌에 축적된 정보와 관념을 기반으로 만들어낸 신기루 같은 허상을 쫓는 것에 불과하다. 사람마다 이루고 싶은 부의 크기, 행복의 모양이 다르다. 그런데 막상 그 목표하는 것을 이루었다 싶으면, 부나 행복은 다시 더 높은 곳으로 멀리 달아나 버린다.

이런 현상은 인간의 뇌가 지닌 인식 오류로 인해 반드시 발생할 수밖에 없다. 인간이기 때문에 그렇고, 사회 속에서 모두 각자의 생각을 갖고 자율적으로 살아가기 때문에 그렇다. 허상이 원대하고 클수록, 그것을 이루고 나면 신기루에 불과했다는 사실을 뼈저리게 알게 된다. 원대한 꿈이 만인에게 덕을 주는 방향이 아니고 개인의 야망을 이루기 위한 방향이었다면, 그리고 그것을 이루기 위해 수많은 일을 벌였다면 더욱 그렇다.

노자 도덕경 道

인생무상(人生無常)

　인생무상(人生無常)이란 말은 꿈을 바라보고 열심히 달려서 부와 명성, 그리고 높은 지위를 획득한 후 그 모든 게 허상임을 깨닫게 되었을 때 느끼는 허무함을 말한다.

　남들이 보기에는 모든 것이 그럴듯해 보이지만, 인생에서 정작 바라봐야 할 부분과 경험하고 살았어야 했던 소중한 것들을 지나쳐 버렸다는 허망함의 표현이다.

　올바른 방법을 사용하고 노력하면서 살았다 하더라도 허망한데, 남의 이익을 가로채고 주위를 힘들게 하며 자신의 욕심을 위해 갖은 일을 만들어 세상을 어지럽게 한 경우 얼마나 허망함이 밀려오겠는가? 노자 사상을 이해하고 수행함이 이에 대한 경계와 해답이다.

30.
무력으로 세상을 제압하지 않는다

❀ 무력은 강제할 것도, 자랑할 것도 아니다

❀ 모든 만물은 장성(강성)하면 늙게(쇠퇴하게) 된다

❀ 늙음은 도(道)에 부합하지 않는 일이다. 그만두어라

※ 무력으로 남을 굴복시키려 하면, 반대로 무력에 의해 굴복될 수도 있다.

以道佐人主, 不以兵强於天下. 其事好還.
이 도 좌 인 주　불 이 병 강 어 천 하　기 사 호 환

師之所居, 楚棘生之. 大軍之後, 必有凶年.
사 지 소 거　초 극 생 지　대 군 지 후　필 유 흉 년

善者果而已矣, 不以取强焉.
선 자 과 이 이 의　불 이 취 강 언

果而不驕, 果而不矜, 果而不伐,
과 이 불 교　과 이 불 긍　과 이 불 벌

果而不得已居. 是謂果而不强.
과 이 부 득 이 거　시 위 과 이 불 강

物壯而老, 是謂之不道. 不道早已
물 장 이 노　시 위 지 부 도　부 도 조 이

도(道)를 이용하여 주인을 보좌하는 사람은 무력으로 세상을 제압하지 않는다.

그런 일이 다시 자신에게 돌아오기 때문이다.

군대가 머무는 곳은 가시 풀만 자라난다.

큰 군대가 지나간 후에는 필히 흉년이 든다.

잘하는 이는 그치는 선에서 (전쟁을) 끝을 내며 강제로 취하지 않는다.

(전쟁을) 끝내고 교만하지 않고 자긍하지도 않으며 자랑하지도 않는다.

(전쟁을) 부득이 한 것으로 여기고 끝맺는다. 끝맺을 뿐 상대를 강제하지 않는다.

만물은 장성한 후에 노쇠하며, 노쇠해지는 것은 도에 부합하지 않는 일이다.

도에 부합하지 않는 일은 빨리 그만두라.

佐(좌) 돕다 / 還(환) 되돌아온다 / 師(사) 군사 /

楚棘(초극) 가시풀 / 後(후) / 凶(흉) 망하다 /

果(과) 이루다, 과감하게 하다 / 驕(교) 교만하다 /

矜(긍) 자랑하다 / 伐(벌) 과시하다 / 壯(장) 장성하다 /

早(조) 일찍 / 已(이) 그만두다

무력, 힘을 이용하여 강제하지 않는다

무력, 힘으로 사람을 제압하는 것은 하지 말아야 한다. 그런 일을 행하면 언젠가 자신에게 돌아올 수 있기 때문이다. 직접적인 복수를 당하지 않더라도 모든 사람이 이런 행위를 일삼는다면 약육강식의 세계로 변해 세상이 황폐하게 된다.

강자가 힘에 의존하여 제압하는 것이 일상화되면, 인간은 쉽게 굴복하고 바른 행위도 왜곡된다. 총이나 칼 등 물리적인 힘에 의존했던 과거보다 현대 사회에서 이 부분을 더 깊이 고민해야 한다. 표면적으로는 법과 제도에 의해 물리적인 힘의 영향이 배제되었다. 하지만, 복잡한 사회 시스템으로 인해 생계를 유지하는 일터에서 생기는 힘에 의한 강제가 새로운 문제로 대두되고 있다. 불이익을 주거나 해고할 수 있는 힘과 권력을 이용하여 교묘히 강제하려고 하는 경우가 많아졌다.

이로 인해 현대 사회의 스트레스가 가중되고 있다. 신경정신과와 심리 상담소가 번창하는 이유다.

전쟁은 인간이 만들어낸 가장 큰 오류 행위다
인간의 탐욕과 사사로운 이익이 그 이면에 숨어 있다

왕이 전쟁을 생각하고 결심하는 경우는 극히 드물다. 전쟁 의지가 있더라도 신하에게 묻지 않고 막무가내로 수행하는 경우는 없다. 그래서 보좌하는 사람(左人)의 역할이 중요하다. 보좌하는 신하는 왕이 전쟁에 대한 의사 결정을 할 때 도와주고 이끌어 주는 사람이다.

전쟁에 대한 의사를 결정하는 과정은 오히려 쉽다. 이길 수 있다면 하고, 질 것 같으면 100% 피한다. 이길 수 있다 하더라도 대의(大義)가 없거나 나의 이익이 없다면 하지 않는다.

사람은 개인이든 집단적이든 판단의 오류를 일으키기 쉽다. 중요한 사안이라도 예외가 아니며, 눈에 보이는 이익을 우선하기 때문에 오히려 오판할 가능성이 높다. 전쟁 같은 국가의 중대한 일은 최고위층 사람들의 의견을 두루 살피어 가장 유리한 방향으로 결정한다. 하지만 여러 사람의 의견도 집단의 이익을 우선하여 오판할 수 있다. 만약 국가와 국민 전체의 이익을 위한 것이 아니라 특정 계층 이익에 치중되면 오판할 가능성이 더욱 높아진다. 우리는 역사적으로 그런 오류에 의해 국가가 혼란에 빠지고, 전쟁의 폐해를 경험하는 일을 반복하여 왔다.

전쟁에 투입되는 병사의 존엄성은 뒷전이 된다. '전쟁 가용 자원 중 하나'로 간주된다. 일단 전쟁이 시작되면 국가 전체가 위험에 빠지기 때문에 인간의 '소중함'에 대한 계산 방식이 완전히 바뀐다. 인간은 전쟁과 같은 비이성적인 상황에서 논리적으로 대응할 수 있는 능력이 없다.

어떤 사상도 전쟁을 합리화하거나 전쟁에 맞추어 행동 방향을 설명한 것이 없다. 전쟁은 비이성적이고, 비인간적이기 때문이다. 그래서 『도덕경』에서는 전쟁을 무조건 하지 말아야 할 것으로 간주하고 있다.

궁극적으로 누구를 위한 전쟁인가?

국가의 힘을 키워 이익을 얻기 위한 것인가?

다른 나라의 재화와 보물을 빼앗아 오기 위한 것인가?

신하들이 성과를 만들기 위해 부추기고 있는 것은 아닌가?

전쟁 리스크를 고조시켜 자국의 정치적 혼란을 해소하려는 목적은 아닌가?

『도덕경』은 그 어떤 것도 전쟁을 일으키는 사유로는 충분하지도 합당하지도 않다고 여긴다. 근원적으로 전쟁은 인간의 탐욕과 이익이 빚어내는 오류이기 때문이다.

전쟁이 벌어지면 가장 큰 피해를 보는 사람은 가련한 서민들이다. 직접적인 인명 피해뿐만 아니라 경작지의 황폐화와 흉년으로 인해 삶의 고통이 심각하다. 때문에 이 장에서는 어쩔 수 없이 전쟁이 시작되었다면 빠르게 끝맺으라고 주문하고 있다. 끝맺은 후에는 교만하거나, 자긍하거나, 자랑하지 말라고 하였다. 전쟁의 승리는 사람의 마음을 교만하게 만들고 자랑을 부추기기 때문이다.

자연의 모든 만물은 왕성한 후에 다시 노화한다. 노화하고 쇠퇴하는 방향으로 굳이 일부러 찾아갈 필요는 없다. 노쇠하는 방향으로 나아가는 것은 도(道)의 순방향이 아니므로 즉시 중단하라 경고하고 있다.

일터를 전쟁터로 만드는 어리석음에 대한 경계

현대사회의 성인(聖人)은 참모들이 인위적인 것을 잔뜩 만들어 일터를 전쟁터로 만들고 있는 것이 아닌지 고민해봐야 한다. '천리마 운동'처럼 누구를 위한 목표인지도 모른 채 허상을 만들어 열심히 달리고 있는 것은 아닌가?

"지기백(知其白) 수기욕(守其辱)"이라고 했다. 진솔하지 못하다면 시작부터 단추를 잘못 채운 것이다. 진솔하고 깨끗한 마음이 무너져 나의 것을 최우선으로 삼고, 내가 먼저라는 조잡한 욕심이 일터를 전쟁터로 바꾼다.

자랑, 교만, 과시는 사람의 욕심을 부추기고 마음을 혼란스럽게 만든다. 정직한 프로세스와 시스템을 가지고 그 구성원이 소박하게 일을 한다면 조직은 자연스럽게 잘 운행된다.

도(道)는 인간이 번성하고 발전하는 방향으로 자연스럽게 인류를 이끌고 있다. 조직의 위기가 늘고 있다면 인위적인 요소들로 인해 조직이 거꾸로 향하고 있다는 것을 이해해야 한다. 인위적인 강함을 추구하다 보니 경직되어 오히려 노화하고 있는 것이다. 조직 내에서 그것을 찾아라.

31.
병기는 상서롭지 못한 물건이다

❀ 병기·무기는 상서롭지 못한 것이다

  - 병기는 오른쪽을, 군자는 왼쪽을 중시한다.

  - 경사는 오른쪽을 상석으로, 초상은 왼쪽을 상석으로 한다.

  - 전쟁은 초상에 해당하는 일이다.

  - 전쟁은 이기더라도 과시, 자랑할 일이 아니고 슬퍼할 일이다.

  - 전쟁으로 인해 죽은 사람을 상례로 대해야 한다.

※ 전쟁으로 죽는 사람들의 목숨과 전쟁의 폐해를 이해해야 한다.

夫兵者, 不祥¹⁾之器也. 物或惡之, 故有道者不居.
부 병 자 불 상 지 기 야   물 혹 오 지   고 유 도 자 불 거

君子居則貴左, 用兵則貴右.
군 자 거 즉 귀 자   용 병 즉 귀 우

故兵者 非君子之器也. 兵者不祥之器也.
고 병 자 비 군 자 지 기 야   병 자 불 상 지 기 야

不得已而用之, 恬淡²⁾爲上.
부 득 이 이 용 지   염 담 위 상

勿美也. 若美之, 是樂殺人也.
물 미 야   약 미 지   시 요 살 인 야

夫樂殺人, 不可以得志於天下矣.
부 요 살 인   불 가 이 득 지 어 천 하 의

노자 도덕경 道

是以吉事上左, 喪事上右.
시 이 길 사 상 좌 상 사 상 우

是以偏將軍³⁾居左, 上將軍⁴⁾居右.
시 이 편 장 군 거 좌 상 장 군 거 우

言以喪禮居之也. 殺人衆, 以悲哀泣之.
언 이 상 례 거 지 야 살 인 중 이 비 애 읍 지

戰勝, 以喪禮處之
전 승 이 상 례 처 지

번역

병기는 상서롭지 못한 기기다.

사람들이 싫어하는 물건으로, 도를 따르는 사람은 근처에 가지 않는다.

군자는 좌측에 위치하는 것을 중요하게 여기고,

병기를 사용함에 있어서는 우측을 중요하게 여긴다.

그래서 병기는 군자의 기기가 아니다.

병기는 상서롭지 못한 기기이므로 부득이 사용할 뿐이다.

사용 시에 담담하게 다루는 것이 최선이고, 아름답게 여길 일이 전혀 아니다.

만약 아름답게 여긴다면 이는 살인을 즐기는 일이다.

무릇 살인을 즐긴다면 천하의 인심을 얻지 못한다.

이 때문에 경사스러운 일에는 왼쪽, 흉한 일에는 오른쪽을 상석으로 한다.

그래서 편장군은 좌측에, 상장군은 우측에 위치한다.

"초상을 치르는 예법에 따라 전쟁에 임하라."라는 의미이다.

사람들이 죽은 후에는, 슬프고 애잔함으로 눈물을 흘리라.

전쟁에서 이겼더라도, 초상을 치르는 예법으로 그 자리에 있어야 한다.

1) 상(祥) : 상서로움. 엄숙한 조짐. 신이 내려주는 좋은 일. 양을 잡아 신에게 제사 지내다는 뜻을 지녔다.

2) 염담(恬淡) : 평온하고 담담함.

3) 편장군(偏將軍) : 부사령관

4) 상장군(上將軍) : 사령관

참고 한자

器(기) 기구, 기기 / 惡(오) 싫어하다 / 勿(물) 하지 마라 /
若(약) 만약 / 樂(요) 좋아하다 / 志(지) 뜻, 의지 / 吉(길) 좋은 일 /
喪(상) 초상 / 悲哀(비애) 슬퍼하다 / 莅(읍) 울다

해설

자연은 상생, 공존, 평화 그 자체다. 생존을 위해 최소한의 것을 취하는 경우는 있어도 욕심에 의해 동족을 대대적으로 죽이는 경우는 없다.

초상집에 가보면 한 사람의 죽음에 대한 슬픔과 예법이 가히 대단하다. 그것을 많은 사람이 죽는 전쟁에 비교하여, "전쟁을 어떻게 바라봐야 하는지?"라고 반문하고 있다. 개인이 전쟁을 하지 않

을 수 있는 권한을 가지고 있다면, 모두 병기를 내려놓고 집으로 돌아갈 것이다.

전쟁을 좋아하는 사람은 살인을 즐기는 사람이라고 했다. 살인을 즐기고 잘하는 사람을 어떻게 좋아하고, 존경할 수 있는가? 무력과 살인의 힘으로 사람을 겉으로는 굴복시킬 수 있으나 사람의 뜻을 얻는 것은 불가능하다.

옛날부터 장례 예절은 우측을 우선하였다. 전쟁도 마찬가지로 우측에 가장 높은 장수(상장군)를 임명하고 좌측에 부하 장수(편장군)를 임명한다. 그래서 전쟁은 장례와 동일한 행위다. 전쟁에서 이기더라도 죽은 사람에 대해 슬퍼하고, 초상의 예절을 다하라.

전쟁을 할 때는 어떻게 해야 싸워서 이길 수 있는가를 먼저 생각하는 게 아니라, 힘과 무기에 의해 인간의 생명이 얼마나 참담하게 사라지고 고통받는지를 먼저 생각해야 한다.

역사를 돌이켜보면, 전쟁은 또 다른 전쟁을 불러온다. 무력을 사용한 침략이 반복될수록 서로 무력의 힘을 증강하게 된다. 결국 전 국가가 무기와 병기 증강하는 군비경쟁을 유발하고, 전쟁과 전쟁을 경계하는 스트레스가 증가하게 된다. 이것이 글의 첫머리에 "무기는 상서롭지 못한 물건이다."라고 언급한 이유다.

32.
도는 항상 이름이 없다

❈ 인간은 도(道)의 원리와 이치를 모두 알 수는 없다

  - 작은 도(道)의 원리라도 정의하고 한계가 있음을 이해한다.

※ 도는 계곡의 물처럼 만인에게 도움을 준다.

道恒無名[1].
도 항 무 명

樸雖小 而天下不敢臣. 侯王若能守[2]之, 萬物將自賓[3].
박 수 소 이 천 하 불 감 신　후 왕 약 능 수　지　만 물 장 자 빈

天地相合, 以輸甘露[4], 民莫之令而自均[5]焉.
천 지 상 합　이 수 감 로　　민 막 지 령 이 자 균　언

始制[6]有名, 名亦旣有. 夫亦將知止. 知止所以不殆.
시 제　유 명　명 역 기 유　부 역 장 지 지　지 지 소 이 불 태

譬道之在天下, 猶小谷之與江海也.
비 도 지 재 천 하　유 소 곡 지 여 강 해 야

번역

  도는 항상 이름이 없다. 투박하고 작지만, 세상 사람이 감히 신하로 삼지 못한다.

제후나 왕이 만약 그것을 얻을 수 있다면 만물이 스스로 왕을 따르게 된다.

하늘과 땅이 서로 화합하여 달고 향기로운 이슬이 내리며, 서민들은 명령이 없어도 스스로 균등하게 잘살게 된다.

시작할 때 이름을 짓고 정의하였더라도, 그 정의는 이미 한계가 있는 것이며 또한 장차 없어질 것도 안다.

끝냄을 알기 때문에 위태롭게 되지 않는다.

비유하자면 도가 존재하여 천하(세상을 살아감이)가 이루어지는 것은, 가히 작은 계곡물이 모여 큰 강과 바다를 이루는 것과 같다.

한자풀이

1) 명(名) : 이름 짓다. 즉 원리, 원칙에 대해 정확히 규정, 명명한다는 의미.

2) 수(守) : 다스리다. 얻다.

3) 빈(賓) : 손님. 주인을 따르는. 복종하다.

4) 감로(甘露) : '좋고 달고 맛있는 것'을 비유하는 뜻으로 쓰이거나 '불사의 약'이라는 의미로 쓰임.

5) 균(均) : 균등하다. 토지(생업, 부)에 있어서 고르게 분배된다.

6) 처음으로 만들다. 제정하다.

참고 한자

敢(감) 감히 / 輸(수) 보내다 / 令(령) 명령 / 既(기) 이미 / 譬(비) 비유하다 / 猶(유) 오히려 / 與(여) 함께하다

무명(無名) 대한 이해

무명(無名)이라는 단어를 살펴보면, 인식과 경험이 부족해서 정의하기 어려운 경우와 너무 많아서 명명하기 어려운 경우가 있다. 서울에 사는 무명씨라고 표현한다면, 서울에 사는 수많은 사람이 있으나 너무 많아서 모든 사람을 기재할 수 없는 경우다. 또는 진짜 누구인지 우리가 모르는 경우다.

봄이 되면 기온이 올라 새싹이 자라나며, 여름이 되면 풍요로워지고, 가을에 성숙하며, 겨울에는 조용(정적)해진다. 이 과정을 지나는 것이 자연의 운행 법칙인 상(常)이며 도(道)다. 그 자연의 운행 법칙에 순응하여 인간도 살아간다. 모든 만물의 운행 원리를 우리가 알고 정의할 수 없듯이, 사회의 모든 현상을 이해하여 이름 짓거나 정의하는 것은 불가능하다. 그래서 '이름 지을 수 없다.', 즉 무명(無名)이다.

도(道)는 우리가 모두 이해할 수 없는 무한의 규칙이고, 모든 만물이 따라가는 운행 규칙이다. 화려한 유형의 실체가 없다. 자연에서 늘 보기 때문에 그냥 담백해 보이며 작은 것 같다. 봄, 여름, 가을, 겨울을 정의한 것처럼 대단한 것이 아니므로 그 운행 규칙을 이해·규정하여 내 것으로 만들고 신하로 삼아 마음대로 하고 싶다. 하지만 감히 천하의 누구도 그럴 수가 없다.

제후나 왕이 이루고 싶은 유토피아(utopia), 무릉도원을 다음과 같이 표현하였다.

만물이 스스로 손님이 되어 이끌려 따라온다. 하늘과 땅의 이치를 깨닫고 화합하게 하여 항상 인간에게 달고 풍요로움만 준다.

서민들이 스스로 일하며 일한 대가를 균등하게 나누는 사회, 과연 이런 유토피아가 만들어질 수 있을까? 이것은 이상적인 형태이다. 인간 욕심에 의해 꿈꾸는 허상이다.

정의의 한계

『도덕경』은 다음과 같이 제시하고 있다. 비록 한 분야라도 투박하지만 도를 정의하라. 한 분야의 도(道)를 정의하더라도 그 순간 범위의 한계가 존재한다. 그 한계가 있다는 것을 인정하고, 언젠가는 그 정의가 뒤집어지거나 바뀌고 없어질 수 있다는 것을 이해해야 위태로움에 처하지 않는다.

도가 바뀔 수 있음을 이해하지 못한 그 극명한 사례 중 하나가 하늘이 지구를 중심으로 돌아간다는 천동설이다. 고대부터 수천 년간 이어져 온 항상(恒常)으로 굳어진 관념이다. 신이 그렇게 만들었다고 사람들이 철저히 믿어 왔던 법칙이다. 중세에는 이 법칙에 대해 반대 해석을 제시하는 사람은 불경스럽다는 이유로 가차 없이 처형되었다.

이 얼마나 어리석은 행동이었는가? 정의와 관념은 변할 수 있다는 『도덕경』이 전파되고, 사람들이 그 내용을 제대로 이해했다면 수많은 사람이 억울하게 죽는 것을 방지했을 것이다. 올바른 사상, 철학이 필요한 이유이다.

정의와 기록의 쓰임

세상의 운행 규칙을 도(道)라 정의하였고, 이를 계곡물에 비유하였다. 하나의 작은 도(道)는 모여서 대(大)를 이룬다. 계곡물이 모여서 큰 강, 바다를 이루는 것과 같다. 계곡물은 없어지거나 그칠 수도 있고, 경로를 변경할 수도 있다. 큰 강도 마찬가지다. 이것이 자연의 모습을 통해 본 세상의 운행 이치이다. 속성을 이해하고, 정의하고, 활용하는 방법에 따라 계곡물의 가치가 달라진다.

계곡은 인간 삶의 터전이다. 곡(谷)은 모든 생명이 태어나고 성장할 수 있도록 도움을 준다. 즉 덕(德)의 속성을 지녔다.

고대부터 중세까지 동양은 세계 중심의 역할을 해왔다. 고대의 4대 발명품 나침반, 화약, 종이, 인쇄술(한국)이 동양에서 나왔음에도 불구하고 근세에 와서 과학 기술 부문에서 서양보다 뒤처져 동양 문명이 어려움을 겪었던 이유를 되짚어 보자.

서구 열강들은 어떻게 과학 기술을 급속도로 발전시키고 대항해시대(大港海時代)와 산업 혁명을 성공적으로 이끌어 현재의 부강(富强)을 얻을 수 있었을까? 그 근본적인 원인은 도기(道紀)에 있다. 중세의 신흥 계층과 구 귀족 계층은 첨예하게 대립했고, 부와 권력에 대한 생존 경쟁이 일어났다. 경쟁에서 살아남기 위해 잘 모르는 것에 대한 항상성을 찾고 그것을 기록하여 축적하는 과정을 지속·반복하였다. 그것이 과학 기술이다. 과학과 축적된 기술의 힘을 바탕으로 지속적으로 이익을 추구하며 경쟁을 가속한 것이 근대 열강의 식민지 개척, 즉 영토 확장의 역사다.

그러면 왜 동양에서는 도(道)에 대한 기록과 축적이 이루어지지 않았을까? 사회가 요구하지 않았기 때문이다. 유교라는 견고한 사상의 틀 속에서 굳이 자연의 법칙(자연과학)과 기술을 촉발하여 사회 변화를 빠르게 가져갈 필요가 없었다.

빠른 사회변화는 혼란을 가져온다. 혼란은 왕권, 귀족 계층 등 기득권자가 원하는 바가 아니다. 국가 간의 먹고 먹히는 전쟁은 있었지만, 서구가 가지고 있던 사상보다 견고한 사상이 2천 년 동안 이어진 덕분에 계급이 송두리째 뒤바뀌는 일은 발생하지 않았다.

도에 대한 기록, 즉 과학 기술이라는 양분을 먼저 먹고 자라난 서양에 밀려 뒤쫓아가는 모양이 쉽지 않다. 기득권을 우회하여 새롭게 자리를 차지하기 위해서는 시간과 특별한 조건, 그리고 노력이 필요하다.

사상의 쓰임에 대한 이해

서구의 근대사 이해에서 빼놓을 수 없는 사항은 빠른 사회변화와 그 과정에서 흘린 피의 역사이다. 계층, 계급의 뒤바뀜과 변화 과정에서 흘린 피와 국가 이익을 위해 전쟁에서 흘린 피의 대가를 현재의 세대가 누리고 있다. 많은 피를 흘릴 수밖에 없었던 이유 또한 사상이 견고하지 못했기 때문이고, 그 과정에서 상생보다는 욕심과 이익을 우선하였기 때문이다.

서양 근대에는 변화를 뒷받침할 수 있는 새로운 사상, 새로운 철학이 필요했다. 그 필요에 의해 칸트, 데카르트, 스피노자, 베이컨, 흄, 루소, 쇼펜하우어, 니체, 콩트, 밀, 벤담 등 수많은 철학자와 사상가를 배출했다. 시대가 간절히 원했기 때문에 그들의 존재가 있을 수 있었다. 마치 철기를 본격적으로 사용하기 시작한 춘추전국시대에 제자백가로 불리는 수많은 사상가가 등장한 것과 동일하다.

수작업에 의존하던 시대에서 대량 생산, 기계의 힘을 빌리기 시작한 산업 혁명 시대에도 새로운 사상이 절실히 필요했다. 이런 변화에서 탄생한 체제 중 하나가 노자가 『도덕경』에서 이상적이라고 언급한 균등하게 나누는 사회이다. 즉, 밀과 벤담이 주장했던 공리·공산 사회다.

『도덕경』은 현재의 공산주의, 사회주의 체제와는 다르게 '별도의 명령 없이 스스로'라는 단서를 달았다. 하지만 공산주의나 사회주의는 모두 이상적인 모습이며 자연스러운 것이 아니다. 자연은 항상 평이하고, 평온하지 않으며 균등하지도 않다.

현대사회의 초기, 사회주의를 표방하던 국가들은 모두 체제를 내부적으로 수정하였고, 지속해서 수정하는 중이다. 인류의 역사를 돌이켜볼 때, 큰 변화의 시기에는 혼란이 있었다. 사상이 견고하지 못할 경우 혼란과 다툼이 증가한다. 갈등과 다툼이 극에 달하면 종교나 사상을 이유로 들어 유혈 전쟁이 발생하고, 그 피해는 고스란히 서민이 떠안는 방향으로 역사는 흘러왔다.

이제 4차 산업혁명 촉발을 눈앞에 두고 있다. 네트워크화된 인공지능이 인간의 자리를 위협하고, 바이오 생명 공학에 의해 윤리와 도덕의 경계가 허물어지고 있다. 복잡한 사회 구조와 분배 문제로 인한 스트레스가 증가하며, 환경파괴와 기상악화로 지구 탈출 시나리오를 그리고 동경하고 있다. 부의 양극화가 심화되며 갈등이 고조되는 방향이다.

우리가 가지고 있는 사상이 얼마나 견고한지 살펴보고, 바른 사상을 찾아야 할 시기이다. 특정 계층, 집단을 위한 사상이 아닌, 모든 사람에게 덕을 주는 사상이 바람직하다.

주위를 둘러보고 상생의 관점에서 서로 나누고 소박하게 살 수 있는 기회를 먼저 찾아야 한다. 과학과 기술의 발전을 추구하되, 욕심을 자제하고 갈등을 최소화하며 다툼이 없도록 노력해야 한다.

이것이 『도덕경』을 다시 눈여겨 보아야 하는 이유다.

33.
자신을 아는 사람은 밝다

❀ 인간의 살아가는 모습

 - 남을 아는 사람은 지혜롭고, 자신을 아는 사람은 밝다.

 - 남을 이기는 사람은 힘이 있고, 자신을 이기는 사람은 강하다.

 - 만족하는 사람. 뜻이 강한 사람.

 - 원하는 바를 잃지 않는 사람.

 - 죽어서도 잊히지 않고 이름이 남는 사람.

知人者智也, 自知者明也.
지 인 자 지 야   자 지 자 명 야

勝人者有力也, 自勝者强也.
승 인 자 유 력 야   자 승 자 강 야

知足者富也, 强行者有志也.
지 족 자 부 야   강 행 자 유 지 야

不失其所者久也, 死不忘者壽也.
불 실 기 소 자 구 야   사 불 망 자 수 야

노자 도덕경 道

다른 사람을 아는 사람은 지혜롭고, 자신을 아는 사람은 밝다.

남을 이기는 사람은 힘이 있고, 스스로를 이기는 사람은 강하다.

만족하는 사람은 부유하고, 강력히 행하는 사람은 의지가 있다.

원하는 바를 잃지 않는 사람은 오래 가며,

죽어서도 잊히지 않는 사람이 진정 오래 사는 것이다.

勝(승) 이기다 / 忘(망) 잊히다 / 壽(수) 장수하다

살아가는 모습에 대한 이해

이 장은 누구나 쉽게 이해할 수 있는 평이한 내용이다. 하지만 실천은 쉽지 않다. 어떤 것을 일관되게 실천을 할 것인지는 스스로 선택할 일이다. 어느 것이 나쁘고, 어느 것이 더 좋다는 것이 아니다. 반대급부가 있을 수 있다는 것을 이해하고, 경계해야 할 것을 잊지 않는 게 바람직하다.

다른 사람을 이해하지 못하고 사는 것은 어리석다.

자신을 모르고 함부로 행동하는 것은 현명하지 못하다.

힘으로 남을 제압하는 것을 경계해야 하고, 스스로 진실한 마음을 갖고 투박하게 사는 삶을 권장한다.

자기의 한계를 이기려고 지나친 강함을 추구한다면 부러질 수

있다. 뜻하고자 하는 바를 이루려고, 스스로의 만든 견고한 덫에 사로잡혀서 주위와 상생을 무시한다면 오히려 괴로움에서 헤어나지 못할 수 있다.

만족을 모르는 사람은 아무리 많은 재화와 부를 쌓았다 하더라도 부족하다고 느낀다. 부족함을 메우기 위해 다람쥐 쳇바퀴 돌듯 열심히 삶을 굴릴 뿐이다. 삶의 가치를 잃고 허무함을 달래기 위해 일 또는 향락에 중독되기 십상이다. 그래서 삶의 가치를 바로 보아야 한다.

뜻이 없는데도 강력히 행하고 있다면, 무엇을 위한 것인지 다시 살펴봐야 한다. 원하는 방향을 잃지 않는 사람은 오래오래 그것을 위해 노력할 것이다. 원하는 바가 없다는 것은 인생에서 나침반을 잃어버린 상태와 같아서 방랑하고 유랑하는 모습이다.

삶의 방향을 갖고 열심히 사는 것과 그냥 흐르는 데로 유랑을 즐기며 사는 것 중에서 어느 것이 더 좋은 것인지는 알 수 없다. 내가 원하는 대로 자유의지에 따라 사는 것이다. 어느 것이 더 안정적이고 편안한 삶인가 판단하는 것도 본인의 몫이다.

"사람은 죽어서 이름을 남긴다."라는 이야기도 있듯이, 죽어서도 오래 기억되는 사람은 장수한 것이라 했다. 좋은 이름 혹은 나쁜 이름이 오래 남는 것은 뜻을 가지고 무엇인가 노력을 한 결과물이다. 투박하고 진솔하게 덕을 쌓으면서 자연과 이웃과 함께 사는 것이든, 죽어서도 이름이 오래오래 장수하는 삶이든 스스로 선택할 일이다.

34.
도는 만물을 이루고, 자랑하거나 소유하지 않는다

❀ 도(道)는 만물을 이루고도 자랑하거나 소유하려 하지 않는다

道汎呵 其可左右.
도 범 아 기 가 좌 우

萬物恃之以生而不辭 功成而不有.
만 물 시 지 이 생 이 불 사 공 성 이 불 유

衣養萬物 而不爲主, 可名於小.
의 양 만 물 이 불 위 주 가 명 어 소

萬物歸焉 而不爲主, 可名於大.
만 물 귀 언 이 불 위 주 가 명 어 대

以其終不自爲大. 故能成其大
이 기 종 부 자 위 대 고 능 성 기 대

번역

도는 넓게 떠돌아서 왼쪽, 오른쪽 어디에도 있다.

만물은 도를 마다하지 않으며 도에 의하여 생장한다.

공(功)을 이루고도 나(道)에게 있다고 하지 않는다.

만물을 기르고도 (道가) 주인이라 하지 않으니, 칭한다면 "작다."

라고 한다.

만물이 (道에게) 돌아가지만 주인이라 하지 않으니, 청한다면 "크다."라고 한다.

이렇듯 스스로 위대하다고 하지 않으니, 그래서 위대함을 이룰 수 있다.

참고 한자

汎(범) 넓다 / 恃(시) 의지하다 / 辭(사) 사양하다 /
養(양) 봉양하다 / 歸(귀) 돌아오다 / 終(종) 늘, 마침내

해설

도의 큰 모습, 작은 모습

도(道)에 의해 하나하나 성장하고, 양육되는 것을 개별적인 사항으로 보고 '작다(小)'고 이름 지었다.

만물이 제 할 일을 다 하고 다시 자연으로 돌아올 때 잘난 것, 못난 것, 부패한 것 등 모든 것을 품어준다. 이렇듯 편견, 편애, 편향이 없는 관대함을 '크다(大)'고 하였다.

성인의 마음은 이처럼 모든 것을 품을 수 있다. 한쪽으로 치우치지 않고, 과시하지 않으며, 소유하거나 스스로를 위하지 않는다.

노자 도덕경 道

35.
도는 무미 담백하나 쓰임에는 끝이 없다

❀ 도(道)는 보이지 않으며 정의할 수도 없는 무미한 속성을 지녔다

執大象, 天下往.
집 대 상　천 하 왕

往而不害, 安平太, 樂與餌, 過客止.
왕 이 불 해　안 평 태　락 여 이　과 객 지

故道之出言也 淡呵 其無味也.
고 도 지 출 언 야　담 아　기 무 미 야

視之不足見也. 聽之不足聞也. 用之不可旣也.
시 지 부 족 견 야　청 지 부 족 문 야　용 지 불 가 기 야

번역

커다란 코끼리를 잡아놓으면, 세상 사람들이 구경하러 몰려든다.

(코끼리는 사람이) 와도 해치지 않고, 편안하고 태평하며 즐거이 음식을 먹는다.

(그 모습은) 지나가는 사람을 멈추게 한다.

일부러 도(道)에 대해 말로 표현한다면 담백하여 특별한 맛이 없다.

눈으로 보는 것 같지만, 충분히 다 볼 수 있거나 이해할 수 없다.

들리기는 하지만 충분히 해석이 안 된다.

쓰이지만 끝이 없다.

象(상) 코끼리 / 往(왕) 가다 / 害(해) 해하다 / 樂(락) 즐기다 /
餌(이) 음식 / 過(과) 지나가다 / 淡(담) 담백하다 / 味(미) 맛

해설

보이는 것에 대한 인식

대상이라는 것은 큰 볼거리, 큰 형체를 의미한다. 지금은 코끼리라는 동물을 전 세계 어디에서나 동물원에 가면 쉽게 볼 수 있다. 하지만 2,500년 전에는 코끼리라고 하면 거대하고 신기하며 구하기 힘든 동물이다. 그 커다란 동물이 온순하여 사람들이 다가가도 해치지 않으며 즐거이 음식을 먹는다. 때문에 지나가는 사람은 멈추고 구경한다.

보이지 않는 도(道)에 대한 인식

도(道)를 굳이 언어로 표현하면, 그냥 무미한 맛이다. 특별한 맛이 있는 것도 아니고, 분명히 존재하지만 희미하게 보이는 듯 들리

노자 도덕경 道

는 듯하다. 그러나 정확히 보거나 듣거나 이해할 수는 없다. 그러면서도 그 쓰임은 끝이 없다.

사람들은 보이는 것, 들리는 것에 집착한다. 하지만 우리가 항상 먼저 생각해 봐야 하는 것은 눈에 보이지 않는 것의 쓰임이다. 코끼리(大象)는 예나 지금이나 큰 볼거리다. 신기하게도 크고, 느리고, 평화롭다. 분명히 인식할 수 있으나, 코끼리에 대해 우리가 다 알고 있다고는 할 수 없다. 눈으로 보고 실체가 100% 있다고 여길 수 있는 것도 한시적이다. 매일 코끼리를 본다면 그만큼 즐거워하겠는가? 지나가는 과객이 멈추어 한때 눈이 즐거우면 그만인 것을 사람들은 좋아하고 열광한다. 어느 시점이 되면 코끼리도 병들고 늙어 사라지게 된다. 그 과정에서 일어나는 모든 일은 코끼리만 알고 있다.

현대 사회에서 보이는 것에 대한 집착

현대 사회에서는 미디어와 네트워크의 발달로 나와 다른 사람의 모습을 더 쉽게 볼 수 있고, 실시간으로 비교하게 된다. 유튜브, 페이스북 등으로 인해 신기한 것, 보이는 것, 들리는 것에 더 민감하게 반응하며 살아가고 있다.

이런 환경의 변화가 우리에게 주는 것은 물질문명의 편안함도 있지만, 이와 함께 정신적 스트레스를 제공한다. 사람들은 복잡한 사회 속에서 감정이 메마르고, 현실의 고통에 갇혀 벗어나지 못하는 스트레스 강도에 비례하여 무엇인가에 의존하고 위안을 찾으려 노력한다.

네트워크의 발달로 방안에 누워 손가락만 움직이면 다양한 게임을 하거나 유튜브, 카카오톡을 활용하여 시간과 비용, 노력을 최소화하면서 위안을 찾을 수 있다. 친구와 실시간으로 대화하며, 신기한 것을 찾아 즐거워하는 게 가능한 시대에 살고 있다. 눈에 보이는 것을 쫓아가는 모습은 과거나 지금이나 동일하다.

물질문명이 제공하는 편리함에 비례하여 증가하는 스트레스에 대해, 우리는 얼마나 유연하게 대응하고 있는가? 나의 삶의 모습, 시간 활용을 살펴보라. 보이는 것에 얼마나 집착하고 있으며, 보이는 것을 얼마나 절박하게 쫓아가고 있는가?

많은 사람들이 행복이나 인생의 보람을 위해 산다고 말하지만, 정작 행복이나 보람의 의미에 대한 깊이 있는 생각을 하기보다는 행복을 이룬 모양새, 행복을 이루기 위한 조건을 채우며 살고 있다.

행복도 쓰임의 관점에서 바라볼 필요가 있다. 삶의 모습보다 삶의 쓰임에 대한 의미를 먼저 찾아야 한다.

오늘 하루, 나의 쓰임은 무엇이었나?

그리고 내일의 나의 쓰임은 무엇일까?

앞으로 한 달, 일 년, 10년, 30년간 나의 쓰임은 무엇일까?

이런 식으로 질문을 확장해본다면 삶을 살아가는 방법에 대한 답을 쉽게 구할 수 있다.

36.
유연하고 약함은 강함을 다스린다

✸ 강압하기보다는 부드럽고, 유연하게 다스린다

將欲翕之, 必固張之. 將欲弱之, 必固强之.
장 욕 흡 지　필 고 장 지　장 욕 약 지　필 고 강 지

將欲去之, 必固擧之. 將欲奪之, 必固予之.
장 욕 거 지　필 고 거 지　장 욕 탈 지　필 고 여 지

是謂微明[1].
시 위 미 명

柔弱勝[2]强. 魚不可脫於淵. 國之利器[3] 不可以示人
유 약 승 　강　어 불 가 탈 어 연　국 지 이 기　불 가 이 시 인

번역

장차 움츠러들게 하려면, 반드시 먼저 펼쳐야 한다.

장차 부드럽고 유연하게 하려면, 반드시 먼저 강하게 해야 한다.

장차 버리고자 한다면, 반드시 먼저 추천해야 한다.

장차 빼앗고자 한다면, 반드시 먼저 주어야 한다.

이러한 것을 미명(미묘한 밝음)이라 한다.

유연하고 약한 것이 강함을 다스린다.

물고기는 연못을 떠날 수 없으니,
나라의 날카로운 제도를 사람들에게 보여서는 안 된다.

한자풀이

1) 미명(微明) : 미세하고 미묘한 밝음.
2) 승(勝) : 다스리다. 이기다. 황제가 배를 타고 힘을 들여 노를 젓는 모습을 형상화한 글자.
3) 이기(利器) : 국가의 날카롭고 이로운 도구. 즉 법제나 제도 등을 의미한다.

참고 한자

欲(욕) 하고자한다 / 翕(흡) 움츠러들다 / 固(고) 반드시 /
張(장) 길게늘이다 / 去(거) 버리다, 추출하다 / 擧(거) 추천하다 /
奪(탈) 탈취하다 / 予(여) 주다 / 脫(탈) 탈출하다 / 淵(연) 연못

해설

『도덕경』은 유형의 물질보다 보이지 않는 무(無)의 관점에서 쓰임을 강조하였다. 사람은 오감으로 인지하고, 인지한 것을 기반으로 생각한다.

변화의 방향성에 대한 이해

무(無)에 해당하는 영역을 논리와 사고만으로 머릿속에 쌓아 올

리려면 쉽지 않다. 『도덕경』은 무(無)에 해당하는 것들을 설명할 때 그림을 그리듯이 글자를 선택하여 표현하고 있다.

펼쳐졌다가 오므라들고, 강해졌다가 다시 약해지고, 부흥하다가 소멸하는 것은 자연스러운 만물의 변화원리다. 한쪽으로만 치우치는 것도 아니고, 멈추어 있는 것도 아니며, 반대되는 방향으로 더해지거나 줄어든다.

법과 제도는 최소화 되어야 한다

나라를 다스릴 때도 도(道)의 원리를 따를 것을 주문하고 있다. 부드럽고 유연한 법과 제도를 만들어 국가를 다스리는 것이 강하고 경직된 제도보다 더 효율적이다. 유약한 것이 강함을 다스린다. 승(勝)이라는 글자는 황제가 국가라는 배를 몰 때 힘들여서 노를 저어 나가는 모습을 그린 글자다. 노는 강하고 빠르게 젓는 것보다 부드럽고 유연하게 젓는 것이 효율적이다. 그것이 물의 저항을 줄이는 방법이고, 강하게 저을 때보다 배를 더 빠르게 나아가게 한다.

배를 저어 나아가는 장면을 머릿속에 떠올리면 연못의 물고기가 물을 떠나서는 살 수 없다는 표현이 엉뚱하지 않다. 제도와 법에 해당하는 그물을 만들어 배를 저어 가면서 물속에 미리 비추고 던지려고 하면 물고기들은 달아나게 된다.

본문의 '시인(示人)'은 단순히 '사람에게 보이다.'라는 의미를 넘어 '공시하다', '지시하다'는 의미를 지닌다. 날카로운 법과 제도를 많이 만들어 공시하고 시행하면 국가는 이익을 얻게 되지만 서민은 이익을 덜게 된다. 한쪽이 늘면 한쪽이 줄어드는 것은 당연한 이치이다. 국가의 이익을 늘리는 이유가 진정으로 서민을 위해서인지, 그것을 만들어 홍보하고 실적을 쌓아 잘했다는 명성을 얻고 청찬을 받기 위한 것인지 깊이 고민해봐야 할 일이다.

제도와 법이 날카로워지면 다치고 힘들어하는 사람이 누구인지도 생각해봐야 한다. 제도와 법이 너무 많아 서민들이 다 이해할 수도 없는 상황에 날카롭기까지 하다면, 어찌 곤란한 상황이 벌어지지 않겠는가? 힘 있고 날렵한 사람들은 그 날카로움을 피해 우회하고, 힘없는 서민들만 다치기 십상이다.

힘 있는 사람들에게 제도와 법을 적용할 때는 항상 시끄럽다. 똑같은 법에 대해서 서민은 잘 모르니 수긍해야 하고, 힘 있는 사람은 법을 우회할 방안을 마련해 잘 피한다. 그리고 이익에 조금이라도 어긋나면 국가를 상대로 법의 맞고 틀림을 다툰다. 국가가 불필요한 법과 제도를 만들어 일을 벌이고, 추가로 곤란한 상황에 빠져 허덕이는 악순환을 스스로 반복하는 꼴이다.

국가는 불필요한 제도와 법을 국민에게 강제하기보다 시스템을 유연하고 효율적으로 만들어 배의 노를 저어 가듯이 저항을 최소화하는 것이 바람직하다.

노자 도덕경 道

37.
도는 인위적으로 행하지 않는다

🎰 인위적으로 하지 않지만, 이루지 못함이 없다(無爲以無不爲)

※ 무위(無爲) ⇨ 욕심 자제 ⇨ 투박한 마음 ⇨ 고요하고 깨끗함 ⇨ 천하가 스스로 바르게 된다.

道恒無爲以無不爲.
도 항 무 위 이 무 불 위

侯王若守之, 萬物將自化.
후 왕 약 수 지 만 물 장 자 화

化而欲作, 吾將鎭之以無爲之樸.
화 이 욕 작 오 장 진 지 이 무 위 지 박

無爲之樸, 夫將不欲. 不欲以靜, 天地將自正
무 위 지 박 부 장 불 욕 불 욕 이 정 천 지 장 자 정

번역

도는 항상 인위적으로 행하지 않으나, 하지 않는 일이 없다.

제후나 왕이 만약 그것(道)을 얻는다면 모든 것이 스스로 잘 이루어지게 된다.

스스로 잘 이루어지더라도, 욕심은 일어나기 마련이다.

나는 인위적으로 일을 벌이지 않는 투박함으로 그 욕심을 진정시킬 것이다.

인위적으로 무엇을 하지 않는 투박함이 욕심을 억제한다.

욕심이 억제되면 고요하고 깨끗한 상태가 되고, 하늘과 땅 사이 모두가 저절로 바르게 된다.

참고 한자

作(작) 일어나다, 생기다 / 鎭(진) 진정시키다 / 靜(정) 고요하다

해설

성인은 첫째, 무위(無爲)할 것이고, 둘째, 욕심을 비우며, 셋째, 투박하고, 넷째, 고요하고 깨끗한 상태를 지키라 했다. 성인 스스로 위 4가지를 지킨다면 세상이 저절로 바르게 된다.

무위(無爲)는 인위적으로 행동하지 않는 것을 의미한다. 자연(自然)은 자연계의 물질 또는 현상을 의미하는 것이 아니다. 스스로 그렇게 되는 자연스러움을 의미한다. 즉 무위(無爲) = 자연(自然)스러움이다.

신선(神仙) 같은 노인이 세상을 달관하고 멋진 자연으로 들어가는 그림은 우리의 인식을 계속해서 오류의 길로 이끌어 왔다. 이 또한 작위적인 표현 중 하나일 뿐이다.

『도덕경』은 자연스러움, 즉 만물이 스스로 운행하는 규칙과 원리를 기초로 정리되어 있다. 그리고 춘추전국시대의 참혹한 현실을 바라보면서 애민(愛民)의 관점에서 사상을 전개하였다. 그 혹독

한 정치와 혼란의 책임을 성인(제후·왕)에게 묻고 있다. 『도덕경』은 제후와 왕에 대한 신랄한 경고이자, 목숨을 내놓은 직언이다. 아마도 실명으로 『도덕경』을 배포했다면 즉시 붙잡혀 죽음을 면치 못했을 것이다.

공식 통치 이념으로 자리 잡지 못한 『도덕경』이 전해오는 과정에서 일부 와전(訛傳)되어 후세에 전달되었지만, 사람들 사이에서 전해지고 언젠가는 그것을 이해하고 실천하게 될 것을 믿었다.

덕경 德經

38.
높은 덕인은 스스로 덕이 부족하다고 여긴다

❀ 덕(德)의 속성

- 겸양(겸손, 양보). 무위(無爲).
- 인(仁). 어짊은 사람에 따라 다르다.
- 의(義). 작위적이고 의도가 존재한다.
- 예(禮). 작위적이고, 인위적으로 요구한다(충과 신의 부족).

※ 대장부는 투박하고 두터우며 가볍지 않고 진실한 삶을 산다.

上德不德, 是以有德. 下德不失德, 是以無德.
상 덕 부 덕   시 이 유 덕   하 덕 불 실 덕   시 이 무 덕

上德無爲 而無以爲也. 上仁爲之 而無以爲也.
상 덕 무 위 이 무 이 위 야   상 인 위 지 이 무 이 위 야

上義爲之 而有以爲也.
상 의 위 지 이 유 이 위 야

上禮爲之 而莫之應也, 則攘臂¹⁾而扔²⁾之.
상 례 위 지 이 막 지 응 야   즉 양 비 이 잉 지

故失道矣而後德, 失德而後仁,
고 실 도 의 이 후 덕   실 덕 이 후 인

失仁而後義, 失義而後禮.
실 인 이 후 의   실 의 이 후 례

노자 도덕경 道

夫禮者, 忠信之薄[3]也, 而亂之首也.
부 례 자　충 신 지 박　야　이 난 지 수 야

前識者, 道之華也, 而愚之首也.
전 식 자　도 지 화 야　이 우 지 수 야

是以大丈夫居其厚, 而不居其薄,
시 이 대 장 부 거 기 후　이 불 거 기 박

居其實, 不居其華. 故去彼取此
거 기 실　불 거 기 화　고 거 피 취 차

번역

높은 덕을 지닌 사람은 스스로 덕이 부족하다 여긴다. 그래서 덕이 있다.

덕이 낮은 사람은 덕을 잃지 않았다고 여긴다. 그래서 덕이 없다.

높은 덕을 지닌 사람은 인위적이지 않고, 의도(원)하는 바가 없다.

높은 인성을 지닌 사람은 어진 마음을 위하고, 의도(원)하는 바가 없다.

높은 의를 지닌 사람은 의를 위하고, 의도(원)하는 바가 있다.

높은 예를 지닌 사람은 예를 위해서 (예에 대한) 호응이 없기라도 하면, 억지로 끌어당겨 시킨다.

그래서 도를 잃은 후에는 덕이 드러나게 되고,

덕을 잃은 후에는 어진 마음을 찾는다.

어진 마음을 잃은 후에는 의가 드러나게 되고,

의를 잃은 후에는 예를 찾게 된다.

예를 드러내는 사람은 충성과 신뢰가 작아졌다는 의미이다.

사람의 머리가 혼란스럽게 됨을 의미한다.

미리 안다는 것은 도(道)의 화려한 면이지만, 사람을 어리석게 한다.

그래서 대장부는 여유로움을 추구하고 야박한 것에 머무르지 않는다.

충실한 것을 추구하고 화려한 것에 머무르지 않는다.

그러니 화려하고 얇은 것을 버리고 두텁고 충실한 것을 택하라.

한자풀이

1) 양비(攘臂) : 팔을 뻗고 소매를 걷어 올린다.

2) 잉(扔) : 억지로 끌어당긴다.

3) 박(薄) : 얇다. 엷다. 야박하다.

참고 한자

莫(막) 없다, 말다 / 應(응) 응하다 / 亂(난) 혼란 / 首(수) 우두머리 / 居(거) 머무르다 / 厚(후) 두터움 / 實(실) 실함 / 華(화) 화려함 / 彼(피) 저것

해설

덕(德)은 인위적으로 베푸는 것이 아니다

덕은 교만하지 않다. 스스로 덕을 지녔다고 생각하는 순간, 교만하게 된다. 그런 마음을 지닌 사람을 사람들은 덕이 낮은 사람으로 평가한다. 높은 덕은 억지로 수행하지 않는다. 덕을 베풀었

다고 해서 어떤 것을 대가로 원한다든가, 바라는 바가 있다면 그것은 이미 덕이 아니라 이익의 교환이다. 무엇을 얻고 잃는 관점은 교환할 때 득실을 따지는 일이다. 그 과정에서 남에게 조금 더 주는 정도이다.

덕이 낮은 사람들은 본인이 덕을 베풀었다는 착각에 빠진다. '덕을 많이 베풀었으니 나중에 좋은 일이 생길 것이야.' 하는 마음 자체가 원하는 바가 있다는 의미다. 덕은 다른 사람이 측은하고 가여워서 베푸는 것이 아니다. 덕은 인위적인 감정이 포함되지 않는다. 상대방의 성향, 인성, 형편 등에 상관없이 만인을 이롭게 하는 보편적인 행위이다. 지위고하(地位高下)를 막론하고, 남녀노소를 가리지 않고 베푸는 형태가 덕이다.

인(仁)은 사람이 가지고 있는 어진 마음이다

사람이 어질다는 뜻의 인(仁)은 사람의 주관적인 요소가 포함된다. 사람에 따라 어질다고 볼 수도 있고 아닐 수도 있다. 상황에 따라 어질지 못하다는 오해를 불러일으키기도 한다. 사람의 감성에서 출발하기 때문에 환경과 사람의 성향, 상황에 따라 다르게 작용한다. 사람은 인식 오류의 동물이기 때문에 어진 마음(仁) 또한 오류를 일으킬 수 있다. 그래서 인(仁)은 보편적인 이로움, 즉 덕(德) 이후에 챙겨야 할 사람의 기본 마음이다.

항(恒)과 상(常)을 기본으로 하는 도(道)와 덕(德)은 인위적이지 않다. 사람의 감정을 바탕으로 하는 인(仁) 또한 인위적이지는 않지만, 그 사람의 살아온 배경과 성향을 기본으로 하기 때문에 사람마다 인(仁)에 대한 생각이 다를 수 있다.

의(義)와 예(禮)에 대하여

의(義)는 정의가 필요하다. 즉, 사람들의 공통적인 가치 기준을 공감하고 판단하는 노력이 필요하다. 그래서 인위적이다. 사람이 만들어낸 유(有)에 해당하는 것이다. 유(有)는 시간과 환경의 변화에 따라 변하는 속성이 있다. 정의(正義)도 시대에 따라 지속적으로 변해 왔다. 그 시대의 정치적 환경과 사회적 통념이 요구하는 사항에 따라 다르게 기술된다. 정의는 인위적이고 변할 수 있으며 판단이 필요하기 때문에 정의를 해석하고 기록한다. 그 대표적인 것이 법이다.

인간은 오류를 행하기 쉬운 동물이다. 정의(正義)라는 미명 아래에서 큰 실수를 할 수 있다. 히틀러가 자국민의 혈통 우월성을 정의하고 교만을 부추겨 일으킨 오류가 대표적인 사례다. 의(義)에 앞서 인간의 기본 성향인 인(仁)을 우선하였다면, 만인에 대해 보편적인 덕(德)을 우선하였다면, 자연의 순리 도(道)를 먼저 생각했다면, 8백만 명 이상의 목숨을 앗아가는 참혹한 일은 벌어지지 않았을 것이다.

예(禮)에 대해서 "예에 어긋나는 경우, 팔의 소매를 걷어붙이고 예를 지키도록 잡아당긴다."라고 표현하였다. 예는 상호 간에 인위적으로 지켜야 할 사항, 지시를 내포하고 있다. 예(禮)를 지키지 않는다면 지키도록 팔을 걷고 요구한다. 두 팔 공손히 권고하는 것이 아니다.

예(禮)는 인간의 자연스러움을 감추며 성실과 신뢰, 믿음에 대한 판단을 어렵게 만드는 도구이다. 깍듯한 예를 다하는 것이 마음속에서 우러나오는 것보다 주로 지위와 상황, 필요에 의해서 이루어진다.

사람 사이에 존중, 평등 의식이 높아지면 높아질수록 예(禮)의 표현 형태를 규정하고 학습하며 실천을 강요하는 일은 의미가 적어진다.

대장부가 선택할 자연스러움

도(道)는 항상(恒常)을 전제로 한다. 그래서 시작과 끝을 예측하는 게 가능할 때가 있다. 결과를 미리 안다는 것은 화려한 일이다. 그렇기 때문에 도(道)가 때로는 화려해 보인다. 하지만 모든 것을 정확히 이해하고 예측할 수는 없다. 단지 자연의 운행 법칙에 따라 다음에 일어날 일을 어느 정도 이해하고 있는 것뿐이다.

이것을 과용하거나 과신하면 오히려 사람을 어리석게 만든다. 그래서 대장부는 투박하고 두껍게 행동하며, 엷은 예(禮)와 화려함을 좋아하지 않는다. 일의 예측 결과가 뒤바뀐다 하더라도 결과의 좋고 나쁨 대해서 크게 연연하지 않는다. 그냥 담박하게 받아들이고 "변화가 생겼구나, 내가 모르는 부분이 있었구나." 하고 이해할 뿐이다.

대장부는 변화가 자신의 조그마한 이익에 상처를 입힐까 전전긍긍하지 않는다. 결과를 보고 아랫사람을 채근하며 몰아붙이지도 않는다. 두텁고 담박한 마음으로 세상을 바라본다.

사람이 세상의 변화를 전부 이해하는 건 불가능하다. 변수가 생겨서 일이 원하는 대로 이루어지지 않았다면, 초심으로 돌아가 다시 살펴볼 좋은 기회로 받아들이면 된다. 그리고 그 기회를 이용하여 시스템과 프로세스를 개선함이 바람직하다.

현재에 크게 연연하지 않고, 위기를 발전의 기회로 삼는 것이 대장부의 자연스러운 행동이다.

39.
귀하고 높은 것의 근간은 낮은데 있다

❀ 하늘, 땅, 신, 계곡의 속성

  - 귀하고 높은 것의 근간은 낮은데 있다.

  - 낮음을 근본으로 알고, 스스로 그렇게 임하라.

※ 바위처럼 투박하고 단단하여라.

昔之得一者, 天得一以淸, 地得一以寧,
석 지 득 일 자　천 득 일 이 청　지 득 일 이 녕

神得一以靈, 谷得一以盈, 侯王得一以爲天下正.
신 득 일 이 령　곡 득 일 이 영　후 왕 득 일 이 위 천 하 정

其致之也, 謂天無已淸將恐裂, 謂地無已寧將恐發,
기 치 지 야　위 천 무 이 청 장 공 렬　위 지 무 이 녕 장 공 발

謂神無已靈將恐歇, 謂谷無已盈將恐渴,
위 신 무 이 령 장 공 헐　위 곡 무 이 영 장 공 갈

謂侯王無已貴以高將恐蹶[1].
위 후 왕 무 이 귀 이 고 장 공 궐

故必貴 而以賤爲本, 必高矣 而以下爲基.
고 필 귀　이 이 천 위 본　필 고 의　이 이 하 위 기

夫是以侯王自謂孤寡不穀[2], 此其賤之本與 非也.
부 시 이 후 왕 자 위 고 과 불 곡　차 기 천 지 본 여　비 야

故致數譽無譽. 是故不欲琭琭若玉, 硌硌若石
고 치 수 예 무 예   시 고 불 욕 록 록 약 옥   락 락 약 석

번역

옛날부터 하나를 얻는(하나에 도달하는) 것은,

하늘은 하나가 되어 맑고, 땅은 하나가 되어 평안하며,

신(神)은 하나가 되어 존엄하고, 계곡은 하나가 되어 (물이) 채워지며,

제후와 왕은 (국가가) 하나가 되어 천하가 바르게 된다.

그 하나가 된 상태가 다하면,

하늘의 청정함이 끝나면 위협적인 모양으로 분할되고,

땅의 평안함이 끝나면 위협적인 모양으로 솟아오르며,

신(神)의 존엄함이 없어지면 허망한 거짓말이 되고,

계곡이 더 이상 채워지지 않으면 물이 마르게 되며,

제후와 왕이 더 이상 귀하거나 높지 않게 되면 장차 무너지게 된다.

그래서 필히 귀하게 되려면 가장 낮은 것을 근본으로 삼아야 하고,

필히 높게 되려면 아래에 위치하는 것을 기본으로 해야 한다.

제후와 왕이 자신을 고·과·불곡으로 호칭하는 이유다.

이것은 가장 낮은 것을 근본으로 하는 것과 같다. 그렇지 않은가?

여러 개의 명예는 명예가 없는 것과 같다.

옥처럼 반들반들 하려 하지 말고, 바위처럼 투박하고 단단함을

노자 도덕경 道

추구하라.

1) 궐(蹶) : 무너지다. 넘어지다. 거꾸러지다.
2) 고과불곡(孤寡不穀) : 왕이 자신을 호칭할 때 고인, 과인, 불곡으로 호칭하였다. 여기서 고(孤)는 '외로운', '홀로됨'의 의미로 고아(孤兒)와 같이 쓰인다. 다음으로 과(寡)는 '약하다', '적다'라는 의미로 과부(寡婦)등에서 쓰인다. 마지막으로 불곡(不穀)은 '곡식을 추수하지 못하는 자', '가진 것이 없는 사람'이라는 뜻이다.

참고 한자

昔(석) 옛날 / 得(득) 다다르다 / 者(자) ~라는 것 / 淸(청) 맑다 /
寧(녕) 평안하다 / 靈(령) 신령스럽다 / 盈(영) 채우다 /
致(치) 다하다 / 恐(공) 위협적으로 / 裂(렬) 분열되다 /
發(발) 솟아오르다 / 歇(갈) 거짓되다 / 渴(갈) 마르다 /
賤(천) 낮음, 천한 / 基(기) 기반 / 非(비) 아니다 / 譽(예) 영예로움 /
琭(록) 옥의 모양 / 玉(옥) 옥 / 硌(락) 장대한 모양

해설

높고, 낮음의 의미

하늘도 크고, 땅도 크고, 사람도 크다고 했다. 가장 낮은 계층에 있는 사람 또한 크고 존엄한 존재다. 모든 사람이 큰 존재의 구성

원이다. 큰 존재가 모여 살면서 조직과 체계를 이루고 계층이 분리되었다.

하늘이 하나를 이루었다가 구름에 의해 분리되고 층을 이루는 것과 유사하다. 구름이 층을 이루고, 머물러 있는 형태가 지속되는 것처럼, 인간 사회도 자연스럽게 계층과 특권 의식에 익숙해졌다. 그런 인식에 익숙해지고 세대를 거쳐 전달되어 계층 분리를 당연하게 생각하였다. 근세에 이르기까지 계급 체계가 수천 년간 지속되었다.

계층은 구름과 속성이 유사하다. 구름처럼 허망하다. 영원히 지속되는 것도 아니다. 사람은 모두 땅을 딛고 하늘을 바라보고 사는 평등한 존재이다.

자연에서도 근원 및 뿌리가 되는 것이 중요하다. 고대 산업의 근간은 농사였으며, 그 노동력을 제공하는 서민과 천민 계층이 뿌리에 해당한다. 그래서 제후와 왕은 자신이 나라의 근간이 되길 바라는 마음으로 가장 낮은 계층에 해당하는 고, 과, 불곡이라는 말로 자신을 칭하는 것이 관례였다. 또 다른 의미는 삶이 어려운 계층인 고, 과, 불곡을 잊지 않고 통치하겠다는 다짐일 수 있다.

하나에서 분열, 그리고 다시 하나 됨의 의미?

구름 한 점 없는 맑은 하늘을 바라보라. 하늘이 하나로 보일 것이다. 구름이 생기면 하늘이 갈라진다. 먹구름은 하늘을 가르고 위협적으로 만든다. 땅도 평안하고 평평한 하나였지만, 이후에 솟

노자 도덕경 道

아울라 산과 산맥이 생기면서 험준해진다. 땅이 나누어져 경계가 생긴 모습이다. 지금은 지구과학에서 배울 수 있는 평범한 현상지만, 수천 년간 산은 그냥 산이었다. 땅에 대한 항상(恒常)성을 찾아 본격적으로 이해하고 기술(道紀)하기 시작한 역사는 몇백 년이 채 안 된다.

계곡의 물은 수많은 실개울이 모여서 이루어진다. 큰 강은 계곡이 모인 형태다. 나라도 근간인 국민이 모여서 하나를 이룬다. 하나가 아니라 분열된다면, 나라는 혼란스러운 상태로 바뀌고 유지되기 어렵다. 그래서 가장 근본이 되는 국민이 평안하고 하나가 되어야 한다.

부와 물질에 대한 욕심뿐만 아니라, 고귀하게 되고 싶은 명예에 대한 욕심도 동일하게 경계해야 한다. 여러 개의 명예를 지니려 한다면, 그 개수만큼 명예의 가치가 퇴색된다. 보석인 옥도 주렁주렁 많이 달고 다니면 하찮은 돌과 다를 바 없다. 대장부가 어찌 인생을 꾸미고 치장하는데 집착하겠는가? 바위의 모습처럼 듬직하고 투박하면 그만이다.

40.
도에 의해 바르게 시작하고, 완성할 수 있다

❀ 도(道)는 숨겨져 있어 모두 정의하고 이해하기는 불가능하다

- 훌륭한 선비는 도를 실천하고, 보통의 선비는 도를 반신반의
  하며, 부족한 선비는 도를 비웃는다.
- 도의 속성 12가지 예시
- 도(道)에 의해 일을 바르게 시작하고, 바르게 완성할 수 있다.

上士¹⁾聞道, 勤能行之. 中士聞道, 若存若亡.
상 사 문 도 근 능 행 지 중 사 문 도 약 존 약 망

下士聞道, 大笑之. 不笑, 不足以爲道.
하 사 문 도 대 소 지 불 소 부 족 이 위 도

是以建言有之 曰
시 이 건 언 유 지 왈

明道如昧. 進道如退. 夷道如類, 上德如谷.
명 도 여 매 진 도 여 퇴 이 도 여 류 상 덕 여 곡

大白如辱, 廣德如不足, 建德如偸²⁾, 質貞如渝³⁾,
대 백 여 욕 광 덕 여 부 족 건 덕 여 투 질 정 여 투

大方⁴⁾無隅⁵⁾, 大器免成, 大音希聲, 大象無形.
대 방 무 우 대 기 면 성 대 음 희 성 대 상 무 형

道隱無名. 夫唯道, 善始且善成
도 은 무 명 부 유 도 선 시 차 선 성

노자 도덕경 道

훌륭한 학자(선비)가 도에 대해 들으면 열심히 실천하려 한다.

보통의 학자(선비)가 도에 대해 들으면 있는 것처럼 또는 없는 것처럼 의심한다.

그저 그런 학자(선비)가 도에 대해 들으면 그것을 비웃는다. 비웃지 않더라도, 도를 실천하기에는 부족하다.

이것을 언어로 설명하자면 밝은 도는 오히려 어둑어둑 한 것 같고, 앞서 나아가는 도는 물러나는 것 같으며 평평한 도는 치우쳐져 있는 것 같다.

높은 덕은 계곡과 같고, 큰 순결함은 오히려 욕될 부분이 있는 것 같다.

넓은 덕은 오히려 부족한 것 같고, 덕을 세우는 것은 구차한 것 같고,

본질이 바른 것은 변하는 것 같다.

넓은 장소(네모)는 모서리가 없으며, 큰 그릇은 만듦을 피해야 하고,

큰 소리는 들리지 않으며, 큰 형상은 형체가 없다.

도는 숨겨져 있어 (보이지도 않고) 이름조차 없다

그렇지만 오직 도를 통해서 잘(바르게) 시작되고, 제대로 (바르게) 완성이 이루어진다.

1) 사(士) : 낮은 관직의 계층. 학식이 높은 사람. 선비, 공자도 관직 없이 나라를 떠도는 선비(士)에 해당하는 계층이었다.

2) 투(偸) : 구차하다. 깔보다. 야박하다.

3) 투(渝) : 변하다. 바뀌다.

4) 방(方) 곳. 장소. 네모.

5) 우(隅) : 모서리.

聞(문) 듣다 / 勤(근) 부지런히 / 存(존) 보존하다 /

亡(망) 무시하다 / 笑(소) 웃다, 비웃다 / 建(건) 말씀드려 알리다 /

昧(매) 어둡다 / 進(진) 나아가다 / 退(퇴) 물러나다 /

夷(이) 평평하다 / 類(류) 유형을 분류하다 / 白(백) 깨끗함 /

辱(욕) 욕되다 / 廣(광) 넓다 / 質(질) 성질 / 貞(정) 곧다 /

器(기) 그릇 / 免(면) 면하다 제외하다 / 希(희) 드물다 /

聲(성) 소리 / 象(상) 형체 / 形(형) 형태 / 隱(은) 숨어있다 /

且(차) 또한

해설

도(道)를 수행하는 이유

도(道)를 이해하고 열심히 행하는 이유가 맨 마지막 구절에 기술되어 있다. 만물은 도(道)의 운행 규칙에 따라서 이루어지기 때문에 시작을 잘하고 성공을 이루기 위해서다.

우리는 어떤 일이든 잘 해내고 성공하고 싶다. 누구나 이런 마음은 동일할 것이다. 하지만 시작하고 싶은 일이 있고 아닌 일이 있다. 스스로 의지에 의한 일을 빼면, 대부분 타의에 의해서 또는 남들이 하고 있고, 따라서 하는 형태로 어제도 해왔으니 오늘도 관성에 의해서 살아간다.

시작에 의미를 두는 일이 얼마나 될까? 하루 또는 일주일, 한 달, 일 년을 기준으로 적어 보라. 그리고 번호를 기재해 보라. 나의 의지에 의해 수행하고 있는 일이 의외로 적다는 것을 알 수 있다.

현대 사회는 모든 일이 철저하게 분업화되어 있고, 모든 것이 점점 더 복잡하게 얽혀가고 있다. 그래서 더욱 프로세스와 시스템에 의존해서 살게 된다. 내가 속해 있는 국가, 사회, 지역의 시스템에 따라 나를 운행한다. 나의 자유 의지대로, 내 마음 가는 대로 살기는 쉽지 않다.

소속과 사회를 떠나서 나의 자유 의지대로 대자연에 묻혀 살아본다고 가정해보자. 내가 포기해야 하는 것들이 얼마나 많을지 상상이 될 것이다. 그리고 이내 "그런 상상은 그냥 상상으로 즐거운 거야." 하고 자조하게 된다.

사람은 사회라는 시스템과 프로세스 내에서 살아가야 하고, 그 안에서 최대한의 자유를 확보하고 싶어 한다. 확보하고 싶은 자유만큼의 자유를 얻기 위해선 대가가 필요하다. 나의 노동력과 시간, 그리고 나의 불편을 대신 채워줄 대가이다.

다행히도 현대 사회는 교환 시스템이 충분히 발달해 있다. 그 대가는 돈이라는 화폐로 지불이 가능하다. 이런 시스템이 사람들에게 새로운 환상과 착각을 심어주었다.

돈이 많으면 대부분의 문명의 이기와 물건을 살 수 있다. 내가 해야 할 일이 있어도 그것을 잘할 수 있는 사람을 고용하여 대신 수행시킬 수도 있다. 필요하면 학력, 권력, 지위도 조금의 노력으로 쉽게 얻을 수 있다. 부(富)를 가지면 모든 것을 쉽게 얻을 수 있다. 그래서 사람들이 부(富)의 축적에 열광하기 시작했다.

열심히 일하고 지긋한 나이가 되어 충분히 부(富)를 확보했다고 가정해 보자. 넉넉하게 한 1조 원, 1천억 원 정도로 상상해도 좋다. 나이가 든 후를 상상하는 것이 조금 서글프다면 5년 후나 10년 후도 좋다. 하여튼, 당신은 상상하는 금액의 크기만큼 부의 자유를 확보하였다.

자, 이제 무엇을 하고 싶은가? 나의 하루, 일주일, 일 년의 스케줄을 다시 적어 보자. 위에서 정리한, 해야 하는 일 또는 하고 있는 일과 비교하여 나의 자유 의지에 의해 진행하려 하는 것이 얼마나 많이 바뀌었는가? 그리고 그 자유 의지에 의한 일이 지니는 의미와 가치가 얼마나 바뀌었는가? 나의 자유 의지와 가치가 충분히 반영된 삶이라 할 수 있는가?

타임머신을 타고 2,500년 전으로 돌아간다고 가정해 보자. 그리고 무엇이든 될 수 있는 기회가 주어진다면, 나는 무엇이 되고 싶은가? 현대문명의 이기를 버리고 2,500년 전의 불편함을 수용해야 하는 상황이라면, 아마도 왕이 가장 유리할 것이다. 문명의 이기를 누리지는 못하지만, 최대한 나의 시간, 노력, 불편을 해소하기 위해 국가 내에서 모든 것을 동원할 수 있는 힘을 가졌기 때문이다.

그렇게 왕이 되면 행복해질까? 나의 자유 의지대로 살게 될까? 누구보다도 자유 의지에 따라 살게 될까?

답은 그렇지 못하다는 것이다. 사람은 기존에 쌓아온 관념의 세계와 현실의 불일치를 항상 겪으며 살아간다. 그리고 그 차이가 크면 클수록 불행을 느낀다.

우리는 수천 년간 사회를 이루고 살면서 하늘, 땅과 마찬가지로 사람 한 명 한 명을 소중하다고 여기면서도 실제로는 사람의 가치를 다르게 계산해 왔다. 왕의 가치, 귀족의 가치, 평민의 가치를 보이는 대로, 편의대로 평가해 왔다.

지금은 왕, 귀족, 평민이라는 계급 구분은 없어졌으나, 부(富)와 지위(地位)를 기준으로 사람에 대해 평가를 달리한다. 즉, 계급에 대한 명칭과 구분만 없어졌을 뿐, 사람들의 인식 속에는 부를 기준으로 한 계층에 대한 기준선이 존재한다. 물론, 그 기준선은 개인마다 다를 수 있다.

사람 인식의 한계로 인해 이런 상황이 발생한다. 눈에 보이는 부분을 기준으로 평가하고 사람을 대하기 때문이다. 인식의 한계는 그 사회가 가지고 있는 사상의 빈약함으로 귀결된다.

왕이 되거나 충분한 부(富)를 획득하면 나의 자유를 확보하고, 외부 환경으로 인해 발생하는 리스크를 최소화하며, 나의 권력과 재화를 활용하여 온갖 문명의 이기와 즐거움을 누릴 수 있을 것이라 착각한다. 하지만 왕이라 하더라도, 큰 부를 이루었다고 하더라도 채워지지 않는 부족함은 반드시 발생하게 된다.

사회가 쌓아온 통념과 보이는 것을 기준으로 추측하여 세상을 바라보면 한계가 있다. 인간의 인식에 오류가 발생하는 가장 큰 원인 중 하나는 상상할 수 있는 능력이다. 다른 사람의 마음을 100% 알 수 없음에도 불구하고, 특정 상태와 보이는 모습을 기준으로 평가하고 상상한다. 그래서 많이 가진 자를 좋게 생각하게 된다. 그러나 정작 자유로운 삶은 특정 상태가 아니라 세상을 바라보는 인식의 방향을 다르게 할 때 얻을 수 있다.

모든 사람은 평등하고 만인이 보편적으로 잘 사는 사회가 바르고 바람직한 사회라 듣고, 교육을 받았다. 역사적으로, 불과 1~2 백여 년 전만 해도 왕과 귀족에게 계급 사회의 불합리와 문제점을 외쳤고, 수없이 많은 피를 흘렸다. 그래서 얻은 소중한 평등사상 이건만, 물질 기반 문명이 슬그머니 사람들의 마음을 잠식하고 있다. "나는 부를 쌓아 귀족이 될 거야." 하고 강하게 마음속으로 외치고 있는 것이다.

왕, 귀족이 되고 부를 축적하고 싶은 그런 내면의 외침이 강하면 강해질수록 사회의 경쟁은 치열해진다. 치열한 경쟁은 다툼과 갈등을 유발하고, 이 과정에서 온갖 문제를 일으킨다. 다툼과 갈등이 심해지면 과거에도, 그리고 지금도 대다수의 선량한 서민들이 피해를 떠안는다.

『도덕경』에서 제시한 해법은 오히려 단순하다. 나의 관점이 아니라 보편적인 관점, 즉 자연에서 순리를 찾아 인간의 삶에 적용하는 것이다. 나를 우선 바라볼 것이 아니라 주위 사람 및 만물을 동시에 바라보는 시각, 즉 상생의 시각에서 바라보는 것이다. 바로 이것이 도(道)와 덕(德)이다.

나의 자유 의지에 따라 왕과 같은 큰 힘을 지닌 권력가 또는 큰 부자가 되는 것이 문제 될 이유는 없다. 그 과정에서 자연의 순리를 벗어나지 않고, 스스로 노력하여 이루면 된다. 성공을 이룬 후에도 나를 먼저 바라보는 것이 아니라 만인을 먼저 바라보고 상생의 마음을 지니며, 나눔을 실천하는 생활을 하면 된다. 나의 기준이 아닌 보편적이고 객관적인 기준으로 순리에 벗어나지 않도록

노자 도덕경 道

삶을 이끌면 된다.

도(道)의 속성

그 노력의 과정이 도(道)에 대한 수양과 실천이다. 도는 숨어 있어서 다 이해할 수도, 볼 수도 없다. 다 보이지도 않고 이름을 명명할 수 없어서 '도은무명(道隱無名)'이라 하였다. 도(道)는 유형이 아니라 무형의 속성을 의미한다. 사람들은 주로 눈에 보이는 것, 유(有)를 쫓아가고 추구하려 한다. 보이는 것이 이해하기 쉽고 편하기 때문이다. 무(無)에 해당하는 것은 놓치기 쉽다. 관계 및 복잡함이 증가할수록 무(無)에 해당하는 속성도 비례하여 증가한다. 그만큼 놓치는 부분이 많아질 수 있다. 잘 모르고 있다는 사실을 명확히 안다면, 보완해야 할 부분을 쉽게 좁혀 나갈 수 있다.

이도약류(夷道若纇) : '고르게 분포하고 평이한 것도 분류되어 나누어진다'는 뜻이다. 반대되는 것 같지만 같은 이치와 원리를 설명하기 위해 쓰인다. 무(無)라는 것은 쓰임이라고 하였다. 눈에 보이는 것은 반대의 속성이라도 쓰임의 관점에서는 동일한 원리가 적용된다.

상덕약곡(上德若谷) : '높은 덕은 계곡과 같다'는 뜻이다. 높은 덕은 만인을 이롭게 한다. 계곡은 누구나 동일하게 뿌리내리고 살 수 있도록 비옥한 토지와 물을 제공해준다.

대백여욕(大白如辱) : '결점이 없는 것은 없다'는 뜻이다.

커다란 흰 도화지를 돋보기로 들여다보면 100% 흰색이 아니다. 검은 점도 있고, 회색의 선도 있고, 이물질도 있다. 다만 전체를 적당한 거리에서 볼 때 하얗게 보이니 희다고 얘기할 뿐이다. 아무리 순결한 사람도, 사회에서 살아가다 보면 흠도 보이고 결점도 있을 수 있다. 이는 바라보는 거리와 방향에 따라 다르게 보일 수 있다는 뜻이다.

광덕여부족(廣德如不足) : '넓은 덕도 어떤 관점에서는 덕이 없는 것 같을 수 있다'는 뜻이다. 비슷한 말로 건덕여투(建德如偸)는 '덕을 세우고 알리는 것이 오히려 구차하다'는 의미이며, 질정여투(質貞如渝)는 '진실로 곧은 것도 변하기 마련'이라는 뜻이다. 이 말들은 세상 만물이 서로 상충하고 혼재되어 변한다는 뜻을 담고 있다.

대방무우(大方無隅) : 비행기도 없고 망원경도 없던 그 시절, 참으로 굉장한 차원적 사유 능력이다. 방(方)은 장소를 의미한다. 내가 딛고 있는 땅을 기준으로 생각할 때 넓은 장소, 넓은 땅은 모서리를 정하기 어렵다. 모서리 형태를 정의하는 것 자체가 불가능하다.

정의 자체가 불가능하다는 것은 인간 인식의 한계를 의미한다. 지구가 둥글다고 생각한 것조차도 불과 4백 년 전의 일이다. 현대와 같은 지도가 없었던 시대로 돌아가 상상력을 최대한 발휘하여 보자.

모서리가 있다면 모서리 지점에 서 있는 사람은 다른 방향으로 떨어지는 것을 경계해야 할 것이다. 그러나 알고 있는 모든 사람에 물어봐도 경계의 끝에서 떨어져 죽은 사람의 이야기는 들어보지 못했다.

지구가 둥글다는 대전제가 없었기 때문에, 우리가 지금 알고 있는 구형이라는 것을 머릿속에서 지우고 평면의 종이 위에 그리는 것을 가정해 보자. 땅을 그려 보라. 우리가 가지고 있는 방위는 동서남북, 즉 사방이 전부다. 땅에 붙어서 사는 우리는 한 번도 비행기를 타고 하늘을 날아본 적도 없고, 땅속으로 들어가 본 적은 더욱이 없다. 그런 상황에서 종이 위에 땅의 모서리를 긋는 순간, 땅이 한정된다.

경계가 생기는 것은 유(有)에 해당한다. 유(有)에 해당하는 것으로는 무(無)를 표현할 수 없다. 우리가 땅끝까지 가보지 못했는데 어떻게 유한하지 않다고 단정할 수 있는가? 그 부분이 보편적인 사람들 인식의 총합이다. 땅은 끝까지 갈 수 없다. 아무리 가더라도 끝이 없다고 인식한 것이 당시의 결론이다.

아무리 가도 끝이 없다는 사람들의 인식의 총합을 무시하고 지도를 그리면 "땅끝에 가면 떨어져 죽을 것이다."라는 인식의 오류가 발생한다. 검증되지 않고, 실험되지 않은 막연한 상상이다.

그 인식의 오류를 강력하게 믿었던 서구 사회에서 대혼란이 발생한 시기가 바로 대항해시대다. 계속 갔더니 다시 돌아온다는 게 사실로 밝혀졌기 때문이다. 망원경으로 멀리 있는 달과 행성을 관찰하였더니 그동안 평평하다고 생각했던 달이 "울퉁불퉁하고 평평하지 않다."라는 사실까지 밝혀졌다. 게다가 둥근 형태이기까지 했다.

이렇듯 기존에 가지고 있던 통념에는 인식의 오류가 있을 수 있다.

『도덕경』을 깊게 이해했다면 서구 문명보다 훨씬 빠르게 지구가 둥글다는 것을 인식하고 과학 기술이 동양에서 먼저 발전했을 수도 있었을 것이다.

대기면성(大器免成) : 큰 그릇은 만들기가 어렵기 때문에 만드는 것을 면제한다는 의미이다. 아직도 많은 사람의 머릿속에는 대기만성(大器晚成)이란 문자가 먼저 떠오른다. 먼저 다가오고 나에게 더 친근한 것을 사람들은 좋아한다. 이런 성향이 인식의 오류, 편견을 만든다. 객관적인 사실과 도구에 의해 측정한 값보다 나에게 유리한 방향으로 사고를 이끌어가는 모습이다. 길이가 같은 두 개의 실선 끝부분에 반대 방향으로 향하는 화살표를 표시해 보면 한쪽이 훨씬 길어 보이는 것과 같은 이치이다.

면하다(免)와 늦다(晚), 어떤 글자가 맞는 것인지에 대한 해석에 앞서서 이해해야 할 것이 있다. 사람의 인식 형태 및 사유 방법이다. 우리가 살면서 세상을 바라보는 방법을 보이는 것(有)에만 의존한다면 인간의 기능을 반쪽만 사용하는 것을 의미한다.

눈이 2개가 있고, 귀가 2개가 있는데도 불구하고 한쪽만 사용한다면 어떤 일이 벌어질까? 눈과 귀가 각각 2개인 이유에 대해 생각해 보았던 사람이라면 금방 답했을 것이다.

내가 어떤 답을 했더라도, 그것이 정답이다. 아니, 정답이라는 것 자체가 존재하지 않는다. 사회 통념에서 요구되는 편의의 답이다. 그럼에도 불구하고 우리는 학교와 사회에서 정답을 요구한다. 우리의 아이들에게 관념을 고정하도록 요구하고 있다. 관념을 고

정하는 걸 강요하다 보면 다른 사람을 용인하지 못하는 습성이 길러진다. 어떤 형태도 답이 될 수 있음에도 불구하고 마치 뻣뻣한 로봇을 생산하듯이 아이들을 키우고 있다. 즉, 상상력과 창의성을 인위적으로 퇴보하도록 만드는 행위다.

저자가 생각하는 답은 "약간 불편하다."이다. 지금은 신석기 시대가 아니다. 맹수가 달려들어 나를 공격할 때 미리 대응하거나 신속하게 도망가지 않아도 되는 시대에 살고 있다. 수렵 시대에 살고 있다면 "생존 싸움에서 경쟁력을 잃다."가 답일 수 있다.

현대 사회는 수많은 기기와 문명의 발달로 모든 것이 얽히고설키어 복잡함이 엄청나게 증가해 있다. 현대에서 유(有)와 무(無)의 2가지 관점이 아니라, 보이는 것에 치중하는 유(有)의 관점에서만 살아간다면 약간 불편한 정도가 아니라 경쟁력을 잃고 사는 것을 의미한다. 그럼에도 불구하고 우리는 보이는 것에 집착하는 습성이 있다.

보이는 것 기준으로 가장 높은 자리, 가장 좋은 것, 가장 많은 재화를 획득하는데 온 힘을 쏟는다. 그 과정에서 보이지 않는 쓰임은 뇌 속의 휴지통에 일정 기간 보유하다가 슬그머니 지워버린다.

'외부의 저항도 많은데 나 스스로의 저항을 만들어 돌진하는데 방해받고 싶지 않아! 이것은 성공의 걸림돌이야!'라고 생각하는 사람이 살아가는데 유리할 수도 있다. 각박한 사회에서는 뇌의 휴지통에 잠재해 있는 보이지 않는 양심, 순박함, 사람을 어질게 생각하는 마음 이런 것들을 빠르게 비우는 사람이 성공하는데 오히려 용이할 수도 있다. 저항이 적기 때문이다.

괴산군에 가면 지름이 17㎝에 무게가 5t이나 되는 커다란 솥단지

가 있다. 제작비용으로 5억 원이나 소모된 그릇이다. 원래 목적은 기네스북에 등재하고 그 신기함으로 사람들을 끌어들여 관광 효과를 높이기 위한 것이었다.

이 솥단지를 상상하며, 큰 그릇을 만든다는 것의 의미를 생각해 보자. 그릇이라는 것은 쓰임이 중요하다. 물론 사람에 따라서는 그릇이 아름답고 보기 좋아야 하는 게 중요할 수도 있다. 하지만 서민에게 있어서 그릇은 음식을 담는 용도가 최우선이 된다. 사람이 가장 먼저 경계해야 할 것 중 하나가 인위적인 아름다움 추구다. 인위적인 아름다움 추구는 사람의 욕심을 불러일으킨다.

욕심에 치우쳐 쓰임이 없는 그릇을 만드는 걸 경계해야 한다. 기술이 발전할수록 더 다양한 형태와 모양의 그릇을 만들어낼 수 있다. 그래서 만들 수 없다는 의미의 불(不)이나, 무(無) 글자가 아닌 다른 글자인 면(免)으로 표현하였다. 크기 1m, 또는 50㎝의 그릇을 당시라고 굽지 못했을까? 그 쓰임이 없기 때문에 만드는 것을 제외(免)해야 한다는 의미이다.

기(器)라는 것은 사람이 만든다. 즉, 대기면성(大器免成)은 해야 할 일과 하지 말아야 할 일을 구분해야 한다는 의미이다. 보이는 것에만 집착하여, 아무런 쓰임이 없는 형상을 만드는 것은 인간의 탐욕에 의한 사치이자 오류이다. 그런 것에 경쟁적으로 자원을 낭비하는 것은 자연스러운 일이 아니다. 도(道)를 벗어나는 일이다.

41.
도는 반대로 움직이고, 쓰이면 쇠퇴한다

⚘ 도(道)의 운행 법칙

  - 움직임(動)은 반대로 향한다.

  - 쓰임(用)은 쇠퇴한다(사용하면 줄어든다. 약해진다).

⚘ 만물은 유(有)에서 생성되고, 유(有)는 무(無)에서 생성된다.

※ 유생어무(有生於無) : 없는(無) 상태에서 있는(有) 상태로 변함.

反也者 道之動也. 弱也者 道之用也.
반 야 자 도 지 동 야　약 야 자 도 지 용 야

天下之物生於有, 有生於無
천 하 지 물 생 어 유　유 생 어 무

번역

반대 방향으로 향하는 것이 도의 운행 방향이다.

약해지는 것은 도의 사용 이치이다.

천하의 모든 물건은 유(有)로부터 생성되었고,

유(有)는 무(無)에서 생겨났다.

이 장은 도의 운행 방향에 대해서, 그리고 도의 쓰임에 대해서 가장 간결하고 명확하게 설명하고 있다. 도(道)는 정의할 수 없고, 이름 지을 수 없다. 도(道)에 대해 논의하면 웬만한 학자라도 반신 반의하게 된다. 그런 도는 의미가 퇴색된다. 모든 도(道)는 정의할 수 없지만, 가장 기본이 되는 속성을 들어 도(道)를 설명하고 있다.

세상은 어떻게 이루어져 있는가?
인식의 한계에 대하여

도(道)에 대해 이름을 짓고 정의하는 것은 우리의 인식의 폭을 넓혀가는 것에 해당한다. 모두가 이해할 수 있도록 기록하여 전달하고 활용하는 과정이다. 맨눈으로는 0.1mm보다 작은 물건은 미미하여 잘 보이지도 않지만, 현재는 10^{-9}cm 크기의 원자 단위, 원자의 핵과 전자(전자는 원자보다 2천 배 더 작은 크기이다)를 나누어 인식하고, 물질세계의 한계를 넘어 물질의 탄생 과정을 이해하기 위한 노력이 한창 진행 중이다.

먼저 본문의 해석이 어려운 군더더기 내용을 빼고 이해해 보자. 세상의 구성을 둘로 정의하자면 유(有)와 무(無)이다. 그리고 유와 무는 동시에 생겨난다고 했다. 동전의 양면과 같은 이치이다. 한쪽이 있으면 반대쪽도 존재한다. 여기에 중요한 요소가 하나 더 있다. 인식을 위해서는 사람이 존재해야 한다. 사람이 인식의 기준을 만들기 때문이다. 그리고 여기에는 객관적인 해석과 주관적인 해석이 모두 포함된다. 동전의 경우에도 앞면과 뒷면, 그리고 조금만 더 생각해 보면 옆면이 있다. 그리고 그 금속 표면과 속의 촘촘한 물질도 존재한다. 우리 편의상 '동전은 양면을 가진다'라는 인식의 틀을 정하고 이야기한다.

기존의 보편적인 인식의 틀이 깨지고 새로운 방식이 보편화되는 과정을 혁신이라고 이야기한다. "동전의 속은 반으로 쪼개지 않고는 볼 수 없다."라는 게 기존의 통상적인 인식이었다면, 지금은 감마선이라는 방사선을 통해서 금속 내부의 모습을 살펴보고 이해할 수 있다. 2,500년 전의 사람을 모셔 와서 X-ray 촬영 한 후 사람의 뼈 모양을 보여준다면 아마도 기절할지도 모른다. 사람을 투과해서 내용을 본다는 것 자체가 당시의 인식을 초월하는 행위이기 때문이다. 그것은 신령스러운 신(神)만이 가능한 일이다.

인식의 한계가 주는 의미는 위와 같다.

세상의 운행 법칙은 무엇인가?

유(有)의 가장 대표적인 속성은 동(動), 즉 움직이고 변한다는 사실이다. 우리가 알고 있는 모든 만물 중에서 움직이지 않고, 변하지 않는 것이 있는가? 지구도 움직이고, 태양도 움직이고, 태양계도, 은하계도, 우주도 움직이며 변하고 있다. 그 움직이는 속성을 반(反)이라 설명하고 있다. 즉 반대 방향, 되풀이되는 모습이다.

무(無)의 가장 대표적인 속성은 용(用), 즉 쓰임이다. 그 쓰임의 속성은 점점 약(弱)해진다. 사용할수록 쇠퇴하고 줄어드는 것을 의미한다. 활(弓)을 팽팽하게 잡아당긴 모양을 형상화한 글자가 강(强)이다. 화살을 시위에 올려 팽팽하게 당긴 후에 다시 화살을 올리고 있는 형상이 약(弱)이다.

생물은 약하고 어린 단계와 가장 강한 정점을 지나 점점 쇠퇴하다가 쓰임을 다한 후에 생명을 종료한다. 생명체가 죽는다는 것은 신체 조직이 그 쓰임을 다했다는 의미이다. 이때 무생물과 같은 경직된 상태로 멈춘다. 그리고 더 이상 되풀이되는 활동을 하지 못하는 상태가 끝을 의미한다. 무생물의 경우에도 쓸수록 닳고 닳아 더 이상 사용이 불가능하게 된다. 쓰면 쓸수록 쇠퇴하지 않고 오히려 왕성해지는 경우를 자연계에서는 찾아볼 수 없다.

세상을 넘어서 무엇이 존재하는가?

유(有)의 움직임과 무(無)의 쓰임은 세상이 운행되는 가장 기본적인 원칙이다. 그리고 기본 요소인 무와 유의 조합으로 하나의 세계를 구성하고 있다. 그것이 천하(天下)라는 우리가 살아가는 세계(界)다. 천하(天下)는 우리가 인식할 수 있는 한계이다.

천하를 넘어서는 것은 천상(天上), 즉 우리가 사는 세계 바깥의 또 다른 차원의 세상이다. 천상을 표현하거나 설명한 내역은 『도덕경』의 어디에도 없다. 무릉도원도 물론 천상의 세계가 아니다. 그런 세상을 찾고 싶은 간절한 열망으로 후세 사람들이 그려낸 모습이다. 천하계에서 살고 있는 인간이 만들어낸 달콤한 허상일 뿐이다.

　　　　　　　　　　　　　　　　　　　노자 도덕경 道

천상(天上)계가 하나인지 또는 두 개인지, 천하계의 존재를 넘어서는 어떤 형태의 다른 세계가 존재하는지는 언급 자체가 불필요하다. 한마디로 알 수 없기 때문이다.

현대 과학에서 물질계를 넘어 반물질을 찾고, 물질 바깥에 존재하는 근원적인 힘과 원리를 이해하고자 하는 노력은 우리의 인식의 폭을 더 넓히는 과정이다. 우리가 아는 모든 만물, 즉 물질은 유(有)에서 만들어진다. 유(有)가 아닌 무(無)에서 물질이 만들어지는 것을 본 일이 있는가? 있다면 바로 세계 최고의 물리학자들을 소집하고 설명할 일이다. 우리가 알고 있고, 존재하는 모든 만물은 유에서 조합, 화합, 결합되어 만들어진다. 2,500년 전 『도덕경』에서 제시한 통찰은 지금까지도 깨지지 않고 있다.

물질 가운데 가장 기본이 되는 수소 원자(H)는 원자핵(+) 한 개, 전자(-) 한 개로 이루어져 있다. 우주에 존재하는 수소 중 수소 원자 하나만 가지고 있는 경우는 드물다. 대개 수소 원자 2개가 뭉쳐 있는 형태, 즉 수소(H2) 분자로 존재한다. 좀 더 자세히 들여다보면, 수소는 원자핵 하나에 중성(간)자 0~6개, 전자 하나로 이루어져 있고, 대부분 2개의 수소가 결합하여 안정된 상태가 수소(H2)라는 기체다. 3개의 수소 원자가 결합하고 강력한 압력과 힘이 주어지면 융합이 일어난다. 이것이 핵융합이고, 그 과정에서 더 복잡한 새로운 물질들이 생성된다.

『도덕경』에서는 최초에 하나가 있었고, 이내 둘이 되고, 결국 셋이 되면서 만물을 생성한다고 하였다. 현대 물리학에서 밝혀낸 사실과 전혀 다르지 않다. 즉, 물질은 기본적으로 공유와 결합이라는 과정을 통해 존재하고 새로운 물질을 생성한다. 이 운행 이치를 제공하는 것이 도(道)다.

만물은 유(有)에서 만들어지고, 유(有)라는 것이 다시 유(有)를 만든다. 그것은 만물 안에 있는 것이다. 그러면 그 최초의 유(有)라는 것은 어디서 왔을까? 그것은 유(有)의 바깥 부분에 해당한다. 우리가 언어로 표현할 수 있는 방법은 무(無)란 글자를 통해서이다. 이는 '절대로 모른다(無)', '절대로 없다(無)'이다. 우리가 인식할 수 없는 바깥 영역은 어떠한 표현도 불가능하고 어떠한 설명도 불가능하다. 그냥 무(無)이다.

세상의 만물이 생성되고, 운행되는 모습

도(道)는 우리가 쉽게 관찰하고 인식할 수 있는 영역, 즉 자연에서 이루어지는 만물의 운행과 쓰임의 속성을 살펴보고 확장하여 사상을 정리하였다.

추운 겨울을 지나 황량한 들판에서 햇빛의 영향과 땅속의 무엇인지 모르는 무(無)의 작용을 통해 봄이 되면 어김없이 새로운 유(有)의 활동이 시작된다. 즉, 유생어무(有生於無)란 만물이 무(無)라는 상태에서 쓰임의 성질에 의해 스스로 만들어지는 것을 의미한다.

보이지도 않을 정도로 작고 유약한 시작점에서 태어난 후에 점점 자라나고 더 많은 유(有)를 만들어내면서 여름을 맞고, 가을을 보낸 후에 다시 활동이 정적으로 되돌아가는 겨울에 이른다.

우리가 사는 세계에서는 이러한 활동이 항상(恒常)성을 유지하며 반복되고 있다. 이 운행 규칙이 도(道)다. 신이 그렇게 되도록 지시한 것도 아니고, 억지로 그렇게 되도록 만든 것도 아니다. 그냥 스스로 그렇게 운행하고 있다.

그 운행하는 움직임을 바라볼 때, 모든 것은 반대되는 방향으로 진행되고 있다. 낮은 밤으로 향하고, 밤은 다시 낮으로 향한다. 겨울은 여름으로 여름은 겨울로, 물은 하늘의 구름으로, 가장 높은 곳에서 위치하나 땅에 내려와서는 가장 낮은 곳으로 향한다. 그리고 다시 수증기가 되어 가장 높은 곳으로 올라간다. 대지도 평평하고 평이한 상태에서 힘을 받아 솟아오르면 험준한 산과 산맥이 된다. 그 높은 산과 산맥도 물과 바람의 힘에 의해 수천만 년의 시간이 흐르면 다시 평평한 상태로 돌아온다. 이게 도의 방향성이다.

앞에서 도(道)의 속성은 크다(大) 또는 서(逝)라고 했다. 그 쓰임의 과정에서 서서히 부드러운 상태에서 강해지고, 정점을 찍은 뒤 다시 쇠퇴하여 정지하는 상태로 진행된다. 도(道)는 은밀히 숨어 있는 듯하지만, 만물은 시작부터 완성에 이르기까지 도의 작용에 의해 바르게 운행된다.

시작이란 유(有)와 무(無)가 동시에 생성됨을 의미하고, 그 움직임과 쓰임이 다하면 종료된다. 사람 한 명, 한 명은 쇠퇴하여 죽음을 맞이하지만, 인간 세계는 신기하게도 죽지 않고(谷神不死), 면면(綿綿)히 이어진다고 하였다. 실 같은 유전체에 의해 전달되고, 전달되어 인류가 지속해서 번성한다.

우리가 동양화에서 보았던 유유자적(悠悠自適)하는 도인의 그림은 도(道)의 올바른 모습이 아니다. 도(道)의 모습은 스스로의 운행 규칙에 따라 흘러가는 모든 형태이다. 수소 원자를 융합하여 빛과 에너지를 발산하며 은하계 주위를 서행하는 태양. 일 년을 주기로 태양을 공전하는 지구. 그리고 그 빛을 받아 수많은 생명과 상생하며 살아가는 인간이 자연스러운 도(道)의 모습이다.

만약 태양과 같은 항성이 여러 개 존재하여 에너지를 전달해 주고, 적당한 온도와 습도와 기후가 존재하며 행성의 회전 속도 및 위상 변화가 지구보다 몇 배 더 빠르고 복잡한 세상이 존재한다면, 그리고 그 속에서 수십억 년간 진화를 거듭한 생명체가 있다면, 우리가 보아온 삶의 기본 방식이 아닌 전혀 다른 행동과 변화, 역학이 지배하는 계(界), 즉 외계가 존재할 수도 있을 것이다.

우리의 인식은 우리가 보고, 듣고, 경험한 것을 기준으로 형성된다. 지구를 벗어난 우주정거장의 우주인은 지구에서 통용되어 온 인식과 삶의 방식 대신 새로운 환경에 적응하는 방법을 연구한다. 태양의 강렬한 빛에 노출되는 것을 피하고, 그 빛을 조화(和)롭게 사용하여야 하며, 땅의 힘을 받지 못하는 무중력 상태에서 뼈가 물러지는 것을 방지하기 위해 평상시 날아다니는 활동 대신 적당한 압력을 가하는 운동을 한다.

인간에게는 인식의 오류도 존재하지만, 스스로 생각하는 힘도 존재한다. 그 오류와 상상의 힘을 통해 어려운 환경에서도 변화를 추구하며 생존하는 능력도 함께 갖추고 있다. 이런 힘이 있기 때문에 『도덕경』에서는 하늘, 땅과 동등하게 인간을 크다(大)고 하였다. 자신의 욕심과 이익이 아니라 전 지구의 생명과 상생하고 만인에게 덕을 베풀기 위해서는 이런 힘의 활용이 필요하다. 그 사상의 기초가 바로 도(道)다.

42.
만물은 음을 등지고 양기로 조화를 이룬다

❀ 만물의 구성 원리

- 음, 양 그리고 그 중간의 조화(和).
- 음, 양의 이치를 이해하고, 조화를 추구하라.
- 조금 부족한 것 같아도 양보하라.
- 강하게 강압적으로 다스리려 하는 것은 조화를 무시함이다.

道生一, 一生二, 二生三, 三生萬物.
도 생 일　일 생 이　이 생 삼　삼 생 만 물

萬物負陰而抱陽, 沖氣以爲和.
만 물 부 음 이 포 양　충 기 이 위 화

人之所惡, 唯孤寡不穀. 而王公以爲稱.
인 지 소 오　유 고 과 불 곡　이 왕 공 이 위 칭

物或損之而益, 或益之而損.
물 혹 손 지 이 익　혹 익 지 이 손

人之所教, 我亦教之.
인 지 소 교　아 역 교 지

强梁[1]者, 不得其死. 吾將以爲教父
강 량 자　부 득 기 사　오 장 이 위 교 부

도는 하나를 생성하고, 하나는 둘을, 둘은 셋을, 셋은 만물을 생성한다.

만물은 음기를 등지고 양기로 감싸 안는다. 가운데 빈 곳의 기운은 조화롭다.

사람들이 싫어하는 것은 홀로됨, 빼앗김, 불모지이다.

왕은 이로써 자신을 지칭한다.

때론 손해지만 이익이 있고, 혹 이익이 있는 것 같지만 손해가 있다.

사람들이 본받는 것을, 나 역시 본받는다.

강하고 거침없는 사람은 제명에 죽지 못한다. 나는 이 말을 으뜸으로 본받겠다.

1) 강량자(强梁者) : 강(强)은 강하다, 량(梁)은 대들보를 의미한다. 물 위에 나무다리를 놓고 건널 때 거침이 없는 형상을 의미한다.

負(부) (짐을)지다 / 陰(음) 음, 음기 / 抱(포) 감싸다 /
陽(양) 양, 양기 / 稱(칭) 칭하다 / 損(손) 덜다 / 益(익) 더하다 /
敎(교) 가르침

세상은 어떻게 이루어져 있는가?

이전 장에서 도의 속성을 설명하였다면, 이번에는 그 도(道)에 의해 운행되고 있는 세계, 즉 유(有)에 대해서 설명하고 있다. 도에 의해서 하나가 만들어지고, 하나는 둘이 되고, 둘은 셋이 되고, 셋은 만물을 만들어낸다. 우리가 자연계에서 쉽게 보고 이해할 수 있는 번성의 모습이다.

이는 만물이 살아가는 세계(界)를 의미하기도 한다. 하늘에 태양이 존재하고(一陽), 지구가 존재하고(二陰), 그 중간에 빈 공간(三沖)이 존재한다. 그곳에서 만물은 생성되고 살아간다. 그 만물은 지구(땅)의 음기(陰氣)를 등지고 태양의 양기(陽氣)를 감싸 안으며 살아간다. 공기층의 기운 충기(沖氣), 빈 공간은 양기와 음기의 조화가 이루어지는 곳이다. 음양 상생(相生)과 조화(調和)를 통해서 세상이 존재하고 운행된다.

그 모양새는 현대 물리학에서 얘기하는 조화의 원리에도 상응한다. 수소 원자 한 개에서 수소 원자 2개가 모여 수소(H_2)가 된다. 한 개는 외롭다. 불안정하다. 그래서 자연상태에서는 2개의 원자가 전자 하나씩을 공유하여 음양이 조합되어 안정된 상태로 수소 원자 2개(H_2)인 수소 기체 상태로 존재한다. 그리고 여기에 수소 원자 하나가 더해진 후(H_3) 일정 조건의 압력과 열이 가해지면 핵융합 과정이 일어나고 이 세상의 모든 물질의 원소가 하나씩 만들어진다.

물론 2,500년 전에 작성된 『도덕경』에서 이런 것을 이해하고 이야기한 것은 아닐 것이다. 다만 만물이 구성되어 있는 자연스러운 형태를 보고 그렇게 이루어져 있다고 이야기한 것이다. 인식과 관찰의 깊이와 정밀도가 달라졌다 하더라도 그 근본적인 원리는 다르지 않다.

성인은 세상을 아래에서부터 바라본다
성인은 세상의 가장 큰 리스크에 대해 먼저 살핀다

사람들이 싫어하는 것은 일(一) = 고(孤), 즉 외로움이다. 두 번째가 이(二)에서 하나가 떨어져 나가는 현상 = 과(寡), 즉 상실이다. 세 번째가 추수할 것이 없어 거둬들일 것이 없는 불곡(不穀) = 곡식이 열리지 않음, 즉 흉년이다. 살아가면서 가장 피하고 싶은 일이다.

왕이 자신을 칭할 때, 고(孤), 과(寡), 불곡(不穀)을 사용하는 것은 손해를 보는 것 같지만, 자신을 낮춤으로써 자신이 천하의 근본이 되는 이익을 얻을 수 있으니 결코 손해가 아니다. 가장 피하고 싶은 일로 자신을 칭함으로써 국민이 그런 상황을 겪지 않도록 항상 상기하며 교훈으로 삼는다. 이는 한쪽으로 치우치지 않고, 사람들이 본받고 교훈으로 여기는 것을 나도 역시 본받고 교훈으로 삼아 조화롭게 사는 것을 의미한다.

세상을 다스리고 만물에 영향을 주는 위치에 있다면, 그 힘을 이용하여 거침이 없이 행동하는 것을 조심해야 한다. 하늘의 태양

노자 도덕경 道

이 뜨거운 햇빛을 과다하게 비추었을 때 농작물이 모두 타 죽는 것과 같이, 나의 욕심과 사심에 의한 실수로 많은 사람이 고통을 받는다면 얼마나 안타까운 일이겠는가? 그래서 성인은 항상 조심함을 첫 번째의 교훈으로 삼는다.

43.
무언의 가르침과 무위의 이로움

❀ 무위(無爲)의 이로움과 불언지교(不言之敎)

※ 부드러움은 강함을 다스린다.

⇨ 무형은 간격이 없는 공간도 들어갈 수 있다.

⇨ 무언의 가르침과 무위의 이익에 대한 이해.

⇨ 도(道)의 길.

天下之至柔, 馳騁[1]於天下之至堅.
천 하 지 지 유   치 빙   어 천 하 지 지 견

無有 入於無間, 吾是以知無爲之有益也.
무 유   입 어 무 간   오 시 이 지 무 위 지 유 익 야

不言之敎, 無爲之益, 天下希能及之矣.
불 언 지 교   무 위 지 익   천 하 희 능 급 지 의

번역

세상에서 가장 부드러운 것이 세상에서 가장 굳센 것을 다스린다.

유형이 없는 것은 간격이 없는 공간까지도 들어갈 수 있다.

나는 인위적으로 하지 않음이 오히려 유익함을 알고 있다.

언어(교지)를 최소화하라는 교훈과 인위적으로 하지 않는 이로움.

노자 도덕경 道

이를 행할 수 있는 능력에 다다른 사람은 극히 드물다.

1) 치빙(馳騁) : 말달리다. 말을 맹렬히 달리다. 몰아내다. 즉, 다스리다.

堅(견) 견고 / 間(간) 사이, 간극 / 及(급) 다다르다

가장 부드러운 것이 가장 견고한 것을 내몰고 다스리는 예는 다음과 같다. 추운 겨울은 땅도 얼고, 바람도 얼어서 차고 견고하며 강한 형상이다. 하지만 봄이 되면 유약한 것 같아도 조금씩 땅도 풀리고, 공기도 부드러워져 어느덧 차가운 겨울이 말을 달려 내몰리듯 사라진다. 해가 차가운 바람과 한 나그네의 외투 벗기기 내기에서 이기는 모습과 유사하다.

유형이 없는 것 중 대표적인 것이 공기다. 공기는 하늘과 땅 사이에 채워져 있는 기운이다. 그 기운이 햇빛을 조화(和)롭게 만들어 만물이 살아갈 수 있도록 도움을 준다. 공기는 형체가 없는 무(無)이기 때문에 간극이 없는 곳도 들어갈 수 있다. 고대의 기술로는 100% 간극이 없는 것과 진공 상태를 만드는 것은 불가능했다. 어떤 인위적인 것도 하지 않았는데, 보이지는 않는 공기는 저절로 채워져 사람이 숨을 쉴 수 있도록 해준다.

무엇을 인위적으로 하지 않는 무위(無爲)란 공기처럼 저절로 채워지는 모습이다. 굳이 언어로 명령을 하지 않더라도 사람이 숨을 쉬듯이 스스로 살아가도록 다스리는 것이 도(道)에 순응하는 길이다. 그런 경지에 다다른 사람은 극히 드물지만, 그것이 도(道)를 행하는 길이다.

노자 도덕경 道

44.
만족하면 욕을 당하지 않는다

❀ 인간은 무엇에 더 가치를 두어야 하는가? 절제된 삶을 살아라

- 知足不辱 만족을 알면 욕되지 않고,

- 知止不殆 그만둘 때를 알면 위태롭지 않다.

名與身孰親, 身與貨孰多, 得與亡孰病[1].
명 여 신 숙 친　신 여 화 숙 다　득 여 망 숙 병

甚愛必大費, 厚藏必多亡.
심 애 필 대 비　후 장 필 다 망

故知足不辱, 知止不殆, 可以長久
고 지 족 불 욕　지 지 불 태　가 이 장 구

번역

명성과 목숨(건강) 중에서 어느 것이 더 친근한가?

목숨(건강)과 재화 중에서 어느 것이 더 가치가 큰가?

얻음과 잃음 중에서 어느 것이 더 해로운가?

정도가 지나친 집착(사랑)은 큰 비용을 지불하게 되고,

큰 재물 창고는 많은 것을 잃게 한다.

그래서 만족할 줄 알면 모욕을 당하지 않으며, 그칠 줄 알면 위

태롭지 않게 된다.

이는 크게 되고 오래가는 방법이다.

1) 병(病) : 몸과 마음에 이상이 생겨서 정상적인 활동을 못하는 경우이다. 즉 앓아누워서 고생한다는 의미.

참고 한자

孰(숙) 누구, 누가 / 貨(화) 재화 / 病(병) 해롭다 / 甚(심) 깊은 / 費(비) 비용 / 藏(장) 창고 / 辱(욕) 모욕 / 殆(태) 위태롭다

해설

얻음과 잃음을 비교할 때 대부분 얻는 것을 좋아한다. 우리는 잃는 것이 좋지 않다는 편견을 지니고 살아간다. 하지만 곰곰이 생각해 보라. 잃는 것이 오히려 좋은 경우가 하나하나 떠오를 것이다. 고민, 상처, 마음의 부담감, 시기하는 마음, 질투하는 마음, 무엇을 가지려는 욕심, 어떤 자리에 올라가고 싶은 욕심 등은 잃는 것이 좋다.

편견이 생기는 이유?

유(有)는 동(動)이요, 무(無)는 쓰임(用)이라 했다. 도(道)의 속성은

쓰면 쓸수록 쇠퇴한다고 했다. 쓰면 쓸수록 조금씩 닳게 되고, 잃게 된다. 우리의 삶은 반 정도는 얻는 과정이고, 반 정도는 잃는 과정이다. 어느 것이 더 손해인지 또는 해로운지를 계산하고 편견을 갖는 것은 어리석은 일이다. 나를 힘들게 만들고 병들게 하는 일이다.

편견은 어떤 상황에서는 편리한 면을 제공한다. 굳이 생각하고 고민하지 않아도 그렇게 인식하도록 뇌에서 처리해버리는, 절차를 간소화한 상태이다. 편견을 통해 뇌의 분석에 소요되는 시간 및 에너지를 절약할 수 있다. 그래서 편견이라는 것을 꼭 '나쁜 것이다'라고 생각할 필요는 없다. 편견이 나쁜 것이라는 것도 편견일 뿐이다. 다만 내가 살아가는데 편리한 것에만 의존하고, 눈에 보이는 것에 집착하며, 얻는 것에 치중하는 삶을 살아간다면 나중에 큰 비용을 치르게 된다. 즉, 크게 잃을 수도 있다는 것을 이해해야 한다.

만족과 그칠 줄 아는 여유

보이는 것에 대한 집착을 줄이고 만족하면 사람들로부터 욕을 먹는 일이 줄어든다. 과도함을 그칠 줄 알면 위태롭지 않게 된다. 눈에 보이는 욕심을 줄이는 것에 비하여 그칠 때를 아는 것은 쉽지 않다. 복잡한 시스템과 프로세스가 수많은 사람 사이에 얽혀 빠르게 돌아가는 현대 사회는 더욱 그렇다. 소박한 마음을 버리고 거대한 욕심이 뒤에 숨어서 마음을 조종한다면, 사회는 경쟁과 갈등으로 가득 차게 된다. 그리고 사회는 스트레스와 불안한 마음으로 병들게 된다. 그렇게 되지 않기 위해서는 담백하고 진실함을 추구하는 마음이 필요이다. 보이는 것을 가득 채우지 않는 지혜가 필요하다.

불영(不盈)이라고 했다. 가득 채운다면 넘쳐흘러 문제가 생기는 것이 당연한 이치이다. 그럼에도 불구하고 학교와 사회에서는 100점, 150%의 성과 등 가득 채우는 것으로도 모자라 오히려 넘치는 것을 요구한다. 사회적 인식이 지닌 편견이 만들어낸 수치이다. 목표 중심으로 행동하고 살아가도록 사람을 재촉하고 경쟁시키고 있다.

선한 눈으로 세상을 바라보도록 교육하는 지혜가 필요하다. 세상에는 한쪽으로 완벽하게 치우치는 경우가 별로 없다. 갈등과 다툼을 최소화하며 모든 사람이 어우러져 상생하는 건강함이 필요하다. 우리가 평범하고 투박한 사람들을 경쟁심과 스트레스가 가득한 병자로 만들어갈 이유는 없다.

45.
맑고 고요함은 천하를 바르게 한다

❀ 보이는 것에 의존하기보다 쓰임을 바라본다

　- 크게 이루어진 것은 결함이 보이나, 쓰임에는 부족함이 없다.

　- 쓰임에 있어서는 청(淸), 정(靜)이 세상을 바르게 만든다.

　大成若缺[1], 其用不弊[2]. 大盈若沖[3], 其用不窮[4].
　대 성 약 결　　기 용 불 폐　　대 영 약 충　　기 용 불 궁

　大直若詘[5], 大巧若拙[6], 大辯若訥[7].
　대 직 약 굴　　대 교 약 졸　　대 변 약 눌

　靜勝趮, 寒勝熱, 淸靜爲天下正.
　정 승 조　한 승 열　청 정 위 천 하 정

번역

크게 이루어진 것은 결함이 있는 듯하다.

하지만 그 쓰임에 있어서는 흠이 없다.

크게 채워진 것은 비어 있는 듯하다.

하지만 그 쓰임에 있어서는 궁함이 없다.

크게 곧은 것은 굽은 듯하고,

큰 기교는 졸렬한 듯하며,

뛰어난 변론은 어눌한 듯하다.
움직임이 없는 고요함은 조급한 것을 다스리고,
차가운 기운은 뜨거운 것을 다스린다.
맑고 고요함은 세상을 바르게 한다.

한자풀이

1) 결(缺) : 모자라다. 비다. 부족하다. 결함.

2) 폐(弊) : 폐해. 폐단. 해지다.

3) 충(沖) : 비다.

4) 궁(窮) : 궁하다. 다하다. 중단하다.

5) 굴(詘) : 굽다.

6) 졸(拙) : 옹졸하다. 서툴다.

7) 눌(訥) : 말을 더듬거림.

참고 한자

巧(교) 기교 / 辯(변) 변론 / 寒(한) 차다 / 熱(열) 뜨거운

해설

하늘, 땅, 사람 모두 대(大)라고 하였다. 무한히 큰 것 가운데 어떻게 결점 또는 결함이 없을 수 있겠는가? 자연계에 존재하는 모든 것 중에서 동일한 성질로 결점이 없는 큰 것이 있는가? 가장 동일한 성질로 구성되어 있는 다이아몬드도 결점이 존재하고, 간극이 정확히 똑같지 않기 때문에 빛과 색이 다이아몬드마다 다르다.

크게 무엇을 이룰 때, 그리고 크게 무엇을 채우려 할 때 그 어떤 것도 100% 완벽할 수는 없다. 세상은 부족한 부분도 채워서 같이 어우러진다.

청(淸), 정(靜)의 의미

빈 공간이 존재하기 때문에 결합의 여지가 있다. 빠르고 활발한 움직임도 중간에 간극이 존재하기 때문에 열기가 식고 마찰이 감소하여 무리 없이 일을 진행할 수 있다. 깨끗함, 맑음, 조용함과 같은 성질이 이런 역할을 한다.

활발히 움직이는 모습이 눈에 보이면 무엇인가 일이 진행되고 발전하는 것 같아 흐뭇하다. 하지만 모두가 바쁘고 빠르게 움직이다 보면 마찰과 열이 발생한다. 이때 청(淸), 정(靜)의 시간이 필요하다.

조직 내에서도 눈에 잘 보이는 것은 바쁘고 빠르게 움직이는 사람이다. 눈에 보이지는 않지만 청(淸), 정(靜)의 역할을 하며 묵묵히 일을 수행하는 사람이 있다. 이 둘을 모두 볼 수 있는 혜안이 필요하다. 한쪽만 강조하여 치우치다 보면 한쪽이 약해지게 되고, 결국은 전체가 위태롭게 된다.

46.
만족을 아는 만족

❀ 인간의 욕심에 의해 허물과 죄가 생겨난다

❀ 만족을 모르기 때문에 화와 재앙이 발생한다

※ 만족함을 아는 지혜.

天下有道, 却¹⁾走馬以糞²⁾. 天下無道, 戎馬³⁾生於郊⁴⁾.
천 하 유 도　각　주 마 이 분　　천 하 무 도　융 마　생 어 교

罪⁵⁾莫大於可欲, 禍莫大於不知足, 咎⁶⁾莫大於欲得.
죄　막 대 어 가 욕,　화 막 대 어 부 지 족,　구　막 대 어 욕 득

知足之足, 恒足矣.
지 족 지 족　항 족 의

번역

세상에 도가 있으면 잘 달리는 말을 오히려 거름 주는데 사용한다.

세상에 도가 없으면, 전쟁에 쓰이는 말이 들에서 태어난다.

허물 중에 욕심만큼 큰 것은 없으며,

재앙 중에 만족을 모르는 것만큼 큰 것은 없다.

저지른 잘못 중에 얻겠다고 욕심을 내는 것만큼 큰 것은 없다.

만족함을 아는 만족으로 언제나 만족하게 된다.

한자풀이

1) 각(却) : 반대로. 도리어.

2) 분(糞) : 똥. 분뇨. 거름을 주다.

3) 융마(戎馬) : 전쟁에 사용되는 말.

4) 교(郊) : 들. 야외.

5) 죄(罪) : 허물. 죄. 과실.

6) 구(咎) : 허물.

해설

살아가는데 있어서 사람 사이의 이해를 구하고, 만인을 덕으로 대하며, 진솔함을 갖추고, 욕 당하지 않도록 최소한의 할 일을 다 하라. 그리고 만족함을 알고, 나쁜 일을 하지 말며, 투박하고 착하게 살아가는 것이 바른길이다.

살아가면서 버려야 할 1순위는?

살아가는 바른길 중에서 '만족함'에 대한 설명이다. 인간의 허물과 재앙, 그리고 잘못을 저지르는 행위는 만족을 모르는 욕심에서 비롯된다. 만족을 모르는 재앙 중에서 가장 경계해야 할 최고의 악이 전쟁이다.

노자『도덕경』은 그 언어가 담백하고 시적으로 간결하면서도 한 글자 한 글자의 의미가 깊다. 중요도에 따라 순서대로 문장을 기재하였다. 도(道)를 실행하는 사람이 우선순위를 정리하기 어려울 경우, 앞 장에 나오는 순서대로 중요하게 살피면 된다. 뒤에 나오는 사항을 지키고 수행하는데 앞의 사항을 무시한다면 우매한 일이다. 노자는 2장에서 사람의 인식 오류와 살아가는 만물과의 상생을 강조하고, 3장에서 욕심에 대해 이미 이야기하였다.

　사마천의 사기에서 보면 공자가 노자를 찾아갔으나 노자는 공자를 만나주지 않았다. 만남을 청한 공자의 제자에게 노자가 한 말은 다음과 같다.

　"군자는 아름다운 덕을 지니고 있지만, 모양새는 어리석은 것처럼 보인다. 그대는 교만과 지나친 욕망, 위선적 표정과 끝없는 야심을 버려야 한다. 이런 것들은 그대에게 아무런 도움이 되지 않는다. 내가 그대에게 할 말은 이것뿐이다."

　공자의 사상은 도(道)와 덕(德)이 아니라 사람마다 오류가 있을 수 있는 인(仁), 의(義), 예(禮)를 우선시하며, 제후와 왕에 대한 충(忠)의 관점에서 세상을 바라보고 있다. 노자가 최우선으로 바라보는 서민과는 방향과 관점이 전혀 다르므로 노자가 공자를 만나 서로 대화를 나눌 이유가 없었다.

　노자는 사람이 살아가는데 가장 기본이 되는 사항은 서로에 대한 이해라고 생각했다. 바라보는 방향이 다른데 굳이 만나서 이해를 구할 이유가 없었던 것이다.

사실을 기초로 한 이해를 통해 인식의 오류를 덜어내는 것이 가장 먼저이고, 그것을 바탕으로 상생을 이루어 사는 것이 세상사이다. 세상의 만물과 수많은 사람이 살아가면서 경계해야 할 1순위는 바로 욕심이다. 욕심을 경계하는 것은 만족을 아는 것에서부터 시작된다.

47.
집을 나서지 않아도 세상을 안다

❀ 보지 않아도 밝고, 인위적으로 행하지 않아도 일을 이룬다

※ 불견이명(不見而明), 불위이성(不爲而成).

- 보이는 것을 기준으로 세상을 이해하는 것은 한계가 있다.

- 보이지 않는 부분까지 이해하는 것을 밝다(明)고 한다.

- 두루 돌아다니지 않고 지식을 쌓지 않아도 밝음을 얻는다.

- 얕게 지식을 쌓다 보면 많이는 얻어도 밝음을 얻기는 어렵다.

- 인위적으로 무엇을 위하지 않아도 자연스럽게 이루어진다.

不出於戶, 以知天下. 不窺¹⁾於牖²⁾, 以知天道.
불 출 어 호   이 지 천 하   불 규 어 유   이 지 천 도

其出也彌³⁾遠, 其知彌少.
기 출 야 미 원   기 지 미 소

是以聖人不行而知, 不見而明, 不爲而成
시 이 성 인 불 행 이 지   불 견 이 명   불 위 이 성

번역

집을 나서지 않고도 세상을 알고,

창문을 열고 살펴보지 않아도 세상의 도(道)를 안다.

　　　　　　　　　　　　　노자 도덕경 道

두루 멀리 나설수록, 얇게 두루 알게 된다.

그래서 성인은 돌아다니지 않아도 알고, 보지 않아도 밝으며, 인위적으로 하지 않아도 이루어지게 한다.

1) 규(窺) : 엿보다. 살펴보다.

2) 유(牖) : 창문.

3) 미(彌) : 두루. 널리.

해설

단순 지식의 축적보다는 쓰임과 변화를 이해하는 밝음을 추구

욕심을 버리고 투박한 마음으로 사는 것을 권고하고 있다. 나는 투박하고자 하지만 세상은 점점 더 복잡하고 영악해지고 있다. 얼마나 배울 것이 많고 해야 할 일이 많은가? 얼마나 세상이 빠르게 변해가고 있는가! 그 빠른 변화와 수많은 사람들 속에서 나만 경쟁력을 잃고 뒤처져 있는 것 같은 위기감을 느끼게 되는 것이 인간의 생존본능이다. 그것이 느껴지지 않는다면 진실로 삶을 달관했거나 지극히 무디거나 어딘가 아픈 상태이다.

인간은 고대부터 위험과 위협으로부터 스스로를 보호하기 위한 유전자를 진화 시켜 왔다. 자연스럽게 리스크를 최소화하기 위한 노력으로 지식을 얻고, 세상 돌아가는 이치와 형태를 이해하려 한다. 그 과정에서 보이는 부분에 치중하여 지식을 구하다 보면 그 안쪽에 숨어 있는 쓰임의 속성을 놓치게 된다. 보이는 면에 대해 박학다식(博學多識)하더라도, 정작 중요한 것을 놓치고 세상 살아가는 모양이 오히려 어수룩할 수 있다.

성인은 항상(恒常)의 속성을 이해하며 보이지 않는 그 쓰임과 변화하는 방향을 먼저 바라본다. 이를 통하여 밝음을 얻을 수 있다. 사심을 버리고 무위(無爲)로 나라를 다스리면 사람들은 소박해지고 욕심을 버릴 것이다. 그리고 적은 자원으로도 나누어 활용하며 잘 살아갈 수 있게 된다.

48.
도를 행하는 사람은 날마다 덜어낸다

❀ 도(道)를 수행하는 것은 채우기보다 비우는 과정이다

  – 세상을 얻고자 하면 비움으로써 세상을 다스려야 한다.

爲學者日益, 爲道者日損.
위 학 자 일 익　위 도 자 일 손

損之又損, 以至於無爲. 無爲而無不爲.
손 지 우 손　이 지 어 무 위　무 위 이 무 불 위

將欲取天下, 恒無事.
장 욕 취 천 하　항 무 사

及其有事也, 又不足以取天下矣.
급 기 유 사 야　우 부 족 이 취 천 하 의

번역

학문을 하는 사람은 날마다 더하고,

도를 수행하는 사람은 날마다 덜어낸다.

덜어내고 또 덜어내면 덜어낼 것이 없게 된다.

인위적으로 하지 않으면 이루지 못할 일이 없게 된다.

장차 세상을 얻고자 하면 항상 일을 벌이지 않아야 한다.

일이 벌어지는 상황에 이르면 세상을 얻는 일이 어렵게 된다.

채움과 비움의 의미?

많은 경험과 견문을 통해서 세상을 배우는 경우 얇고 넓게 이해하게 된다. 다식(多識)의 한계를 강조함이다. 학문을 통해서 지식을 채우는 것에도 한계가 있다. 사람은 무한히 배우고, 무한히 지식을 채울 수 없는 한계를 지닌 존재다. 도(道)를 익히고 수행하는 것은 채우고 쌓는 과정이 아니라 나의 마음과 욕심을 비우는 과정이다.

우리는 살면서 끊임없이 채우고 또 채우려 노력한다. 지식도. 재화도. 그리고 행복과 기쁨도 채워야 만족을 느낄 것이라 오해한다. 사람들은 열심히 일을 벌이고, 성공을 얻으려 한다. 다른 사람의 마음을 얻으려고 노력하지만 그런 방법으로는 쉽게 채워지지 않는다. 그것은 나의 끝없는 욕심을 확장하려는 것에 불과하다.

나의 욕심 채우는 과정에서 자기 자신을, 그리고 주위를 채근하게 되고 오히려 스트레스를 유발한다. 지금 당장 문제를 인식하지 못하더라도 쌓이고 쌓여 큰 화를 불러오거나, 정작 그 의미를 찾지 못하고 공허함에 빠지기 쉽다.

물이 흐르듯 욕심 없이 삶을 살아가면 큰 강과 바다처럼 깊고 넓은 존재가 된다. 그리고 그 성공은 만인의 덕에 의한 것임을 이해한다. 한정된 자원 내에서 내가 많은 것을 채우고 가진다는 것은, 다른 사람의 몫을 덜어내고 나의 것으로 만든다는 것이다. 자연에서는 어떤 것도 남의 몫을 덜어내고 채워서 나의 것으로 소유하지 않는다. 채우려 하기보다 소유한 것들을 하나씩 덜어내는 노력이 필요하다.

행복도, 기쁨도, 삶의 의미도 채우고 싶은 것이 있다면 거꾸로 덜어내 보자. 그리고 소박하게 웃어 보라. 채우려 하지 말고 가장 짐이 되는 부분을 찾아서 무겁게 지고 다니는 그것을 덜어내 보라. 삶과 마음이 훨씬 가벼워질 것이다. 그리고 그 방향이 행복해지고 자유로워지는 지름길이다.

49.
성인은 백성의 마음을 거두고 이해한다

❀ 성인의 사람들을 대하는 태도

- 항상 선(善)과 신(信)의 마음으로 사람들을 대한다.
- 항상 사람의 마음을 거두어 이해하려 한다.
- 아이 같은 해맑은 미소로 백성을 대한다.

聖人恒無心, 以百姓之心爲心.
성 인 항 무 심   이 백 성 지 심 위 심

善者善之, 不善者亦善之, 德¹⁾善也.
선 자 선 지   불 선 자 역 선 지   덕 선 야

信者信之, 不信者亦信之, 德¹⁾信也.
신 자 신 지   불 신 자 역 신 지   덕 신 야

聖人之在天下, 歙歙²⁾焉爲天下渾³⁾心.
성 인 지 재 천 하   흡 흡   언 위 천 하 혼 심

百姓皆屬耳目焉, 聖人皆咳之
백 성 개 속 이 목 언   성 인 개 해 지

번역

성인은 언제나 마음을 비우고 백성의 마음을 자신의 마음으로
삼는다.

노자 도덕경 道

선한 사람을 선하게 대하고 선하지 않은 사람도 선하게 대하는
것은 선을 베푸는 일이다.

신뢰할 만한 사람은 신뢰로 대하고 믿을 수 없는 사람도 신뢰로
대하는 것은 신뢰를 베푸는 일이다.

성인은 온 세상의 어지러운 마음을 거두고 또 거두어야 한다.

백성들은 모두 (성인에게) 눈과 귀를 집중하므로,

성인은 백성들을 보고 해맑게 웃을 뿐이다.

한자풀이

1) 덕(德) : 베풀다.

2) 흡흡(歙歙) : 들숨. 즉 거두어들이고 또 거두어들이는 모습.

3) 혼(渾) : 혼란스러운. 어지러운. 흐리고 혼탁한.

참고 한자

屬(속) 부착하다 / 咳(해) 방긋 웃다

해설

백성 계층의 마음을 이해하는 것의 의미

성인의 마음가짐과 태도에 대해 이야기하고 있다. 성인은 백성
의 마음을 자신의 마음과 같이 여겨야 한다. 백성의 마음을 헤아
려 나라를 다스려야 함을 의미한다.

눈여겨볼 점은 춘추전국시대의 백성은 서민을 의미하지 않는다

는 것이다. 백성은 지방의 관리, 즉 하급 관리에 속하는 계층이다. 성인은 국민을 위해서 나라를 다스리지만, 그 마음은 성인의 위치가 아니라 백성의 위치에서 서민을 살펴봄을 의미한다.

서민들은 그냥 자연의 순리에 따라 농사를 짓고 생업에 충실하며 투박하게 살아갈 따름이다. 서민의 마음은 가뭄과 홍수로 농사를 망쳐 궁핍해지는 일이 없고, 혹독한 정치와 세금으로 인해 삶이 피폐해지는 상황이 없으며, 이웃과 배불리 먹고 편하게 사는 것을 희망한다.

그런 서민의 마음을 혼란스럽게 만드는 것은 성인과 신하들이 만들어낸 다양한 사업이며, 전쟁으로 인한 생업과 생존에 대한 위협이다. 그래서 성인은 백성의 마음으로 서민 바로 옆에서 서민을 살펴보고 자신의 마음과 같이 하라는 의미이다.

백성은 하급 관리로서 서민들의 마음을 잘 알고 있다. 백성은 성인과 신하가 명령한 국가의 다양한 사업을 수행하기 위해 서민들을 동원하고 실행하며 세금을 걷는 역할을 맡는다. 백성의 마음을 이해한다면 서민의 마음도 이해할 수 있을 뿐만 아니라 각종 사업의 과도함과 불합리한 지시를 실행해야 하는 마음도 이해할 수 있다. 중간에 끼어 있는 위치는 위와 아래의 완충 역할을 한다.

위와 아래의 요구 사항을 이해하고 마찰을 최소화하는 역할이기 때문에 자신의 의지를 주장하기보다는 수동적이고 유연한 성향이 있다. 그래서 성인이 백성의 마음을 잘 헤아린다면 현재의 문제를 이해할 수 있다.

복잡한 시스템과 프로세스에 의해 동작하는 현대 사회에서는 더욱 필요한 사항이다. 성인이 진심으로 서민들을 잘살게 하고 싶은 마음이 있다면, 백성의 위치에 해당하는 사람들을 강제로 움직이려 하지 말고, 그 마음을 헤아려 시스템과 프로세스의 불합리한 부분을 찾아 개선함이 우선이다.

다른 사람의 마음을 헤아리는 것이 어렵다면 어떤 방법이 사람을 대할 때에 효과적일까?

사람의 마음을 헤아린다는 것은 쉽지 않은 일이다. 자신의 마음도 이해가 안 될 때가 많은데 하물며 남의 마음을 자신의 마음으로 하기는 참으로 어렵다. 남의 마음을 이해할 수 있다는 전제하에 출발하면 오판하기 쉽고 오해하기 쉽다. 그래서 선한 사람이든 선하지 않은 사람이든 가리지 않고 선을 베풀라 하였다. 신뢰가 있는 사람이든 신뢰할 만하지 않은 사람이든 신뢰를 베풀라고 하였다.

이해를 전제로 해도 사람의 판단은 정확하지 않을 수 있다. 남의 행동을 강제하려는 것은 충분히 상황과 마음을 이해했다고 생각하기 때문이다. 덕(德)은 이해를 구하지도 않고 인위적이지도 않다. 사람 및 상황에 따라 다름이 없으며 항상 보편적이다. 사람에 따라, 상황에 따라 달라진다면 덕(德)이 아니라 이해타산을 계산하는 게 빠르다는 것을 의미한다. 때와 장소, 상황에 따라 처신이 능숙하다면 당신은 덕(德)을 지닌 것이 아니라 순발력이 좋은 것이다. 그런 처신을 주위에 요구한다면 당신은 이해타산이 빠른 사람을 요구하는 것이다.

성인(聖人)에게 필요한 태도는 고도의 이해력 또는 다방면의 지식과 기술을 바탕으로 백성을 이해함이 아니다. 그저 호흡할 때의 들숨처럼 백성의 마음을 흡입하고 또 흡입하려는 자세다. 그들의 이야기를 들어주고 마음으로 헤아려 주는 것으로 충분하다.

백성 계층에 있는 사람은 중간에 끼어 완충 장치 역할을 하기에 정신적으로 가장 힘들고 고통받는 사람들이다. 이들은 시스템과 프로세스가 바뀌고 추가될 때마다 생존의 위협을 느끼고, 변화해야 하는 어려움을 넘어서는 사람들이다. 그들은 항상 성인의 언어에 눈과 귀를 열고, 성인의 부속품인 것처럼 성인을 바라보게 된다.

『도덕경』은 2,500년 전에 이러한 계층 구조에서 발생하는 관계의 어려움을 이해하고 설명하고 있다. 그래서 성인(聖人)에게 백성들을 바라볼 때 아무런 이해타산 없이 그냥 해맑게 웃어주라고 주문하고 있다. 그것이 성인의 위치에서 할 수 있는 최선이다.

노자 도덕경 道

50.
태어나면 언젠가는 죽는다

🏮 사람은 스스로 판단하고, 최선을 다해 산다

- 30%는 어떤 어려움에도 그냥 현실을 받아내며 버티고,

- 30%는 저항하거나 현실을 포기하여 죽는다.

- 30%는 죽음을 무릅쓰고 현실을 피해 달아난다.

※ 어떤 것이 정답이겠는가, 인간은 스스로 삶을 선택한다. 그리고 주어진 상황에서 최선을 다할 뿐이다.

出生入死, 生之徒十有三, 死之徒十有三,
출 생 입 사　생 지 도 십 유 삼　사 지 도 십 유 삼

而民生生, 動皆之死地之十有三.
이 민 생 생　동 개 지 사 지 지 십 유 삼

夫何故也. 以其生生也.
부 하 고 야　이 기 생 생 야

蓋聞善執生者, 陵行不避兕虎[1], 入軍不被甲兵.
개 문 선 집 생 자　능 행 불 피 시 호　　입 군 불 피 갑 병

兕無所投其角, 虎無所措其蚤[2], 兵無所容其刃.
시 무 소 투 기 각　호 무 소 조 기 조　　병 무 소 용 기 인

何故也. 以其無死地焉
하 고 야　이 기 무 사 지 언

태어나면 (언젠가는) 죽는다.

살아있는 무리는 10에 3, 즉 30%, 죽은 사람도 10에 3, 즉 30%.

살려고 살려고 떠나는 모두, 사지(죽음의 땅으로)로 가는 게 또 10에 3인 30%.

어찌하여 그렇게 하는가? 살고자 살고자 하는 마음으로 그렇게 떠난다.

대략 들으니 삶에 집착이 강한 사람은, 언덕을 넘어갈 때 코뿔소나 호랑이를 피하지 않고, 군에 입대해도 갑옷을 입고 병기 두르는 것을 피하지 않는다.

코뿔소는 뿔을 버리는 던져 버리는 경우가 없고,

호랑이는 발톱을 감춰버리는 경우가 없으며,

병사의 날카로운 칼은 용서하는 경우가 없다.

어찌하여 그렇게 하는가?

죽음의 땅이란 없기 때문에 그렇다(살려고 떠난다).

1) 시호(兕虎) : 코뿔소와 호랑이.

2) 조기조(措其蚤) : 그 발톱을 놓다(그만두다).

徒(도) 무리 / 動(동) 이동하다 / 蓋(개) 대략 /

陵(능) 언덕, 오르다, 능히 하다 / 避(피) 피하다 /

投(투) 던지다 / 容(용) 용인하다 / 刃(인) 칼날

　　　　　　　　　　　　　　　노자 도덕경 道

　사람은 스스로 최선을 다해서 살아갈 뿐이다. 누구를 탓하고, 누구를 원망하고, 누구에게 하소연하겠는가? 2,500년 전 춘추전국시대의 생(生)과 사(死)에 대해 당시 상황을 담담하게 기술했다. 감히 누가 생과 사를 판단할 때 이것이 옳다 저것이 옳다 할 수 있겠는가?

　누구나 태어나면 죽는다. 모든 생물이 그렇고 인간도 그렇다. 삶에 어떠한 방향성도 제시하지 않았다. 도(道)와 덕(德)에 대한 어떠한 교훈도 언급하지 않았다. 단지 사람들이 어떤 선택을 하는지 개략적 비율만 기재했다.

　30%는 여기에 남아 살고, 30%는 죽고, 30%는 살기 위해서 떠났다. 춘추전국시대의 혼란이 위 숫자만 봐도 사실적으로 나타난다. 최근의 어떤 전쟁에서도 1/3은 죽고, 1/3이 살아남고, 1/3은 살기 위해서 떠난 적이 없다. 저것이 정말 정확한 통계라면 인류 역사상 가장 최악의 시대임을 의심할 여지가 없다. 내가 살아가는 동안 옆에 있는 3명 중에 1명이 죽어 나가는 상황을 상상해 보라. 살아 있는 1/3은 오죽하겠는가? 그리고 살기 위해서 떠나는 사람의 마음과 어려움은 어떻게 하겠는가?

　너무 슬프고, 비통한 마음을 바로잡고 다시 이어간다.

　떠나는 사람은 죽음의 땅을 피하는 것이 목적이다. 어떤 위협과 위험이 있을지 아무도 모른다. 그냥 죽지 않기 위해 떠난다. 생생

(生生)이란 표현은 "살아있는", "생기발랄한"의 의미로 주로 쓰이는 지금과는 전혀 다른 뜻이다. '살기 위해', '살기 위해서'란 표현으로 목숨을 부지하고 삶을 구하는 처절한 표현이다.

죽음을 피해 달아나는 사람은 죽는 것이 두려울 이유가 없다. 어떤 고생과 고초가 다가와도 물러설 이유가 없다. 호랑이가 두렵겠는가? 코뿔소가 두렵겠는가? 추격해 오는 군사의 병기가 두렵겠는가? 호랑이가 인정사정 봐줘서 발톱을 감추겠는가? 코뿔소가 "봐주겠다." 하고 뿔을 물리고 가겠는가? 추격하는 군사가 그냥 순순히 보내주겠는가? 그런 위험에도 살기 위해 달아나는 모습이다.

이 세상에 어디 죽음의 땅이 있겠는가? 목숨을 부지하고 달아나다 보면 희망이 있고 삶이 있다. 그것이 1/3 정도 되는 사람들의 선택이다. 혼란의 시대에 누가 좋은 선택을 했는지, 누가 오판을 했는지에 대한 것을 따지는 건 생존 이후의 문제다.

인간에게는 선택할 수 있는 3가지 선택지가 있다. 어떤 어려움이 있어도 그냥 살던가, 아니면 저항하다가 죽던가, 그도 아니면 달아나는 방법이 그것이다. 하지만 정답이 무엇이라고는 이야기하지 않았다. 어느 것이 더 좋다고도 이야기하지 않았다. 달아나는 것도 '비겁하다'거나 '피치 못할 선택이다'라는 식으로 평가하지 않았다. 그냥 담담하게 그런 선택이 있었다고만 서술하고 있다. 3가지 모두 인간이기 때문에 선택할 수 있는 것이고, 어떤 선택을 하든 그것이 각자의 최선이다.

51.
도에 의해 태어나고 덕에 의해 길러진다

❀ 사람은 도(道)에 의해 태어나고, 덕(德)에 의해서 살아간다
　- 큰 덕은 소유하거나 자랑하거나 다스리려 하지 않는다.

道生之 而德畜之, 物形之 而器¹⁾成之.
도 생 지　이 덕 축 지　물 형 지　이 기　성 지

是以萬物尊道而貴德.
시 이 만 물 존 도 이 귀 덕

道之尊 德之貴也, 夫莫之命而恒自然也.
도 지 존　덕 지 귀 야　부 막 지 명 이 항 자 연 야

道生之 德畜之 長之育之, 亭之毒²⁾之 養之覆之.
도 생 지　덕 축 지　장 지 육 지　정 지 독　지　양 지 복 지

生而不有, 爲而不恃, 長而不宰. 是謂玄德
생 이 불 유　위 이 불 시　장 이 부 재　시 위 현 덕

번역

　도에 의해 태어나고, 덕에 의해 길러지며, 형체를 갖추고 유용함이 만들어진다.

　그래서 만물은 도를 존중하고 덕을 소중히 여긴다.

　도가 존엄하고 덕이 소중한 것은, 명령이 없어도 항상 스스로

그러하기 때문이다.

　도에 의해 태어나고 덕에 의해 길러지고 성장하고 동시에 발육하며, 이윽고 성장이 멈추고, 병을 고치고, 봉양하는 것이 다시 되풀이된다.

　태어나게 하고도 소유하지 않고, 행위를 하고도 자랑하지 않으며, 크게 성장시키고도 다스리려 하지 않는다.

　이를 깊고 깊은 덕이라 한다.

한자풀이

1) 기(器) : 그릇. 유용한 도구. 유용한 인재.
2) 독(毒) : 해독. 병을 고치다.

참고 한자

畜(축) 기르다 / 尊(존) 존엄하다 / 命(명) 명령하다 /
亭(정) 정지하다 / 覆(복) 다시, 되돌아가다 / 恃(시) 자랑하다 /
宰(재) 주재하다

해설

　도(道)와 덕(德) 모두 인위적으로 행하는 것이 아니다. 스스로 그렇게 된다. 인위적인 기대와 바라는 대가 또는 원하는 무엇이 있다면 그것은 덕(德)이 아니다.

　도(道)에 의해서 태어나고, 덕(德)에 의해서 살아가는 동안 길러지고, 성장하며, 성장의 정점을 이룬다. 병을 고치고, 마음에 쌓인

독을 빼내며, 이윽고 늙게 되어 봉양에 의지하게 되고 죽는다. 사람은 그렇게 살아간다.

덕(德)은 성장시키면서도 내 것처럼 소유하려 하지 않고 자랑하지도 않는다. 성장한 후에도 관리 또는 간섭하지 않는다. 부모가 자식을 키우면서 마치 내 소유물로 생각하고 마음대로 하거나 자랑하려 하는 마음, 관리·간섭하려는 마음, 기대하고 바라는 마음은 모두 부모의 욕심에서 출발한다. 사람이기 때문에 이런 욕심이 발생하는 것은 당연하다. 도(道)와 덕(德)을 수행함으로써 그 당연함을 이해하고 욕심을 버릴 수 있다.

부모 또는 노인의 병을 고치고 봉양하며 죽는 날까지 배려하는 것 또한 자연스러운 일이다. 사람은 죽는 날까지 혼자서 모든 것을 채울 수 없는 부족한 존재다. 도움을 주고받으며 어울려 살아간다. 그래서 덕(德)이 더욱 귀하고 소중하다.

52.
항상 그렇게 되는 형태, 모습을 이해하라

❀ 일에 대해 이해하기

- 일의 시작을 이해하고, 행하는 일을 이해하면 위태롭지 않다.
- 대화를 열고 일을 많이 벌이면, 일에 파묻혀 구원받지 못한다.
- 작은 부분도 소홀히 하지 않으며, 유연하게 처리하라.

※ 습상(襲常) : 시간이 흘러도 항상 그렇게 되는 법칙을 이해하라.

天下有始, 以爲天下母[1]. 旣得其母, 以知其子[2],
천 하 유 시　이 위 천 하 모　기 득 기 모　이 지 기 자

旣知其子, 復守其母, 沒身不殆.
기 지 기 자　복 수 기 모　몰 신 불 태

塞其兌[3], 閉其門[4], 終身不勤.
색 기 태　폐 기 문　종 신 불 근

啓其兌[5], 濟其事[6], 終身不救.
계 기 태　제 기 사　종 신 불 구

見小曰明, 守柔曰强.
견 소 왈 명　수 유 왈 강

用其光, 復歸其明, 無遺身殃. 是謂襲常
용 기 광　복 귀 기 명　무 유 신 앙　시 위 습 상

세상일은 시작이 있으니, 그것을 일의 근원이라 한다.

그 근원(母)이 무엇인지 알고자 하면, 그 진행되는 일(子)을 이해하면 된다.

그 진행되는 일(子)을 이해하려면, 다시 그 시작된 바(母)를 돌아보면 된다.

그러면 죽을 때까지 위태롭지 않다.

대화와 교류를 닫으면, 평생 수고하지 않게 된다.

대화를 열고 일을 많이 만들면, 평생 구원받지 못한다.

작은 것을 볼 수 있으면 '밝다' 하고, 유연함을 지킬 수 있으면 '강하다'고 한다.

빛을 사용하여 밝음으로 돌아가면, 자신에게 재앙이 없다.

이를 '시간이 흘러 이어져 오는 법칙(襲常)'이라고 한다.

1) 모(母) : 어미. 시작. 근원. 여기서는 일을 시작하게 되는 근원.

2) 자(子) : 자식. 일의 시작하게 된 근원에 따라 수행하게 된 일.

3) 색기태(塞其兌) : 여기서 색(塞)은 '막다'라는 뜻이고 태(兌)는 '바꾸다', '교환하다'는 뜻이다. 즉 색기태는 '대화(교환)를 막다'는 뜻이다.

4) 폐기문(閉其門) : 여기서 폐(閉)는 '닫다', '폐쇄하다'는 의미이고 문(門)은 '문', '지나가는 곳'이라는 뜻이다. 즉 폐기문은 '교류를 막다'는 뜻이다.

5) 계(啓) : '열다'라는 뜻이다.

6) 제기사(濟其事) : 여기서 제(濟)는 '더하다', '많다'라는 뜻이고 사(事)는 '일'을 뜻한다. 즉 제기사는 '일을 더하다'란 뜻이다.

始(시) 시초 / 勤(근) 근무하다 / 救(구) 구원하다 / 遺(유) 남기다 / 襲(습) 잇다

해설

일의 시작과 현재의 모습을 이해하는 방법

마음속의 어둡고 답답한 부분을 걷어내고, 작은 부분도 소홀히 하지 않으며, 항상 밝음으로 세상일을 이해하면 재앙을 피할 수 있다. 재앙이 발생하는 이유는 무엇인가 중요한 것을 놓치고 살기 때문이다. 잘 보이지 않는 중요한 부분을 놓치지 않기 위해서는 작은 부분도 볼 수 있는 밝음이 필요하다.

사람들은 눈에 보이는 것 위주로 생각하고 살아간다. 경험과 지식이 적을수록 눈에 보이지는 않지만 영향이 큰 부분을 간과한다. 그 놓치는 부분에서 문제가 커지고 돌이킬 수 없는 결과를 가져오게 된다.

보이지 않는 부분을 어떻게 찾아야 하는지 아는 것은 쉽지 않다. 다양한 경험을 통해서 자연스럽게 그 능력이 향상된다. 그래서 실패를 많이 해본 사람이 성공할 가능성이 크다고 이야기하는 것이다. 실패의 축적과 그 노하우가 쌓여서 성공을 이룬다는 의미다.

노자 도덕경 道

경험 이외에 간접 경험을 통해서도 그 능력을 향상시킬 수 있다. 습상(襲常)이라는 것이다. 습(襲)은 '이어진다', '연결된다'는 의미의 글 자이고, 상(常)은 '항상', '동일한 형태', '모양', '인과 관계'를 가져오는 모습을 의미한다. 그래서 처음 시작된 배경, 원인, 이유를 이해하면 현재 진행되고 있는 행위에 대해 이해할 수 있게 되고, 현재 진행되는 일을 면밀히 살펴보면 처음 시작된 근원을 이해할 수 있다.

사람이 하는 일이 어떻게 항상 완벽하겠는가? 그래서 빛을 비춰 밝음을 볼 수 있는 지혜가 필요하다. 어두운 곳에 빛을 비추는 것은 스스로 할 수도 있고, 옆에서 누군가가 도와줄 수도 있다.

일에 열중하는 사람은 두 손에 가득 무엇인가 쥐고 일을 하는 상황과 유사하다. 즉 스스로 빛을 비출 여유가 없는 것이다. 이럴 때는 윗사람이 빛을 비추어 도움을 주는 것이 좋다. 이것은 놓치고 있는 부분을 볼 수 있도록 도움을 주는 것을 의미한다.

빛을 비추는 것은 진행되고 있는 일을 검열하거나 조사, 간섭하여 일을 더 늘리는 것이 아니다. 성인(聖人)의 빛은 어디까지나 밝게 하는 용도여야 한다. 구원받지 못하는 상태로 몰아가며 일을 더 복잡하고 부산하게 만드는 것을 경계해야 한다.

비효율적인 일이 더욱 많아지는 이유?

도덕(道德)경은 제후와 왕을 위한 지침서이다. 색기태(塞其兌) 폐기문(閉其門) 종신불근(終身不勤)의 의미를 살펴보면, 여기서 태(兌)라는 것은 왕과 신하의 대화를 의미한다. 평등한 관계에서의 대화가 아니다. 신하 입장에서는 항상 조심스럽고 의도가 있는 대화이다. 왕의 입장에서 살펴봐도 신하의 말은 항상 가려서 듣고 그 배경 및 근원적인 이유(母)에 해당하는 부분을 고민해야 한다.

그렇지 않다면 왕은 쉽게 신하의 잘못된 보고와 농간에 넘어갈 수 있다. 오히려 주고받는 대화를 최소화하고, 신하의 들락날락하는 문(門) 자체를 막는 것이 편하다는 의미이다.

종신불근(終身不勤)은 직역하면 '죽을 때까지 근무하지 아니함'이다. 현대 사회에서 좋은 어감의 말은 아니다. 하지만 반대로 생각해 보면 굳이 일을 하지 않아도 시스템과 프로세스에 의해 기업이 잘 운영된다면, 그만큼 좋은 일도 없다. 꼭 필요한 부분은 간략한 보고서로 충분하다. 나머지는 시스템을 통해서 확인하고 이해하면 충분하다. 평생 수고롭게 일하지 않는다면 얼마나 여유롭겠는가?

현대 사회 성인의 위치에 있는 많은 사람이 일의 노예가 되어 종신불구(終身不救)가 되는 경우가 많다. 세세한 일까지 부하들과 대화를 통해 일을 처리하다 보면 일이 지속적으로 더해질 수밖에 없다. 성인(聖人)에게 열심히 일하는 모습을 보이고 싶지 않은 사람이 어디에 있겠는가?

성인이 신하와 만드는 새로운 일의 대다수는 일의 근원(母)과 큰 연관성이 없는 경우가 많다. 근원과 중심에서 벗어난, 일시적이고 단편적인 일을 지속해서 만들다 보면 일에서 구원을 얻지 못하게 된다.

봉급을 받는데 신하와 백성에 해당하는 중간관리자가 어찌 일을 하지 않겠는가? 당연히 일을 할 것이다. 성인은 인위적인 일을 만드는 것보다 현재의 시스템과 프로세스의 충실함을 살펴봄이 바람직하다. 어두워서 잘 보이지 않는 부분이 있다면, 빛을 비추어 백성의 위치에 있는 중간관리자가 원활히 일을 수행할 수 있도록 도움을 주는 것이 좋다.

성인(聖人)은 중간관리자와 하급 관리자가 본연의 일, 고객, 국민을 바라볼 수 있도록 해야 한다. 현실은 성인(聖人)을 바라보도록 유도하기 쉽다. 성인과 매일 같이 상대하는 신하는 언급조차 필요 없으며, 백성 계층도 새로운 교지와 명령을 내리는 성인(聖人)에게 눈과 귀를 기울일 수밖에 없다.

성인(聖人)은 무심해야 한다. 오히려 대화를 닫고 교류의 문을 막아버리면 일이 줄어들고 본연의 일에 충실하게 된다. 반대로 대화를 열고 일을 많이 만들면 만들수록 하급 관리자는 더욱 많은 일에 갇혀 구원을 얻을 수 없게 된다.

현대 사회의 거대한 조직은 더 많은 계층 구조를 지니고 있다. 성인(聖人)은 경계해야 할 사항에 대한 이해와 실천이 더욱 절실해졌다. 특히 국가의 조직이 비대해지고 나라의 일이 많아진다면 눈여겨 점검해볼 사항이다.

유교 문화를 기반으로 동양에서는 2천 년간 다져온 충, 효, 예의 관념을 일터에서도 적용하곤 한다. 이로 인해 조직 내에서 역할이 불분명해지는 문제가 발생한다. 프로세스와 시스템의 문제 분석부터 개혁과 혁신에 대한 아이디어 도출, 개선에 이르기까지 모든 일이 하급 관리자의 몫으로 전가되기 쉽다.

국민을 바라보고 실무를 하기에도 벅찬데, 오히려 성인(聖人)을 바라보는 일의 중요도가 더 높아진다. 그래서 조직 내에서 살기 위해 성인(聖人)을 먼저 바라보게 된다. 일의 시초와 목적을 이해하고 본질에 맞추어 일함이 필요하다.

53.
도를 행할 때는 허세를 두려워해야 한다

❀ 성인이 항상 경계해야 할 것이 무엇인가? "허세"다
 - 서민은 굶주리는데 높은 위치에서 잘 먹고, 재화를 탐하며 권
   위를 행하는 것은 도둑의 허세다.
❀ 항상 무엇을 바라봐야 하는가? 바로 "서민의 삶"이다

使我介然¹⁾有知也, 行於大道, 唯施是畏.
사 아 개 연 유 지 야 행 어 대 도 유 시 시 외

大道甚夷, 民甚好徑.
대 도 심 이 민 심 호 경

朝甚除, 田甚蕪, 倉甚虛
조 심 제 전 심 무 창 심 허

服文采²⁾, 帶利劍, 厭食而資財有餘, 是謂盜夸.
복 문 채 대 리 검 염 식 이 자 재 유 여 시 위 도 과

盜夸, 非道也
도 과 비 도 야

번역

 만약 내가 잠시 아는 바를 얻어 큰 도의 길을 걷는다면 오직 허
세를 경계할 것이다.

노자 도덕경 道

크고 바른길은 아주 평탄하나 서민들은 참으로 사잇길을 좋아한다.

왕조는 심히 쇠퇴하고 밭은 황무지가 되었으며 곡창은 비었는데, (제후·왕) 옷의 무늬는 화려하고 날카로운 검을 차며, 음식을 질리도록 먹고 재물이 넘친다.

이를 도둑의 허세라 한다.

도둑의 허세는 도리에 어긋난다.

한자풀이

1) 개연(介然) : 잠시 동안.
2) 문채(文采) : 무늬가 다양한. 수공예로 옷에 하나하나 무늬를 넣음.

참고 한자

使(사) 시키다, 하게 한다 / 介然(개연) 잠시 동안 ~하다 /
施(시) 허세 / 畏(외) 두려워하다 / 徑(경) 경사로, 사잇길 /
除(제) 쇠퇴하다 / 蕪(무) 황무지 / 倉(창) 창고, 곳간 /
帶(대) 허리띠, 두르다 / 劍(검) 칼 / 厭(염) 싫어하다 /
資(자) 재물 / 餘(여) 남다 / 盜(도) 도적 / 夸(과) 과시

해설

높은 지위에 오를수록 경계해야 하는 일

성인(聖人)은 항상 서민의 삶을 우선 바라보고 과시 또는 허세를 경계해야 한다. 높은 지위에 오르거나 깨달음을 얻어 도를 이해하고 수행하는 단계에 다다른 사람도 경계해야 할 일이 바로 허세와 과시다. 높은 위치에 오를수록 쉽지 않은 덕목이다.

물질문화가 발달한 현대 사회에서는 허세와 실세의 구분이 더욱 쉽지 않다. 일정한 지위에 이르고 성공을 거두면 그에 따른 물질적 보상이 주어진다. 노력에 따른 결과물이 지속될 때 부(富)의 축적도 이루어진다. 그리고 그에 걸맞게 환경도 갖추어진다.

이에 대해 시기나 질투의 시선으로 바라보는 것을 오히려 경계할 일이다. 스스로의 노력으로 성공을 이루고, 발전을 가져왔다면 박수를 받을 일이다.

다만 겉으로는 성공한 모습이지만 그 마음 쓰임이 성공한 위치에 적절한지가 관건이다. 물질적 성장이 내면의 인격적 성장을 크게 앞지른다면 허세의 늪에 빠질 가능성이 커진다.

그것을 경계하기 위한 방법으로 『도덕경』에서 제시한 것은 먼저 국가의 모습을 살펴보고, 사회와 주위의 어려운 이웃을 살피고, 나의 재정 건전성을 확인해보는 것이다.

이를 간과하고 사치와 향락, 권력의 힘에 빠져 있다면 도적의 마음을 가지고 있는 것이다.

성인(聖人)의 삶은 표리부동(表裏不同)한 모습이 아니다.

54.
가정, 마을, 나라, 세상으로 덕을 이룬다

❀ 개인, 가정, 마을, 나라, 세상으로 확장하여 덕을 이룬다

※ 수신제가치국평천하(修身齊家治國平天下)

善建者不拔, 善抱者不脫, 子孫以祭祀不絶.
선 건 자 불 발　선 포 자 불 탈　자 손 이 제 사 부 절

修之身, 其德乃眞. 修之家, 其德有餘.
수 지 신　기 덕 내 진　수 지 가　기 덕 유 여

修之鄕, 其德乃長. 修之邦, 其德乃豊.
수 지 향　기 덕 내 장　수 지 방　기 덕 내 풍

修之天下, 其德乃普.
수 지 천 하　기 덕 내 보

以身觀身, 以家觀家, 以鄕觀鄕, 以邦觀邦,
이 신 관 신　이 가 관 가　이 향 관 향　이 방 관 방

以天下觀天下. 吾何以知天下之然哉. 以此
이 천 하 관 천 하　오 하 이 지 천 하 지 연 재　이 차

번역

　잘 세운 것은 뽑히지 않고 잘 간직한 것은 이탈하지 않으니 자
손의 제사가 끊이지 않는다.

그 이치로 나를 수양하면 그 덕은 진실하다.

그 이치로 가정을 다스리면 그 덕은 남음이 있다.

그 이치로 마을을 다스리면 그 덕은 크게 이른다.

그 이치로 나라를 다스리면 그 덕은 풍요롭다.

그 이치로 천하를 다스리면 그 덕은 넓고 광대하다.

자신을 보는 것으로 다른 사람을 이해하며,

내 집을 보는 것으로 다른 집을 이해하며,

내 마을을 보는 것으로 다른 마을을 이해하며,

내 나라를 보는 것으로 다른 나라를 이해하며,

내 세계를 보는 것으로 다른 세계를 이해한다.

나는 어떻게 세상이 돌아가는 모습을 이해하는가?

이런 이치 때문이다.

참고 한자

建(건) 세우다 / 拔(발) 뽑다 / 脫(탈) 이탈하다 벗어나다 /
絶(절) 끊기다 / 修(수) 닦다 / 眞(진) 진실하다 / 鄕(향) 마을 /
邦(방) 나라 / 豊(풍) 풍요롭다 / 普(보) 넓다 / 觀(관) 보다 /
然(연) 그러하다

해설

국가의 위기가 발생하는 것은 어느 시점부터인가?

나라가 흔들리는 것은, 나라를 이루고 있는 각 지역이 흔들리기

노자 도덕경 道

때문이다. 각 지역이 흔들리는 것은 집집마다 덕이 부족하고 삶이 바로 서 있지 못하다는 의미이다. 이는 가정과 가정 내 개인의 삶에도 영향을 미친다. 내 가족, 마을, 국가는 국민 한 명으로부터 확장되어 이루어지기 때문에 개인으로 출발하여 가정, 마을, 나라, 온 세상으로 확장되어 덕을 이루는 것이 바람직하다. 이것은 수신제가치국평천하(修身齊家治國平天下)라는 구절과 일맥상통한다.

성인이 다스리는 국가, 조직의 위기는 개인의 수양 부족에 따른 덕의 고갈에서부터 시작된다. 개인의 덕이 진실하지 못하면 가정의 덕이 부족하게 된다. 가정에서부터 인심이 흉흉해지고, 덕이 없어 갈등의 골이 깊으면 사회로 확장된다. 그 전이된 덕 부족은 가족 단위, 마을 단위에 이어 국가 전체로 확산된다.

개인이 성공하여 높은 지위에 오르고 부를 이루는 것과 진실함은 늘 비례하지는 않는다. 높은 지위에 오르더라도, 많은 돈을 벌더라도 오히려 주위를 힘들게 하고 자신의 욕심과 사심을 채우기 바쁜 경우 가정이나 사회에서 커다란 손실을 가져온다. 바깥에서 보이는 모양은 그럴 듯한 모습이지만, 수양과 덕이 부족하기 때문에 안으로는 공허함이 지속된다. 그리고 그 공허함을 채우기 위해 자신을 수양하는 것보다는 가진 것, 보이는 것, 과시 및 자랑하는 일에 더 집착하게 된다.

노자『도덕경』에서는 1장에서부터 우선 생각해 보아야 할 것을 정리하고 있다. 2장에서는 상생(相生)의 의미, 3장에서는 인간 욕심, 4장에서는 만물의 운행 원리 중에 화(和)와 동(同)에 대해 이야기하였다. 상생을 생각하고, 욕심과 사심을 버리며, 어두운 곳에 빛을 비추고, 빛이 강한 곳은 강렬함과 예리함을 꺾어 조화를 이루며, 분열을 해소하고 하나로 뭉치면 어떠한 국가의 리스크도 이겨낼 수 있다.

역사를 통해 우리는 수없이 그런 상황을 경험해 왔고, 반복하고 있다. 안타깝게도 인간의 어리석음으로 인해 그런 위기 상황이 반복될 뿐이다.

사회적 지위에 오르면 오를수록 성인에 해당하는 사람의 영향력이 커진다. 어두운 곳에 빛을 더 많이 비추어줄 수 있고, 빛을 너무 강하게 해서 다 태워버릴 수도 있다. 하나로 뭉치는 역할을 수행할 수도 있지만, 거꾸로 분열을 일으킬 수도 있다. 수양과 덕이 부족한 사람이 적절하지 못한 위치에 있기 때문이다.

자신의 수양을 위해 무엇부터 시작해야 하는가?

사람은 근원적으로 부족하여 어리석음을 반복한다. 그래서 수양이 필요하다. 노자 『도덕경』이 전하는 수양은 단순히 『도덕경』을 읽고 마음을 다스리는 것만 의미하지 않는다. 도의 실천이란 14장에서 이야기한 시초와 현재 상황을 이해하는 것이다. 즉 도기(道紀), 기록을 통해 과거의 잘못된 상황에 대해 철저히 이해하고 분석하여 잘못을 되풀이하지 않는 밝음과 지혜를 기르는 것을 포함한다.

에디슨이 전구를 발명하기 위해 부하들에게 일만 번의 실험을 요구했고, 그만큼의 실패를 반복한 끝에 성공한 일화는 잘 알려져

노자 도덕경 道

있다.

"나는 10,000번을 실패한 것이 아니라, 성공하지 못한 10,000번의 방법을 찾은 것이다."

여기서 우리가 눈여겨봐야 할 것은 10,000번의 실험 후에 성공했다는 사실이 아니다. 바로 만 번의 실험을 수행하는 과정과 프로세스다. 만 번의 실패를 반복하는 과정에서 부하들에게 어떤 주문을 하고 독려하였을까? 그 많은 실패의 원인과 내역을 효율적으로 기록하고 관리하고 검색했을까? 과정은 누군가 알아서 찾아올테니, 나는 성공만 챙기면 된다는 마음이었다면 결코 성공을 이루지 못했을 것이다. 성공하기 위해서, 위기에 대응하기 위해서는 실패 원인 및 방법에 대한 기록의 축적이 절대적으로 필요하다. 실패에 대한 관용이 없이는 불가능한 일이다.

인심이 흉흉하고 덕이 부족하기에 실패를 묻어버리고 핑계를 대기 급급하다. 살아가면서 어떤 일이든 성공하는 비율이 얼마나 될까? 성공이란 기준 자체가 주관적이다. 소소한 일상에서 항상 성공의 즐거움을 느낄 수는 없다. 성공을 이루지 못했다 하더라도 다른 방법을 찾아 수행해 보았다는 만족을 느끼고, 새겨두어야 할 점을 기록한다면 향후에 큰 도움이 된다. 이것이 스스로 만드는 도(道)의 기록이다.

55.
두터운 덕은 갓난아이에 비유된다

❀ 깊은 덕(德)을 지닌 사람을 갓난아이에 비유하여 설명

　- 남을 해치거나 다투지 않는다.

　- 조화를 알며, 삶을 소중히 한다.

　- 늙지 않으려면 유연하고, 지속적으로 성장하라.

※ 그것이 도(道)를 따르는 길이다.

含德之厚者, 比於赤子[1].
함 덕 지 후 자　비 어 적 자

蜂蠆虺蛇[2]不螫, 攫鳥猛獸不搏.
봉 채 훼 사　불 석　확 조 맹 수 불 박

骨弱筋柔而握固, 未知牝牡之會而朘怒, 精之至也.
골 약 근 유 이 악 고　미 지 빈 모 지 회 이 전 노　정 지 지 야

終日號而不嚘, 和之至也.
종 일 호 이 불 우　화 지 지 야

和曰常, 知和曰明. 益生曰祥, 心使氣曰强.
화 왈 상　지 화 왈 명　익 생 왈 상　심 사 기 왈 강

物壯卽老, 謂之不道. 不道早已
물 장 즉 노　위 지 부 도　부 도 조 이

두터운 덕을 지닌 사람은 갓난아이에 비유된다.

벌이나 독충, 독사도 물지 않고, 맹금류나 맹수도 달려들지 않는다.

뼈는 약하고 근육은 유연하나 손아귀 힘은 굳세다.

아직 남녀교합을 모르지만, 고추가 일어서는 것은 정기가 지극하기 때문이다.

하루 종일 울어도 목이 쉬지 않는 것은 조화가 지극하기 때문이다.

조화를 상(常)이라 하고, 조화를 아는 것을 '밝다'고 한다.

(하루하루) 삶을 더하는 것은 소중한 것이고,

마음에 기세가 더해지는 것을 강해진다고 한다.

만물은 성장 후에는 늙고, 늙는 것은 도에 따르지 않는 것이라고 한다.

도에 따르지 않는 것을 바로 중지하라.

1) 적자(赤子) : 갓난아이.
2) 봉채훼사(蜂蠆虺蛇) : 각각 벌(蜂), 전갈(蠆), 살무사 혹은 뱀(虺), 뱀(蛇)을 뜻한다.

含(함) 품다, 머금다 / 比(비) 비교, 비유하다 / 螫(석) 쏘다 /
攫(확) 움켜쥐다 /猛(맹) 사나운 / 搏(박) 치다 / 骨(골) 뼈 /

筋(근) 근육 / 握(악) 손아귀로 쥐다 / 固(고) 굳세다 /

會(회) 회합 / 朘(전) 아이의 성기 / 怒(노) 성내다 /

精(정) 정성스럽다 / 號(호) 울다 / 嚘(우) 목이 메다 /

和(화) 조화롭다 / 氣(기) 기력 / 壯(장) 장차 / 卽(즉) 곧

해설

순수함의 의미

갓난아이에 비유하여 덕(德)을 설명하는 이유는 이때가 가장 자연에 가깝고 순수한 시기이기 때문이다. 가장 유연하고 아직 때 묻지 않은 자연 그대로이며 인위적이지 않다. 아기는 경험이나 지식이 없기 때문에 그 어떤 편견이나 두려움이 없다. 누가 얼굴을 대해도 선악을 가리지 않고, 그저 해맑은 웃음으로 교감하려 한다. 크게 요구하는 것도 없고, 배고프면 울고, 배부르면 웃고, 세상 편하게 잘 잔다. 아기는 투박하고, 진솔함 그 자체다.

나쁜 마음이 들더라도 갓난아이를 지긋이 바라보고 있으면 나쁜 마음도 슬그머니 달아나 버린다. 아기는 100% 도움을 받아 사는 것 같지만, 보는 것만으로도 기쁨과 흐뭇함을 준다. 그 존재만으로도 주위에 넓은 덕(德)을 베풀고 있다.

갓난아이에 비유하면서 우선 언급한 것이 독충과 독사다. 덕(德)은 남을 해치지 않는다. 독을 지녔다 하더라도 인위적으로 사용하지 않는다. 이는 최소한의 자기방어이다. 그런 미물도 자신을 방어하기 위해 사용할 뿐, 일부러 공격하지 않는다. 두 번째 언급한 것

노자 도덕경 道

이 맹금과 맹수의 위협이다. 덕(德)은 힘으로 억지하지 않는다. 아기는 비록 약하지만, 하루하루가 활기차고 굳세다. 이는 유연하고 소박한 삶을 의미한다.

하루 종일 울어도 목이 쉬지 않는 이유는 화(和)에 있다. 주변과 조화를 이루지 못하는 것을 부적응이라 한다. 주변과 조화(和)를 이루지 못한다면, 결국 문제가 나에게 되돌아오게 된다. 조화(和)를 무시한 인간의 욕심과 탐욕에서 비롯된 환경오염으로 우리는 살아갈 터전을 잃고 있다.

늙어가는 것에 대해

만물은 자라서 성장을 멈추고 늙는다. 늙는 것은 성장의 정점을 찍은 후에 천천히 자연의 흐름에 반대로 향한다는 의미다. 늙지 않으려면 지속적으로 성장해야 한다. 생물학적으로 보면, 지속적으로 성장할 수는 없다. 다만 기(氣)운을 잃지 않도록 운동을 하고 활동하는 방법이 최선이다. 이때 조화를 무시하지 않고, 과하지 않는 것이 좋다. 갓난아이가 목이 쉬지 않는 것은 울다가 지치면 그만두기 때문이다. 나를 상하게 할 정도로 과하거나 내 몸에 독(毒)이 쌓이게 하는 행동은 오히려 나를 해치는 길이다. 이는 자연의 순리에 역행하는 일이다.

늙지 않는 또 다른 방법은 정신적으로 성장하는 일이다. 신체와 정신의 성장이 모두 멈추면 성장 방향과 반대로 역행하게 된다. 그때 늙어감이 보인다. 늙은 후에는 타인의 봉양(奉養)에 의지하게 된다. 덕을 베푸는 것이 아니라 결국은 아이처럼 거꾸로 덕을 받아야 하는 처지에 이른다. 나의 신체와 정신이 완전히 늙어버리면 다시 자연으로 되돌아간다. 대부분의 삶은 그렇게 종료된다.

늙는 것이 아쉽다면 도(道)를 따르고 덕(德)을 베풀어라. 인생을 살면서 내가 가진 것과 경험한 것을 바탕으로 사회에 봉사해도 좋다. 이것저것 하기에는 나이가 들어 여력이 안 된다면, 살아온 인생의 깊이만큼 따뜻한 눈길과 미소로 주위 사람에게 덕(德)을 보내면 된다.

지식이 많고, 지위가 높으며, 가진 것이 많다 해도 죽음에 이르면 가지고 갈 수 있는 것은 아무것도 없다. 오히려 살아온 깊이와 넓이만큼 여유로운 미소와 자세를 보여주는 것이 주위에 평화와 덕을 베푸는 최선이다. 덕(德)이란 인위적으로 행하는 것이 아니다. 자연의 순리에 따라 내가 할 수 있는 최선이 덕(德)이다.

진시황의 불로초 찾기 vs 현대의 노화 방지 연구

노자(老者), 즉 늙어가는 사람이라고 했다. 늙어가는 것도 자연의 한 모습이다. 도(道)의 쓰임은 사용하면 쇠퇴하고 줄어든다. 4차 산업 혁명이 촉발되고 있는 현재, 늙는 것을 해결하기 위해 다양한 분야에서 기술이 연구되고 있다. 인간 두뇌에 저장된 데이터를 컴퓨터에 옮기는 기술, 몸을 기계나 다른 조직으로 대체하여 생물학적인 죽음을 회피하고자 하는 기술, 노화를 방지하는 기술 등 세계적인 기업들이 다양한 방법을 시도하고 있다.

노자 도덕경 道

2,300년 전 진시황이 그랬던 것처럼 현대판 불로초를 찾고 있다. 현대의 막강한 자본은 기술의 힘을 활용하여 그 목표를 향해 엄청난 속도로 달려가고 있다. 바이오공학, 나노공학, 유전공학, 인공지능, 머신러닝 등 각각의 분야가 경주하듯이 해결 방안을 만들어내고 있으며, 그 부산물로 그동안 상상하기 힘들었던 일들이 현실화되고 있다.

우리가 만들어내고 있는 것에 대한 의미를 이해하고 관리할 수 있는 속도보다 더 빠르게 지식이 조합되어 새로운 이기(利器)가 생산되고 있다.

그 빠른 번영과 새로운 이기(利器)의 탄생이 오히려 인간에게 해롭게 작용하지 않도록 하려면 사상과 윤리의 두터움을 먼저 갖추어야 한다. 많은 유전 공학 실험이 논란을 일으키고, 안정성이 확보되지 않은 유전자 조작은 인간에게 해를 끼칠 수 있음에도 무분별하게 사용되고 있다.

목표를 위해 무작정 달려가다 보면 삶의 의미를 잃고 잘못된 길로 들어설 수 있다. 그래서 살펴보아야 한다. 나, 가족, 마을, 나라, 세계로 확장하면서 살펴보고, 주위를 둘러봐야 한다. 나만 바라보고 나의 욕심을 채우는데 급급하다 보면 만물과 상생하며 살고 있다는 사실을 간과하게 된다. 진시황이 자신만을 위해 불로초를 찾았는지, 모든 백성과 함께 영생을 꿈꾸었는지는 아무도 모른다. 다만 우리가 그 당시의 상황을 추측하고 역사를 기술할 뿐이다.

2,000년이 지난 후, 우리의 역사를 기술할 때 "소수의 자산가가 촉발하여 늙지 않고 오래 살 수 있는 삶을 꿈꾸며 이기적인 사회로 이끌었다."라고 평가될지 "사회의 번영과 만인에게 도움을 주는

방향을 추구한 4차 산업 혁명의 시작점이었다."라고 평가될지는 아무도 모른다. 그걸 결정하는 건 후손들의 몫이다. 다만 현재를 어떻게 살 것인지만큼은 우리가 선택해야 할 일이다.

지금도 급속도로 발전하고 있는 과학과 기술 너머를 우리가 미리 알 수는 없다. 또한 현재 발명 중인 이기로 인해 발생하는 폐해를 모두 예측할 수도 없다. 그저 아이와 같은 해맑은 마음과 눈으로 세상을 바라봐야 한다는 의미다. 아이는 자연의 순리에 따를 뿐 두려움을 갖지 않는다.

늙어가는 것이 두려워 늙어가는 것을 우회하고 연장하는 기술을 개발하기에 앞서서, 늙는다는 것을 어떻게 이해하고 받아들일지 먼저 고민해 봐야 한다. 기술과 도구를 활용하여 생명의 시간을 연장하며 사는 것이 과연 어떤 의미를 주는지 깊이 생각해 볼 필요가 있다.

익생왈상(益生日祥)이란 삶의 하루하루가 무엇보다도 소중하다는 의미다. 나의 하루뿐만 아니라 모든 사람과 만물이 조화를 이루는 하루이다. 덕(德)에 의해 만인에게 이로움을 줄 수 있는 일을 하며, 소박하면서도 나, 가족, 마을, 국가, 전 세계가 공동체를 이루며 살아감을 의미한다.

나의 국가나 지역의 이익만 위하는 것은 갈등을 유발하게 된다. 자연에서도 투쟁하고 경쟁하는 모습은 보이지만, 그것은 자신이 살기 위한 최소한의 노력이지 이익을 위한 인위적인 행위가 아니다. 자연의 움직임은 크고(大), 느리다(逝)고 했다. 서행의 원리를 이해하고 갈등을 최소화하며 주위와 타협을 이루고 양보해 나간다면 같이 공존하고 공생하는 길이 열린다.

우리에게 군건하고 바른 사상이 필요한 이유는 자연과학 또는 사회과학의 기준으로는 해석이 분분하기 때문이다. 종교가 이 부분을 보완하여 왔으나, 종교 또한 인간에 의해 많은 오류를 범해 왔다. 역사적인 경험과 사실에 근거하여 우리는 이런 오류가 많이 존재하고 있음을 알고 있다. 다행히 문자에 의해 더 많은 역사적 사실이 공유됨으로써 점차 해석의 오류를 줄이고 방지할 수 있는 현명함을 더 많은 사람이 누릴 수 있게 되었다.

현대사회는 네트워크를 통해 사상의 전달 및 공유가 무한에 가까울 정도로 빠르고 광범위하다. 그만큼 사회가 합리적인 방향으로 변하고 있음을 의미한다. 전 세계 어디에서 벌어지는 비인간적인 행위도 네트워크를 통해 실시간으로 전파되어 사람들의 마음(心)에 반향을 불러일으킨다.

마음이 강해진다는 것의 의미

심사기왈강(心使氣曰强)의 심(心)과 기(氣)에 대해 살펴보자. 제10장에서 재영백포일(戴營魄抱一), '인간은 혼이 있고, 물리적인 신체가 있어서 그 혼이 몸과 마음을 다스린다'고 설명하였다. 몸과 마음을 다스리는데 필요한 것이 기(氣)이다. 몸이 쇠약하면 기력(氣力)이 없다고 하고, 마음이 허하면 심기(心氣)가 불편하다고 한다.

우리의 몸과 마음이 동작하는 과정을 살펴보자.

① 눈으로 사물을 보고 ② 뇌의 임시 저장소에서 본 것을 받아들인다. 그리고 그것에 대한 ③ 감정이 어떤 형태로든(반가움, 기쁨, 슬픔, 평온, 화 등) 일어난다. 이후 ④ 반응 또는 대응을 위한 분석 과정을 거친 후에 ⑤ 분석 결과를 저장하고 결과에 따라 행동하도록 ⑥ 뇌에서 몸의 각 부위로 명령을 전달하고 ⑦ 실행한다.

마음(心)이 관여하는 부분은 위의 ①~③의 과정, 또는 ①~⑤의 과정에 해당한다. ③ 과정의 감정을 느끼는 것은 인간이 통제할 수 있는 것이 아니다. 감정은 자연적으로 발생한다. 감각기관으로부터 흘러들어오는 정보에 대해 일차적으로 감정을 느끼도록 인간은 진화해 왔다.

위에서 생략된 부분이 있다면 사람마다 감정의 차이가 있다는 부분이다. 감정은 잠재적 의식을 포함한 대뇌에 기억되어 있는 정보를 기반으로 증폭되기도 하고 약해지기도 한다. 심기를 강하게 하는 것은 경험 또는 지식을 통해 감정의 기복을 적게 하고 감정에 지배당하지 않도록 적정선을 유지하도록 하는 과정이다.

몸의 기(氣)를 다스리는 것은 ①~⑦의 과정을 반복할 때 지속성, 유연성, 신속성 등을 조합하는 행위이다. 우리는 신체적인 위협에 처해 있을 때 ③~⑤, 혹은 ③~⑥의 과정을 건너뛰고 즉각적인 반응을 하기도 한다. 이것은 원시시대부터 이어진 생존을 필수적인 능력으로 맹수가 나타났을 때 감정에 휘둘리고 멈춰있다는 것은 곧 죽음을 의미하기 때문이다. 이럴 땐 그냥 본능적으로 뛰어야 한다.

이것은 지속적인 훈련을 통해서 강화할 수 있다. 운동선수들로부터 쉽게 찾아볼 수 있다. 음악 분야에서는 청각을 고도로 훈련시키고, 뇌에서 기억하고 있는 음악에 대한 이해를 바탕으로 감정이나 의미를 자신이 원하는 방향으로 표현해낸다. 그것이 바로 연주다. 이때 원하는 바를 정확히 연주하기 위해 신체를 통제하고 유연성을 확보하기 위한 연습이 필요하다.

결국 기(氣)라는 것은 몸과 마음을 다스리고 통제하기 위한 도구이다. 우리는 살면서 수도 없이 기(氣)를 살리고, 기(氣)가 빠져가는 상태를 반복하면서 산다.

돈을 들이지 않고도, 특별한 것이 없어도 덕(德)을 베푸는 간단한 방법이 있다. 주위 사람들의 기(氣)를 살려주는 일이다. 기(氣)를 살려주면 그 사람은 활력을 얻어 일을 잘하게 된다. 이는 사회를 밝고 맑게 하는 원동력이 된다.

그래서 우리는 칭찬의 힘을 무엇보다 크게 생각한다. 돈이 많거나 높은 지위에 있다고 해서 덕(德)을 더 많이 베푸는 것은 아니다. 그런 위치에서 자신의 욕심과 사심으로 주위를 괴롭게 한다면 오히려 독(毒)과 같은 존재가 된다.

덕(德)은 무위(無爲)하다. 주위를 둘러보고 가벼운 마음으로, 자연스럽게 덕(德)을 베풀어라. 나의 기(氣)가 부족해서 마음이 혼란하고 몸이 불편하다면, 심기를 불편한 상태로 두지 말고 나에게 덕(德)을 베풀어라. 나에게 덕을 베푸는 가장 쉬운 방법은 맑은 공기를 들여 마시면서 가볍게 숲 속을 걷는 일이다.

기(氣)에 문제가 생겼을 때 감기(感氣)에 걸렸다고 한다. 감기는 몸의 질병이기도 하지만, 마음이 약해졌을 때도 찾아온다.

사회도, 기업에서도 프로세스와 시스템이 감기에 걸린 상태일 때가 많다. 프로세스와 시스템이 원활히 작동하지 않을 때 구성원 전체의 기(氣)가 빠지게 되며, 다양한 형태로 부작용이 나타난다. 조직이 감기에 걸리게 되면 특정 부서와 특정 부분만 혹사시키게 된다. 조직 내에서 이런 상황을 심심하지 않게 목격한다. 어떤 부서는 엄청난 스트레스를 받으며 고생하고 있는데 다른 부서는 아주 여유롭다.

가정 내에서 원활한 기(氣)의 흐름을 유지하려면 남편과 아내 상호 간의 이해가 필요하다. 사회에서 필요한 것 역시 구성원 간의 이해를 기본으로 한 소통이다. 나의 이해만 일방적으로 구하거나 내 부서의 이익만 추구하기 때문에 흐름이 막히고 기(氣)가 떨어지게 된다. 성인은 조직 내에 기(氣)가 약해져 원활한 수행이 이루어지지 않는 부분이 있는지 빛을 비추어 밝힘으로써 살핀다.

조직 내에서의 대화와 이해가 중요하다. 국가와 사회에서 소통과 이해의 역할을 맡은 것은 언론이다. 현대 사회의 언론은 더 이상 단방향 매체가 아니다. 언론을 통해 실시간으로 전 사회 구성원이 공유 또는 공감할 수 있는 네트워크를 갖추고 있다. 언론은 국민의 감정(心)에 동요를 일으켜 기(氣)가 잘못된 방향으로 흐르지 않도록 할 책임이 있다.

사회가 복잡해지고 다양해져서 모든 사람이 모든 것을 이해할 수는 없다. 다만 도(道)의 순행 관점과 만인을 이롭게 하는 덕(德)의 관점에서, 그리고 상생의 관점에서 갈등을 유발하고 질서에 혼란을 가져오는 행위를 국민이 경계할 수 있도록 편리를 제공하는 것이 필요하다.

노자 도덕경 道

사용자의 관점, 즉 쓰임의 관점으로 바라보아야 할 많은 부분에서 생산자와 관리자 관점으로 바라보고 일을 하기 때문에 갈수록 세상이 복잡하고 어려워지고 있다. 복잡해지면 질수록 기(氣)의 흐름이 방해를 받는다.

2002년 월드컵 대회 기간에 서울 광장 및 광화문에 백만 명 이상의 인파가 모여 응원했던 모습을 기억해 보자. 사전에 "휴지 버리지 마세요."라고 외치지 않았음에도 불구하고 스스로 쓰레기를 줍고, 스스로 주위를 정리한 후 질서 있게 귀가하는 아름다운 모습을 경험했다. 이것이 사회적 기(氣)의 전달 효과다.

굳이 말로 떠들고 캠페인을 벌이지 않아도 주위 사람의 모습을 보고 바른 행동을 따라 한다. 갓난아이의 해맑은 표정을 보면 포근한 마음과 사랑의 마음이 담긴 기(氣)가 전달되는 것과 같은 이치다.

56.
지혜로운 자는 말을 많이 하지 않는다

❀ 성인의 삶에 대한 자세

- 불필요한 대화(말)와 교류를 최소화한다.
- 빛을 조화롭게 하고, 모든 이들을 하나로 뭉치게 하며,
- 예리함은 무디게 하여 내려놓고, 분쟁은 풀어 해소한다.
- 친함을 얻지 않고, 역으로 소원함을 얻지도 않는다.
- 이익을 얻지 않으며, 역으로 해를 얻지도 않는다.
- 귀함을 얻으려 하지 않으며, 역으로 천하게 되지도 않는다.

知者不言, 言者不知.
지 자 불 언   언 자 부 지

塞其兌, 閉其門, 和其光, 同其塵,
색 기 태   폐 기 문   화 기 광   동 기 진

挫其銳, 解其紛. 是謂玄同.
좌 기 예   해 기 분   시 위 현 동

故不可得而親, 亦不可得而疏.
고 불 가 득 이 친   역 불 가 득 이 소

不可得而利, 亦不可得而害.
불 가 득 이 리   역 불 가 득 이 해

不可得而貴, 亦不可得而賤. 故爲天下貴
불 가 득 이 귀   역 불 가 득 이 천   고 위 천 하 귀

지혜로운 자는 말을 많이 하지 않고, 말이 많은 자는 지혜롭지 못하다.

(성인은 신하와의) 불필요한 대화를 막고, 불필요한 교류를 막는다.

(성인은) 강한 빛을 조화롭게 하고, 모든 이들을 하나로 뭉치게 하며,

(성인은) 예리함은 무디게 하여 내려놓고, 분쟁은 풀어 해소한다.

이를 깊은 화합이라 한다.

(성인은) 친함을 얻지 않고, 역으로 소원함을 얻지도 않는다.

(성인은) 이익을 얻지 않으며, 역으로 해를 얻지도 않는다.

(성인은) 귀하게 됨을 얻지 않으며, 역으로 천하게 됨을 얻지도 않는다.

그리하여 (성인은) 세상 사람들을 귀하고 소중하게 여긴다.

疏(소) 소원하다 / 害(해) 해로운

말이 많아지는 것의 의미

지자불언(知者不言), 즉 지혜로운 자는 말이 적다. 2,500년 전에는 문서에 의해 제도를 온 나라에 전달하는 것보다 성인의 언어가 바로 법인 시대였다. 성인이 내린 말씀은 현재 대통령의 훈령이나

명령에 해당한다. 이는 옛날이나 지금이나 동일하다. 지금도 조직이나 회사에서 성인(聖人)의 위치에 해당하는 사람의 말씀이 철칙처럼 내려온다. 그것을 조직 내에서 법처럼 받들기 바쁘다.

문제는 그 철칙이 많아질 때 혼란이 생긴다는 점이다. 본연의 업무와 일보다 성인의 말씀이 더 중요하게 다가온다. 하지만 성인은 그게 더 중요하다고 얘기한 적이 없다. 각자의 역할에 주어진 사명(Mission)과 그에 따른 본연의 일이 중요하다. 그래서 항상 기본에 충실하라고 강조한다.

하지만 문제는 충실해야 하는 기본적인 일이 너무 많다는 점이다. 사회의 조직과 프로세스가 복잡해지면 질수록 기본적으로 행해야 할 일이 끝도 없이 증가하게 된다. 그것이 현대 사회를 어렵게 만들고, 현대인의 스트레스가 증가하는 이유이다.

수많은 기본적인 일 가운데 우선순위를 정해야 한다. 대개는 성인이 최근에 지시한 사항이 가장 우선시 된다. 어차피 10가지 중 50%도 못하는 형국이라면, 성인의 언어를 소홀히 하고 무시할 이유가 없다. 그래서 성인은 언어를 최소화하는 지혜를 발휘해야 한다.

성인은 신하와의 대화를 줄여야 한다. 대화의 기회가 많아지면 많아질수록 교지와 훈령이 많아진다. 신하가 성인과의 대화에서 지시와 훈령, 즉 "일을 줄이는 방향으로 합시다."라고 말하기는 쉽지 않다. 일이 필요 없다는 것처럼, 일하기 싫어하는 것처럼 인식될 수 있기 때문이다. 그래서 공식적인 대화와 회의가 자주 열리면 계속 일을 만들게 된다.

굳이 하지 않아도 되는 행위, 굳이 만들지 않아도 될 일을 만들

노자 도덕경 道

다 보면 본연의 일에 대한 충실도는 계속해서 낮아지게 된다.

말 대신 할 수 있는 것

그러면 어떤 방법이 좋은가? 그냥 들어주면 된다. 프로세스의 이런 사항이 어렵고, 시스템의 저런 사항에 한계가 있다는 의견을 들어주고 개선 방향을 살펴보는 것이 바람직하다. 성인이 귀담아들어주는 목적은 프로세스와 시스템을 개선하기 위함이다. 이때, 개선이란 미명 아래 경쟁을 부추겨 불필요한 일을 더 만들 수 있음을 경계해야 한다. 그래서 폐기문(閉其門)이라 했다. 문을 닫고 공식적인 회의를 최소화하라는 의미이다.

성인의 역할은 언어를 통한 지시보다 빛을 비추어 조화롭게 하는 일이다. 너무 강한 빛은 피하게 되고, 너무 흐린 빛은 일부분만 비출 수 있고 어둡다. 한쪽에 치우치지 않고 전체를 동일하게 밝게 하는 것이 필요하다.

동기진(同其塵)에서 진(塵)은 진흙과 같은 저 밑바닥의 서민과 천민을 의미한다. 그들을 하나로 뭉치게 하면 국가의 큰 힘이 된다. 하나하나의 알갱이는 작고 미천하지만, 수많은 진흙 티끌이 뭉쳐 커다란 산이 되고 평야가 된다.

조직이 커지다 보면 비효율적인 일이 많이 발생한다. 가장 큰 원인은 불필요한 일을 많이 만들어 프로세스를 복잡하게 하기 때문이다. 복잡한 프로세스 속에서 갈등과 경쟁을 조장하여 많은 일을 만든다면 당장은 일이 빠르게 진행되는 것처럼 보일지 몰라도 조직 전체적으로는 스트레스가 증가하게 되고 사람들을 병들게 한다. 사람 사이의 경쟁으로 인한 갈등의 칼날을 무디게 하고, 조직 간의 풀리지 않는 분쟁을 풀어주는 것이 성인의 역할이다.

성인은 누구를 총애하거나 친함을 구하지 않고, 소원하도록 하지도 않는다. 신하나 백성을 통해서 이익을 얻거나 해로움을 얻을 이유가 없다. 스스로 귀하게 됨을 요구할 일 또한 없다.

현대 사회에서는 간혹 성인의 지위에 올라서면 부하를 통해 이익을 구하려고 온갖 노력을 다하는 모습을 볼 수 있다. 부하에게 친함을 구하고, 충성을 요구하고, 이에 응하지 않는 부하는 응징 또는 소원함으로 다스린다. 이런 성인은 조직을 혼란스럽게 만든다.

성인(聖人)의 지위에 올라서도 귀하게 대접받기를 요구하는 경우도 있다. 언제부터 귀하게 대접하지 않는다고 갑질에 폭력을 휘두르는 것을 언론에서 다루어야 할 만큼 사회가 덕을 잃었는지…. 참으로 안타깝다. 물론 일부 언론에서 그런 모습에 대해 사회적인 경각심을 갖도록 과대 포장하는 바가 없지는 않다.

높은 지위에 오를수록 성인은 자신의 자세와 태도를 살피는 것이 바람직하다. 세상 사람을 평등하게 대하고, 오히려 자기보다 낮은 위치에 있는 사람을 소중하게 여기는 자세가 필요하다. 물과 같이 너그럽고 포용적인 모습이 바로 그것이다.

57.
서민들이 스스로 삶을 만들어 가게 한다

❀ 성인의 나라를 다스리는 방법

  - 무위(無爲), 호정(好靜), 무사(無事), 무욕(無慾).

以正治邦, 以奇用兵, 以無事取天下.
이 정 치 방 이 기 용 병 이 무 사 취 천 하

吾何以知其然也哉.
오 하 이 지 기 연 야 재

夫天下多忌諱而民彌貧, 民多利器而邦家玆昏,
부 천 하 다 기 휘 이 민 미 빈 민 다 리 기 이 방 가 자 혼

人多知而奇物玆起, 法物玆彰而盜賊多有.
인 다 지 이 기 물 자 기 법 물 자 창 이 도 적 다 유

是以聖人之言曰 我無爲而民自化, 我好靜而民自正,
시 이 성 인 지 언 왈 아 무 위 이 민 자 화 아 호 정 이 민 자 정

我無事而民自富, 我欲不欲而民自樸
아 무 사 이 민 자 부 아 욕 불 욕 이 민 자 박

번역

바르게 나라를 다스리고, 뛰어나게 군사를 지휘하며, 일을 벌이지 않음으로써 세상을 얻는다.

내가 어떻게 그렇게 되는 것을 아는가?

세상은 경계하고 두려워할 것이 많으면 서민이 더욱 가난해진다.

날카로운 병기와 제도가 많으면 나라의 가정이 어둡고 혼란해진다.

사람의 지식이 많아지면 기묘한 물건이 혼란스럽게 늘어나고,

법이 혼란스럽게 드러나면 도적이 늘어난다.

그래서 성인은 말한다.

나는 인위적인 것을 만들지 않아서 서민 스스로 이루어지게 하고,

내가 고요하고 깨끗한 것을 좋아함으로써 서민도 스스로 바르게 하며,

나는 사업을 벌이지 않아서 서민이 스스로 부를 쌓도록 하고,

나의 욕심을 자제하는 욕구를 통해 서민 스스로 투박하게 살도록 하겠다.

참고 한자

治(치) 다스리다 / 릺(기) 경계하다 / 諱(휘) 두려워하다/
彌(미) 더욱 / 貧(빈) 가난하다 / 玆(자) 흐리다, 검다 /
昏(혼) 어둡다 / 奇(기) 기묘한 / 起(기) 발생한다 /
彰(창) 나타나다, 드러나다

노자 도덕경 道

서민 스스로 열심히 노력하는 삶을 이루고, 스스로 바르게 살도록 하며, 서민의 삶이 풍요롭게 되도록 한다. 과시하거나 사치하지 않고 삶을 투박하게 이끄는 것이 바른 다스림이다. 이를 위해 성인이 실천해야 하는 일은 무위(無爲), 호정(好靜), 무사(無事), 무욕(無慾)이다.

성인이 일을 만들수록 서민은 자신을 위한 일을 줄일 수밖에 없다. 성인이 일과 호사스러움을 좋아하면 그 과정에서 갖은 문제가 발생하고, 서민의 삶은 궁핍한 길로 접어든다. 성인이 욕심을 드러내면 아랫사람은 그 욕심을 채워드리기 위해 갖은 만행을 저지른다. 그리고 성인을 본받아서 자신의 욕심을 채우려 한다.

성인의 덕(德)이란 유형의 무엇을 주는 것이 아니라 자기 스스로 바른 도(道)를 실천함으로써 만인에게 빛을 비추듯이 보이지 않는 덕(德)을 전하는 것이다.

법이 점점 많아지는 것의 의미

현대사회에서는 법제화하지 않아도 다스릴 수 있는 사항을 굳이 법령으로 만들어 혈세를 낭비하고 있다. 그리고 법령이 많아지자 오히려 이를 악용하는 사례가 늘고 있다. 서민의 행위를 일일이 법과 제도로 통제하려 하는 것은 어리석은 일이다.

법은 지켜야 하는 수많은 사항과 예외 조항을 생산해낸다. 무엇보다도 그 많은 법령을 모두 이해하거나, 아는 사람이 없다는 점이다. 수많은 법과 제도에 치여 오히려 전문가가 필요하게 되었다. 그리고 법 전문가들이 서로 해석을 다르게 하는 과정에서 다툼이 오가게 된다. 빠르게 AI 기술을 개발하고 자동으로 법령에 따를 수 있으며 법에 저촉되지 않는 맞춤형 가이드를 만들어 서민에게 배포하고 싶은 심정이다.

서민을 위한 법과 제도인지, 법을 만드는 일을 업무 성과로 여기는 사람을 위한 법과 제도인지 헷갈리는 시대에 도달했다. 과거의 역사적 교훈을 보더라도 법을 과도하게 만들기 시작하면 다음과 같은 부작용이 나타난다.

첫째, 법을 지켜야 하는 사람의 이해를 구하기 어렵다.

둘째, 법이 복잡하고 변하는 현실을 따르지 못해 지키기 어렵다.

셋째, 지키기 어려운 법을 공정하게 집행하는 사람이 공정하지 못하게 되고, 법을 제대로 집행하지 못해서 법을 어기는 상황이 발생한다.

이리하여 누구는 법을 어겨도 괜찮고, 누구는 벌을 받는 상황이 발생하여 형평성이 어긋나게 된다. 오히려 법을 어겨도 큰 문제가 없을 수도 있다는 인식이 사람들의 마음을 사로잡는다. 그런 인식이 축적되기 시작하면 법은 무시되고, 법과 관련한 부조리가 지속적으로 발생하게 된다.

법과 제도를 만드는 것은 사람들에게 이런 사항은 꼭 지켜야 하고, 지키지 않을 경우 많은 사람이 피해를 보게 되며 공공질서의 유지가 어렵다는 인식을 심어 주기 위한 것이다.

그래서 법보다 우선 고려해야 하는 것은 사람들의 인식이다. 사람들의 인식 계도를 통해서 다툼이 없도록 만드는 것이 바람직하다. 복잡하고 지킬 수 없는 법과 제도를 만들어 사람의 인식을 왜곡시킨다면, 그런 법과 제도는 재검토되어야 한다.

58.
다스림의 변화가 적고, 인심을 두텁게 하라

⊛ 성인의 나라를 다스리는 방법

　- 편을 가르지 않고 공평하며 날카로움을 드러내지 않는다.

　- 곧고 바르되 방자하지 않으며, 요란스럽게 하지 않는다.

其政悶悶[1], 其邦惇惇[2]. 其政察察[3], 其邦缺缺[4].
기 정 민 민　　기 방 돈 돈　　기 정 찰 찰　　기 방 결 결

禍 福之所倚, 福 禍之所伏,
화 복 지 소 의　복 화 지 소 복

孰知其極. 其無正也.
숙 지 기 극　기 무 정 야

正復爲奇, 善復爲妖. 人之迷也, 其日固久矣.
정 복 위 기　선 복 위 요　인 지 미 야　기 일 고 구 의

是以 方而不割, 廉而不刺, 直而不肆, 光而不耀
시 이　방 이 불 할　염 이 부 자　직 이 불 사　광 이 불 요

번역

　정치를 함에 있어 변화가 적고 무던하면, 나라는 (사람들이) 후해
지고, 인정이 깊어진다.

정치를 함에 있어 조사하고 살피면, 나라는 부족하고 또 결함이
많아진다.

화(禍)는 복(福)이 그 안에 의지해 있고, 복(福)은 화(禍)가 그 안
에 잠재해 있어, 누가 그 끝을 알겠느냐? 그것에 관한 바른길은 정
해져 있지 않다.

바른길은 다시 기이한 형태로 바뀌고, 착함은 다시 요상한 형태
로 바뀐다.

사람은 흐릿한 존재라서 하루 군세고 그 뒤로는 오래되어 버린다.

그래서 (성인은) 나라를 나누어 차별하지 않고,

청렴하지만 이를 가지고 남을 찌르지 않는다.

곧 바르고 강직하지만 방자하지는 않고,

빛을 비추되 현혹되게 하지 않는다.

한자풀이

1) 민민(悶悶) : 답답하고 또 답답함이 이어진다. 정치의 변화가 적
   고 무던하다.
2) 돈돈(惇惇) : 사람들이 후해지고, 인정이 깊어진다.
3) 찰찰(察察) : 살피고, 감찰하고, 잘함과 잘못함을 사찰하고 또 사
   찰하다.
4) 결결(缺缺) : 부족. 결점이 나오고 나오는 상태.

참고 한자

倚(의) 의지하다 / 伏(복) 숨어있다 / 極(극) 끝, 마지막 /

妖(요) 요상함 / 迷(미) 흐릿하다 / 固(고) 굳다 / 方(방) 나라 /

割(할) 분할하다 / 廉(렴) 청렴하다 / 刺(자) 찌르다 / 直(직) 곧다 /
肆(사) 방자하다 / 耀(요) 요란하다

변화를 통해서 잃는 것

정치는 무던하게 하는 것이 좋다. 나라를 다스리는데 있어서 빠른 변화는 그만큼 부작용을 많이 일으킬 수 있다. 우리가 흔히 하는 실수는 빠른 변화를 추구하고, 성과만을 바라보는 것이다. 기존의 좋은 것과 기존의 것을 유지함으로써 놓치는 부분을 과소평가한다.

신중한 평가와 계량적인 예측은 비용이 많이 들고 계산하기 힘들다. 이 때문에 내가 추구하는 바에 따라 편리한 방향으로 유도하려 한다. 새로운 변화는 아직 해본 적이 없고, 가본 적이 없는 길이다. 아무도 장담하거나 확정할 수 없다. 그래서 논리적이고 계량화된 데이터가 없다면 직관에 의존할 수밖에 없다. 그럴수록 객관적인 기준과 통계 자료를 기반으로 한 예측을 통해 득과 실을 산정함이 바람직하다.

하지만 변화를 추구하는 사람의 입장에서 이것은 비용이 많이 소요되는 일이다. 그리고 객관적인 근거를 제시하면 추진하는데 저항을 마주하기 쉽다. 그 저항이 반대 세력일 수도 있지만, 추진하려는 사업의 당위성 부족이 드러난 탓일 수도 있다. 반대하는 사람 입장에서도 사업의 전체적인 관점에서 정당한 반대 논리를

노자 도덕경 道

제시하기가 쉽지 않다. 그래서 국소적인 문제를 크게 부풀려 쟁점화한다.

결국, 충분한 근거와 데이터가 없다 보니 서로의 입장만 주장하고, 논리적인 대화와 타협 대신 다툼만 일어난다. 다툼 과정에서 서로의 의견과 입장을 조율하는 대신 그냥 막무가내로 행동하여 힘을 과시하는 것으로 마무리 짓기 쉽다. 이런 경우에는 누구를 위한 변화인지, 누구를 위한 개혁인지 알 수 없고, 힘을 과시하는 과정에서 혼탁한 모습만 비춰진다.

언론은 보이는 것만 쫓느라 바쁘다. 힘을 과시하는 과정과 비이성적인 모습을 비추느라 바쁘다. 이런 모습이 드라마틱하기 때문이다. 그래서 정작 서민들이 쉽게 이해할 수 있도록 변화의 의미와 쓰임새를 알려 주고 그에 따른 양측의 입장에 대한 사실을 전달하는 노력은 뒤로 미룬다. 사회가 이런 모습을 보이고 있다면 후진 정치와 후진 언론 속에서 살아가고 있음을 의미한다.

서민에게 변화의 의의

서민들은 변화에 밝지 않다. 복잡하고 빠른 사회 변화에 서민들이 매번 적응하기에는 소박한 생계를 이어가는 삶이 너무 바쁘다. 시장의 상인이 국회 웹 사이트에 방문하여 사전 고지된 제정 예정 법률을 읽어보는 일은 희박하다. 정부가 공표하는 제도와 시행 사항을 읽어보는 것 또한 드문 일이다. 그런 변화가 있다고 하더라도, 수많은 페이지에 담긴 내용을 이해하는 것은 더욱 어려운 일이다. 서민은 그냥 순박하게 생계를 유지하며 주위 사람들과 인정을 돈독히 하고 소소한 행복을 누리며 살아간다.

그런 서민에게 수시로 바뀌는 법과 제도는 무슨 의미가 있을까? 선심성 명목의 직접적인 비용 지원이 오히려 환영을 받고, 그 때문에 그런 변화가 난무하게 된다. 법의 대부분은 서민의 생활에 직접 영향을 주지 않으며 평생 상관없는 것들이다.

하지만 서민의 실생활에 직접적인 영향을 주는 대출 제한 및 강화, 이자율의 변동 등은 수시로 일어난다. 바뀔 때마다 민심이 술렁거리고 불편이 증가한다. 잦은 변화는 제도를 철저히 이해하고 빠르게 대응할 수 있는 세무, 재무, 자산 전문가와 이들을 활용할 수 있는 부의 기득권을 확보한 사람들에게 가장 큰 이득을 준다.

정치와 국가 제도는 느려 터질 정도로, 그리고 갑갑하다 할 정도로 변화가 느려야 서민들이 피해를 보지 않는다. 인위적인 부의 재편을 위한 노력이 더해질수록 없는 사람의 것을 덜어 있는 사람에게 더해주게 된다. 그 누가 현대사회의 시스템과 프로세스를 제대로 이해하고 부를 재편할 수 있겠는가?

부의 재편을 위한 노력보다 물처럼 투명성을 높이는 방향으로 관리 제도가 개선되는 것이 바람직하다. 제도의 변화가 발생할 경우, 서민들이 피해를 보지 않도록 충분한 연구와 홍보가 필요하다. 변화는 서민들의 마음과 인심을 각박해지도록 만든다.

서민들의 인심이 각박해지고 스트레스가 높아지는 상황이 지속된다면 나라 전체가 경직된다. 그래서 나라를 다스림은 답답할 정도로 느리고 무던하게 진행되는 것이 바람직하다.

　　　　　　　　　　　　　　　　　노자 도덕경 道

잘못을 가리는 것에 대하여

커다란 나라를 다스리는데 사찰하고 사찰하면 결점이 나오고 또 나올 수밖에 없다. 털어서 먼지 안 나오는 경우가 있는가? 누구를 위한 사찰이고, 어떤 목적을 위한 사찰인가? 사찰을 하는데 있어서 숨은 의도가 있어서는 곤란하다.

어떤 일에 대해 사찰하려 한다면, 시작하기 전에 투명하게 할 필요가 있다. 어떤 목적인지, 어느 정도의 범위인지, 무슨 내역을 사찰받아야 하는지 사전에 정의되고 공표되어야 한다. 사찰받는 사람도 모르고, 사찰하는 사람도 정확히 범위를 모르는 경우는 투명하게 진행되기 어렵다. 사찰의 쓰임은 프로세스와 시스템의 내재적인 문제를 밝히고 개선하는 것에 있다.

특검 또는 청문회라는 명목으로 사찰을 많이 하면 할수록 일을 많이 하는 것 같은 착각을 일으키는 효과 또한 경계해야 할 사항이다. 사찰 과정에서 발생하는 불합리한 비용을 소중히 생각해야 한다. 사찰이라는 명목 아래에 민간 기업과 민간인을 함부로 대한 과거가 있었음을 상기하고, 항상 거울로 삼아 지금의 행태를 살펴보아야 한다. 아직도 함부로 자료를 요구하고, 호출하고 있는 것은 아닌지 생각해봐야 한다.

화는 복을 내재하고 있고, 복은 화가 그 속에 엎드려 기다리고 있다. 전화위복(轉禍爲福), 새옹지마(塞翁之馬)와도 일맥상통하는 이야기다. 인생은 그 마지막에 어떤 일이 어떻게 펼쳐질지 아무도 알 수 없다. 어떤 형태가 되든 가능성은 존재한다. 사람은 흐릿하고 미혹하여 변하기 쉽다. 오늘 뜻을 강하고 굳세게 세웠다 하더라도 내일이 되면 의지가 약해진다.

성인(聖人)은 나라를 다스리는데 편을 나누어 차별하지 않는다. 나의 청렴을 앞세워 사람들을 찌르려 하지 않는다. 바로잡아야 한다는 미명 아래 세세한 부분을 사찰하지 않는다. 빛을 비추어 오히려 세상을 현혹하거나 요란하게 만들지 않음을 강조하고 있다.

이것을 스스로 지키고 실행한다면 진실로 덕(德)을 쌓는 일이다.

현대 사회 언론이 지향해야 할 방향

현대사회에서는 언론이 성인(聖人)의 행동을 경계하고 견제하는 역할을 충실히 해야 한다. 불합리한 부분을 국민에게 알리고 바른 방향으로 이끄는 역할이다.

현대 정치의 주된 관심은 사람의 마음(心)을 얻는 행위다. 즉, 지지율과 표를 얻는 일이다. 사람들은 이성적 논리와 데이터를 통해 지지율과 표를 보내기보다 감정에 의존해 마음(心)과 표를 보낸다.

프로야구 선수의 타율, 출루율을 기록하고 활용하는 것처럼 정치인에 대한 데이터를 컴퓨터에 기록하고 관리하는 국가가 있는가? 우리 생활의 기본 법칙과 제도를 만드는 가장 중대한 역할을 하는 정치인, 고위 공무원에 대해서도 야구에서 타율과 출루율을 관리하듯 객관적인 근거에 기초한 이해가 필요하다.

정치인, 고위 공무원에 대한 객관적 근거가 희박하기 때문에 관대한 룰을 적용하며 비이성적으로 마음(心)과 표를 주고 있다. 정치인, 고위 공무원은 공공재이다. 선거를 통해 선출되어 국가에서

봉급을 지불하고 국가의 비용으로 활동하는 순간부터 개인이 아닌 국가의 기기(器機)에 해당한다.

모든 정치인, 고위 공무원에 대해 프로야구 선수처럼 스코어 카드를 만들고 공시하여 국민 모두가 투명하게 살펴볼 수 있게 하고, 판단할 수 있도록 한다면 국민은 이성에 근거하여 지지할 수 있게 된다. 야구 선수의 타율과 출루율에 해당하는 객관적인 것들을 공시하지 않고 비이성적인 감정에 의존해 마음(표)을 주다 보니 국민의 이익이 되는 활동보다는 비이성적인 요소에 더 힘을 쏟는다.

투명성, 공공성을 높이는 행위에는 가점을, 개인의 이익이나 비리를 저지르는 활동에 대해서는 감점을, 회의 및 법안 지연을 무력을 통해 인위적 조장하는 등의 기본적인 질서와 규칙을 지킬 줄 모르는 경우도 감점, 다른 사람을 무고하거나, 거짓을 씌우는 일을 한 경우에도 감점을 부여하는 형태의 스코어 카드를 홈페이지에서 누구나 쉽게 확인할 수 있다면 사회가 투명하게 된다.

정치 행위나 법안의 찬반 등 어떤 것이 옳은 것인지, 그른 것인지에 대한 정책적인 판단 스코어 카드가 아니라 기본적인 자질 부족과 세금 미납 또는 법을 우회하여 사리를 취하는지 등에 대한 기록과 공시면 충분하다.

공무원과 정치인 스스로 하기는 어렵다. 이는 언론의 역할이다. 언론은 네트워크를 통해 국민에게 편협하지 않은 정보를 제공하고, 투명하고 유익한 정보를 제공하는 것이 생명이다. 단순히 매체를 통해 흥밋거리를 찾고 전달하던 시대는 지나갔다.

매체의 지속성과 투명성, 실시간 접근성을 모두 활용하여야 한다. 공익을 최우선으로 국민의 알 권리를 쉽게 충족할 수 있도록 덕을 베푸는 것을 의미한다. 매체를 이용하여 국민의 마음(心)을 교묘하게 이끌고, 편파적으로 특정 정당이나 인물에게 유리하도록 여론을 조장하는 것을 경계해야 한다.

공공성과 투명성 부족은 1인 매체의 급속한 증가를 촉발하고 있다. 알 권리를 충분히 제공하지 못하거나 언론에 대한 믿음이 부족하다고 느끼기 때문이다. 고대에도 혹세무민(惑世誣民)이란 단어가 있었다. 명확하지 않은 사항을 이용하여 사람들의 마음을 조장하고 혼란에 빠뜨리는 일을 말한다.

국민은 무엇보다도 사실을 알고 싶어 한다. 이제는 언론이 투명성과 공공성 측면에서 사실 전달을 개인과 경쟁해야 하는 시대에 들어섰다.

59.
세상을 다스림에 아끼는 것이 최선이다

❈ 성인의 나라 다스리는 방법은 아끼고, 미리 준비하여 대비한다

※ 나라의 뿌리를 깊게 하고, 기반을 단단하게 하라.

治人事天 莫若嗇. 夫爲嗇[1], 是以早服
치 인 사 천 막 약 색　부 유 색　시 이 조 복

早服是謂重積德. 重積德則無不克.
조 복 시 위 중 적 덕　중 적 덕 즉 무 불 극

無不克則莫知其極, 莫知其極, 可以有國.
무 불 극 즉 막 지 기 극　막 지 기 극　가 이 유 국

有國之母, 可以長久.
유 국 지 모　가 이 장 구

是謂深根固柢, 長生久視之道也
시 위 심 근 고 저　장 생 구 시 지 도 야

번역

국가를 다스리고 하늘을 섬기는데, 아끼는 것만큼 중요한 일은 없다.

아끼는 것은, 일찍 일을 시작(준비)함을 의미한다.

일찍 일을 시작(준비)하는 것은 덕을 두텁게 쌓는 일이다.

덕을 두텁게 쌓으면 극복하지 못할 일이 없고,

극복하지 못할 일이 없으면 그 한계를 알 수 없으며,

한계를 모르기 때문에 국가가 계속 존재할 수 있다.

시초부터 아끼고 미리 준비하는 것으로 국가가 크게 성장하고
오래 갈 수 있다.

이는 (국가의) 뿌리를 깊게 하고, 기반을 단단하게 하며,

긴 세월 동안 (국가가) 존재할 수 있게 만드는 바른길이다.

한자풀이

1) 색(嗇) : 아끼다. 아껴 쓰다. 미리 준비하다.

참고 한자

莫(막) 없다 / 嗇(색) 아끼다 / 早服(조복) 일찍 옷을 입는 것, 일을
준비하는 것 /

重(중) 무겁게 / 積(적) 쌓다 / 克(극) 극복하다 / 深(심) 깊다 /

柢(저) 기저 / 視(시) 보이다

해설

조복(早腹)은 일찍 일어나 옷을 입고 마음가짐을 바로 하여 하루
를 일찍 시작하는 행위다. 미리미리 준비하고 실행함으로써 허둥
지둥 대지 않고 여유가 생기게 되며 마음이 너그러워진다.

촉박하게 진행할 때는 무리하게 되고, 사람들 사이에 마찰이 많
이 발생한다. 도(道)와 덕(德)은 마찰과 갈등을 최소로 하고 다투지

노자 도덕경 道

않는 상생(相生)을 기본으로 한다.

그래서 나라를 다스릴 때도 아끼고 미리 준비함을 강조하고 있다.

60.
큰 나라 관리는 작은 생선을 삶는 것과 같다

❀ 무위(無爲)로 나라를 다스리면

- 이해하기 어려운 일이 발생하지 않는다.

- 사람들은 상처를 입지 않으며, 덕(德)을 나누고 살게 된다.

※ 鬼不神 : 귀신이 신령스러운 활동을 하지 못한다. 귀신의 행위는 누군가 중간에 못된 짓을 하지만 밝혀낼 수 없는 일에 해당한다.

治大國, 若烹[1]小鮮.
치 대 국　약 팽　소 선

以道莅天下, 其鬼不神[2].
이 도 리 천 하　기 귀 불 신

非其鬼不神也, 其神不傷人也.
비 기 귀 불 신 야　기 신 불 상 인 야

非其神不傷人也, 聖人亦不傷也.
비 기 신 불 상 인 야　성 인 역 불 상 야

夫兩不相傷, 故德交歸焉.
부 양 불 상 상　고 덕 교 귀 언

큰 나라를 다스리는 것은 작은 생선을 삶는 것과 같다.

이 도(道)를 가지고 세상을 다스리면 귀신(영혼)이 활동하지 못할 것이다.

사악한 귀신이 활동하지 않으므로, 그 활동으로 인간에게 상해를 입히지 못한다.

사악한 활동으로 인간을 상하게 하지 않으니, 성인 역시 상해를 입히지 못한다.

귀신과 성인 모두 상해를 입히지 않으니, (사람들이) 서로 덕을 주고받게 된다.

1) 팽(烹) : 삶다. 요리하다.
2) 귀불신(鬼不神) : 귀신이 신령스러운 일을 하지 못한다. 귀(鬼)는 몸이 작은 생선의 머리와 꼬리를 형태를 그리고 있는 한자 형태이다.

鮮(선) 생선 / 莅(리) 다다르다 / 傷(상) 상하게하다

국가를 다스릴 때 두려워해야 할 일
귀신의 신령스러운 활동

큰 나라를 다스리는 것도 작은 생선을 솥단지에 넣고 삶는 요리처럼 하라. 작은 생선을 넣고 자꾸자꾸 휘저으면 머리만 남고 나머지는 다 흩어져 요리가 망가져 버린다. 귀(鬼)자는 어찌 보면 생선의 머리와 꼬리를 형상화한 모양으로 휘젓다 보면 머리만 남아 있고, 먹을 수 있는 살 부분은 신기하게 다 사라져 버린다.

귀신이 신령스럽게 활동하면 사람들은 혼란에 빠진다. 법령과 제도 및 명령이 많은 경우도 이에 해당한다. 너무 많은 규약에 치여 본연의 일이 제대로 진행되지 않는다. 서민들의 입장에서는 작은 생선이지만, 그래도 넣고 요리를 시작했는데 작은 생선을 휘저어 놓으면 남아 있는 것이 없다. 신령스럽게 내 몫이 그냥 없어진 것이다. 요리를 하고도 누군가가 내 몫을 귀신 같이 빼가 버린 모습이다.

국가를 다스리면서 법과 제도를 많이 만들면 귀신에 의해서 일부는 없어지고, 남아 있는 것은 세금으로 빼앗긴다. 서민의 작은 몫은 신기하게도 이렇게, 저렇게 다 빼앗겨 남는 것이 거의 없다. 우리는 귀신이 누구인지 알고 있다.

시스템과 프로세스에서 발생할 수밖에 없는 손실분이다. 그 손실분 안에는 신하 또는 중간관리자의 성과와 착복도 포함된다. 그런 성과 만들기와 착복이 심하기 때문에 서민은 각박해지고, 이웃 간의 인심과 덕이 사라지게 된다.

물론 성인(聖人)에게 서민의 작은 몫을 빼앗아가려는 의도는 없을 것이다. 법과 제도와 명령을 만들어 실행하는 과정에서 갖은 사업이 그렇게 만든다. 이것이 신령스러운 귀신에 해당한다.

61.
큰 나라는 물의 하류와 같다

⊛ 큰 나라와 작은 나라의 협상의 자세

   - 먼저 자신을 낮추어라(비굴하게 낮추는 것을 의미하지는 않음).

大邦者 下流也, 天下之牝[1], 天下之交也.
대 방 자 하 류 야　천 하 지 빈　천 하 지 교 야

牝恒以靜勝牡, 爲其靜也, 故宜爲下.
빈 항 이 정 승 모　위 기 정 야　고 의 위 하

大邦以 下小邦, 則取小邦.
대 방 이 하 소 방　즉 취 소 방

小邦以 下大邦, 則取於大邦.
소 방 이 하 대 방　즉 취 어 대 방

故或下以取, 或下而取.
고 혹 하 이 취　혹 하 이 취

故大邦者 不過欲兼畜人, 小邦者 不過欲入事人.
고 대 방 자 불 과 욕 겸 축 인　소 방 자 불 과 욕 입 사 인

夫皆得其欲, 則大者宜爲下
부 개 득 기 욕　즉 대 자 의 위 하

큰 나라는 마치 물의 하류와 같다. 세상의 계곡과 같이 교류가 이루어진다.

여성은 항상 고요함으로 남성을 다스린다.

고요함을 위하기 때문에 마땅히 아래에 위치한다.

큰 나라는 작은 나라에 자신을 낮추어 작은 나라를 포함한다(얻는다).

작은 나라는 큰 나라에 자신을 낮추어 큰 나라에 들어간다.

혹은 자신을 낮춤으로 얻기도 하고, 혹은 자신을 낮춤으로 포함되기도 한다.

그래서 큰 나라는 다른 나라를 얻어 다스리겠다고 과욕하지 않고,

작은 나라는 큰 나라에 들어가는 것에 과욕을 부리지 않는다.

양자가 모두 원하는 바를 얻는 방법은 큰 나라가 먼저 자신을 낮추는 것이 마땅하다.

1) 빈(牝) : 암컷. 여성. 계곡. 여기서는 물이 모여드는 큰 계곡. 강의 하류.

流(류) 흐르다 / 靜(정) 고요함 / 勝(승) 다스리다 / 牡(모) 남성 /
宜(의) 마땅 / 兼(겸) 얻다 / 畜 소장하다, 쌓다

　　　　　　　　　　　　　　　　노자 도덕경 道

국가 간의 교류, 외교의 최선의 방법은?
물처럼 다투지 않고, 고요하고 안정되게 화합을 이룬다

물은 아래로 흐른다. 아래로 흘러 여기저기에서 모인 물과 교류하며 더 큰 바다, 또는 호수를 형성한다. 큰 나라와 작은 나라가 교류하고 섞이는 과정은 어찌 보면 자연스러운 일이다. 사람도 여성이 고요하고 안정을 이루기 때문에 낮은 위치에 있는 것 같지만, 결과적으로는 남성을 다스린다.

큰 나라와 작은 나라의 관계에 있어서 고요한 속성을 지닌 쪽이 우위에 선다. 안정되고 고요한 쪽으로 물처럼 자연스럽게 흘러들어 간다. 이는 포용력이 큰 쪽으로 향함을 의미한다. 만약 큰 나라가 인위적으로 자신을 높인다면, 물이 아래로 흘러가듯이 작은 나라로 이익이 흘러들어 가게 된다.

역으로 작은 나라가 큰 나라에 과하게 숙이고 편입되고자 하는 욕심을 경계하고 있다. 나라를 다스리는 것은 오히려 작은 생선을 다루는 것처럼 하라고 했다. 작은 욕심에 휘젓다 보면 살은 부스러져 온데간데없게 된다.

양자가 서로 원하는 것을 얻는 양자 승리(win-win)의 방법은, 우선 큰 나라가 자신을 낮추는 것에서 출발한다. 협상이 벌어지는 경우 갈등과 쟁점이 커지고, 시간이 길어지면 결과적으로 양자 모두 손해에 이를 수 있다. 물처럼 조용히 섞이고 교류를 이룸이 바람직하다.

혼란한 상황에서 전쟁보다는 평화적인 협상이 백배 좋은 방법이다. 국가 간의 관계에서는 항상 자국의 이익을 최우선으로 생각한다. 어떤 것을 중요하게 여기고 어떤 것에 가치를 둘 것인지 항상 논란이 된다. 많이 손해를 보는 일인 것 같지만, 자신의 국가를 낮추어 협약을 체결하고 교류의 물꼬를 열어 국가가 부강해진 사례도 빈번하다. 눈에 보이는 부분에 집착하기보다는 먼 미래를 보고 분석하며 평가할 필요가 있다.

62.
도는 만물을 흐르도록 한다

❀ 도(道)의 쓰임은 만물(萬物)이 바르게 운행하도록 함에 있다

　- 선한 사람, 선하지 못한 사람 모두에게 바른 원리를 제공한다.

　- 재화나 권위로 얻을 수 없는 것도 도(道)에 의해 가능하기 때문에 사람들이 최고로 소중하게 여긴다.

※ 왕의 즉위·고관의 행차, 그 어떤 것보다 도를 정진(精進)함이 낫다.

道者, 萬物之注¹⁾也. 善人之寶也, 不善人之所寶也.
도 자　만 물 지 주　야　선 인 지 보 야　불 선 인 지 소 보 야

美言可以市, 尊行可以加人. 人之不善也, 何棄之有.
미 언 가 이 시　존 행 가 이 가 인　인 지 불 선 야　하 기 지 유

故立天子, 置三公²⁾, 雖有拱之璧³⁾以先駟馬⁴⁾,
고 립 천 자　치 삼 공　수 유 공 지 벽　이 선 사 마

不如坐而進此⁵⁾. 古之所以貴此道者 何也.
불 여 좌 이 진 차　고 지 소 이 귀 차 도 자　하 야

不謂 求以得 有罪以免邪. 故爲天下貴
불 위　구 이 득　유 죄 이 면 사　고 위 천 하 귀

도는 만물을 흐르도록 한다.

선한 사람은 보배이며, 선하지 않은 사람도 보배로 여긴다.

듣기 좋은 말은 살 수 있고, 칭찬받을 행동도 다른 사람에게 시킬 수 있다.

그러나 사람의 선하지 않음을 어떻게 버릴 수 있겠는가?

천자를 세우고 세 명의 재상을 모실 때 보석으로 치장된 네 필의 말수레를 앞세우는 것도,

앉아서 이것(道)을 정진하는 것만 못하다.

예부터 이것을 귀하게 여기는 이유가 무엇인가?

왜냐하면, 구하면 얻을 수 있고, 죄가 있어도 사악함을 면할 수 있기 때문이다.

그래서 세상 사람들이 귀하게 여긴다.

1) 주(注) : 흐르다. 만물을 돕고, 만물을 운행하는 원리에 따라 흐르게 함.

2) 치삼공(置三公) : 주나라 시대에는 태사(太師), 태부(太傅), 태보(太保)를 두고 삼공이라 불렀으며, 이들은 천자의 스승 역할이며 최고위직에 해당한다.

3) 공지벽(拱之璧) : 옥 구슬. 보석.

4) 사마(駟馬) : 네 필의 말이 끄는 수레. 마차.

5) 진차(進此) : 이것(道)에 힘쓰다. 정진하다.

寶(보) 보물 / 市(시) 구하다, 거래 / 尊(존) 존엄한 / 加(가) 더하다 /
棄(기) 버리다 / 置(치) 두다, 세우다 / 雖(수) 비록 / 坐(좌) 앉다 /
罪(죄) 죄 / 邪(사) 사악하다

해설

도(道)를 갈고 닦는 이유

보이는 것에 해당하는 부와 권위는 얻을 수 있다. 시장에서 살 수도 있고, 돈이나 권력을 이용하여 다른 사람에게 행위를 시킬 수도 있다. 하지만 왕이나 고관대작도 살 수 없는 것은 선(善)한 마음이다. 그 마음속에 있는 선(善)하지 못한 마음은 돈이나 권력, 지위로도 어떻게 할 수 없는 부분이다.

도(道)는 선한 사람에게도, 선하지 못한 사람에게도 지위고하(地位高下)를 막론하고 똑같이 마음속의 평화를 구할 수 있는 기회를 준다. 누구나 구하면 얻을 수 있다. 누구나 도(道)를 수행하면 선한 마음으로 바뀔 수 있고, 죄가 있더라도 그 사악함을 면하도록 도움을 준다.

그래서 그 어떤 지위나 권위, 화려한 보석보다 도(道)를 갈고 닦아 정진하는 것을 귀하게 여긴다.

63.
세상의 큰일도 세세한 것부터 시작된다

❀ 세상의 모든 일은 작은 일들의 조합으로 이루어져 있다
　- 하나하나씩 충실히 실행하면 큰 일이 이루어진다.

爲無爲, 事無事, 味無味, 大小多少, 報怨以德.
위 무 위　사 무 사　미 무 미　대 소 다 소　보 원 이 덕

圖難乎 其易也, 爲大乎 其細也.
도 난 호 기 이 야　위 대 호 기 세 야

天下之難 作於易, 天下之大 作於細.
천 하 지 난 작 어 이　천 하 지 대 작 어 세

是以聖人 終不爲大, 故能成其大.
시 이 성 인 종 불 위 대　고 능 성 기 대

夫輕諾必寡信, 多易必多難.
부 경 낙 필 과 신　다 이 필 다 난

是以聖人 猶難之, 故終於無難
시 이 성 인 유 난 지　고 종 어 무 난

번역

인위적인 것을 행하지 않고 아무 일이 없는 것을 일로 삼으며,
맛이 없는 것을 맛으로 여기며 큰 것은 작게, 많은 것은 적게 여

기고, 원한은 덕으로 갚는다.

복잡하고 어려운 그림도, 쉬운 것부터 위대한 것도 세세한 것에
서부터 시작된다.

세상의 어려운 일도 쉬운 것에서부터, 세상의 큰 일도 작은 것에
서부터 시작된다.

그래서 성인은 큰 것을 위하지 않아도 능히 큰 일을 이룬다.

가볍게 승낙하면 필히 신뢰가 부족한 것이고,

쉬운 일이 많으면 필히 어려움이 많아진다.

그래서 성인은 오히려 매사에 신중하고 어려워하기 때문에, 그
끝에 이르는 것이 무난하다.

참고 한자

報(보) 갚다 / 怨(원) 원한 / 圖(도) 그림 / 難(난) 어려운 /

易(이) 쉬운 / 細(세) 세세한 / 作(작) 만들어지다 / 輕(경) 가벼운 /

諾(낙) 승락

해설

작은 일이라도 소홀히 할 수 없는 이유

세상 구성과 일의 이치에 대해 설명하고 있다. 모든 큰 일은 작
은 일들의 조합으로 이루어져 있다. 작은 일들의 처리 방법 및 방
식에 따라 큰 일이 쉽게 이루어질 수도 있고 아닐 수도 있다.

성인(聖人)이 큰 일을 이루고 싶은 욕심에 명령과 지시가 많아진

다면 일의 진행 방향이 자주 바뀌어 작은 일들의 처리 속도가 늦어지고, 결국은 일의 완성도가 낮아진다.

아무리 어렵고 커다란 일도 한 번에 이루어지는 것은 없다. 작고 세세한 부분부터 시작하여 꾸준히 노력하고 지속하다 보면 어느새 완성되는 것이 세상의 일이다. 이 이치를 안다면 성인은 작은 일을 채근하지도, 큰 일의 완성을 앞두고도 조바심을 머금지 않는다. 그저 스스로 이루어지는 모습을 바라볼 뿐이다.

그 과정에서 성인은 두루 빛을 비추어 밝지 못한 곳을 둘러보고 보살피는 지혜가 필요하다. 어두운 곳과 느리게 진행되는 곳을 밝게 하여 부족한 부분을 채울 수 있도록 도움을 준다. 그리하여, 전체 일의 완성을 추구한다.

64.
인위적으로 행하려는 자는 실패한다

㉓ 성인이 해야 할 일은 무위(無爲)이다
  - 모든 일이 스스로 이루어지도록 하며,
  - 사람들이 간과하는 것을 밝혀 이룰 수 있도록 도움을 준다.
※ 성인의 무위(無爲)는 나태, 안이한 성인의 모습이 아니다. 욕심·사심을 버리고 서민을 살펴보고 도움을 주는 것을 의미한다. 이는 일을 만들어 서민을 어렵게 하고 명령하며 간섭함이 아니다.

其安也 易持也, 其未兆也 易謀也.
기 안 야   이 지 야   기 미 조 야   이 모 야

其脆也 易判也, 其微也 易散也.
기 취 야   이 판 야   기 미 야   이 산 야

爲之於其未有也, 治之於其未亂.
위 지 어 기 미 유 야   치 지 어 기 미 란

合抱¹⁾之木, 作於毫末. 九成之臺, 作於累土.
합 포   지 목   작 어 호 말   구 성 지 대   작 어 누 토

百仞之高, 始於足下. 爲之者 敗之, 執之者 失之.
백 인 지 고   시 어 족 하   위 지 자 패 지   집 지 자 실 지

聖人無爲也 故無敗也, 無執也 故無失也.
성 인 무 위 야   고 무 패 야   무 집 야   고 무 실 야

民之從事也, 恒於其成事而敗之.
민 지 종 사 야   항 어 기 성 사 이 패 지

故曰愼終若始, 則無敗事矣.
고 왈 신 종 약 시   즉 무 패 사 의

是以聖人 欲不欲, 而不貴難得之貨
시 이 성 인 욕 불 욕   이 불 귀 난 득 지 화

學不學, 而復衆人之所過
학 불 학   이 복 중 인 지 소 과

能輔萬物之自然, 而不敢爲.
능 보 만 물 지 자 연   이 불 감 위

번역

안정되어 있을 때 유지하기 쉽고, 아직 조짐이 없을 때 도모하기
쉽다.

아직 연할 때 분리하기가 쉽고, 아직 미미할 때 흩어지기 쉽다.

그 형체를 갖추기 전에 행하고, 아직 혼란스럽지 않을 때 다스
려라.

아름드리나무도 작은 싹에서 시작되고,

구층 누대도 기반 흙부터 시작한다.

백 길의 높이도 한 걸음부터 오르기 시작한다.

인위적으로 행하려는 자는 실패하고, 집착하는 자는 잃는다.

성인은 인위적으로 무엇을 하지 않기 때문에 실패하지 않는다.

(성인은) 집착하지 않기 때문에 잃지도 않는다.

서민은 일을 처리함에 있어 항상 그 성공에 거의 이르러서 실패
한다.

말하기를, 끝맺을 때도 시작과 같이 진심을 다하면 실패하지 않는다고 했다.

이런 이유로 성인은 욕심을 내지 않는 것을 욕심으로 삼으며, 재물을 귀하게 여기지 않는다.

배우지 않음을 배워, 사람들이 간과하는 것을 되돌아봄으로써, 만물이 스스로 이루어질 수 있도록 도울 뿐 감히 인위적으로 하지 않는다.

한자풀이

1) 합포(合抱) : 한 아름. 두 팔로 펴서 감싸 안는.

참고 한자

安(안) 안정된 / 持(지) 유지하다 / 未(미) 아직 / 兆(조) 조짐 /
謀(모) 도모 / 脆(취) 연하다 / 判(판) 나누다, 분리하다 /
微(미) 미미하다 / 散(산) 흩어지다 / 毫(호) 터럭 / 末(말) 끝 /
仞(인) 길이의 단위(약 2.4m)
敗(패) 실패하다 / 執(집) 잡다 / 失(실) 잃다 / 從(종) 일하다 /
愼(신) 신중히 하다 / 終(종) 마치다 / 過(과) 지나치다 / 輔(보) 돕다 /
敢(감) 감히

해설

안정되어 있을 때, 즉 초기에 어떤 일을 관리하고 제어하기는 쉽다. 그래서 초기부터 일을 바르게 행해야 한다. 시작한 이후는 하나하나 쌓아나가는 형태로 진행이 이루어지기 때문에 변경이 쉽지 않다. 또한 일의 중간에 인위적인 조작이 가미되면 부실로 이어지기 쉽다. 인위적인 노력과 집착 등이 배제되어야 초기에 품었던 의지대로 성장할 수 있다.

일의 종료 시점에서 대부분의 사람은 끝맺음을 소홀히 하기 때문에 실패를 맛본다. 시작할 때의 마음으로 정성껏 마무리한다면 실패하지 않을 것이다. 일의 시작부터 종료까지 행해야 하는 마음가짐과 태도를 기술하였다.

이 장과 관련해 많은 고사성어가 전해오고 있다.

'사상누각(沙上樓閣)', '천 리 길도 한걸음부터', '용두사미(龍頭蛇尾)', '시종일관(始終一貫)', '우공이산(愚公移山)' 등이 이에 해당한다.

65.
얇은 지식은 사회를 혼란스럽게 만든다

❀ 얇은 지식은 사회를 혼란스럽게 한다

❀ 법과 제도는 덕(德)을 기초로 만들어져야 한다

※ 서민은 얇은 지식을 갖추는 것보다 소박하도록 이끈다.

古曰 爲道者, 非以明民¹⁾也, 將以愚²⁾之也.
고 왈 위 도 자 비 이 명 민 야 장 이 우 지 야

民之難治也, 以其智多也.
민 지 난 치 야 이 기 지 다 야

故以智治邦, 邦之賊³⁾也. 以不智治邦, 邦之德也.
고 이 지 치 방 방 지 적 야 이 부 지 치 방 방 지 덕 야

恒知此兩者, 亦稽⁴⁾式也. 恒知稽式, 此謂玄德.
항 지 차 양 자 역 계 식 야 항 지 계 식 차 위 현 덕

玄德深矣 遠矣. 與物反矣, 乃至大順
현 덕 심 의 원 의   여 물 반 의 내 지 대 순

번역

옛말에 도를 행하는 사람은 서민을 깨우치게 하는 것이 아니라,
우직하게 되도록 만들었다.

서민을 다스리기 어려운 것은 (서민이) 아는 것이 많아서 그렇다.

아는 것이 많은 사람들이 나라를 다스리게 되면 사악한 나라가 된다.

아는 것이 많지 않은 사람들이 나라를 다스리면 덕으로 이루는 나라가 된다.

항상 이 두 가지를 이해하고, 법과 제도에 이를 헤아려 적용하라.

항상 법과 제도가 적용된 의미를 이해한다면 이것을 깊은 덕이라 한다.

깊은 덕은 두텁고도 멀다.

반대로 될 때도 있지만 이내 크게 (도에) 순응하게 된다.

1) 명민(明民) : 서민이 밝다. 학식이 높은 학자도 아니고, 서민이 이 것저것 얇은 지식을 기반으로 밝은 것 같이 된다.

2) 우(遇) : 우직하게 하다. 어리석다. 여기서는 투박함을 의미한다.

3) 적(賊) : 도적. 사악한.

4) 계(稽) : 헤아리다. 쌓다.

참고 한자

式(식) 법, 제도 / 遠(원) 멀다 / 與(여) 어조사 / 順(순) 순리

해설

서민들의 얇은 지식이 많아지면 오히려 사회 혼란을 야기할 수

노자 도덕경 道

있다. 서민들이 충분히 법과 제도를 이해하지 못하고 얇은 정보에 쉽게 현혹되어 올바른 정책에도 사사건건 저항할 수 있기 때문이다. 한 분야의 지식이 높은 사람도 자신의 분야가 아니라면 크게 다르지 않다.

얇게 아는 것이 많은 사람이 이런저런 정책을 세워 인위적으로 나라를 다스리면 나라가 혼란에 빠지고 점점 더 사악해질 수 있다. 역사적으로 쌓여온 도기(道紀)를 이해하고, 조심스럽게 만드는 것이 나라의 제도와 법식이다.

나라를 다스리는 큰 틀은 만인을 이롭게 하고 인위적인 요소를 포함하지 않는 덕을 기초로 해야 한다.

법과 제도의 의의

법과 제도라는 큰 틀은 최소화되어야 한다. 큰 틀을 지속적으로 찍어낼 수는 없다. 다만, 기술과 사회의 변화에 따라 바뀌는 사항에 대해서는 소박한 서민들이 쉽게 이해하고 따를 수 있는 편리함이 제공되는 게 바람직하다. 시스템과 프로세스가 복잡해질수록 실무에 밝은 사람들이 필요한 이유다.

법과 제도라는 큰 틀을 세세하게 만들다 보면 틀의 한계에 갇히게 되며, 서민들이 모두 이해하고 실행하기 어렵다. 이로 인해 불이익을 얻게 된다면 법과 제도의 덕(德)이 부족함을 의미한다. 부족한 법과 제도가 많아지면 본연의 사업과 일을 잘하는 사람보다 법과 제도에 밝은 사람이 이익을 얻게 된다. 결국 법과 제도에 대한 지식을 쌓고 이를 활용해 편익을 취하는 것을 장려하게 된다. 이를 얇은 지식이라 하였고, 도적의 법과 제도라 하였다.

법은 최소화되어야 하고, 제도는 올바른 방향으로 유도하는 형태로 만들어져야 한다. 법과 제도는 규제를 위해서가 아니라 만인의 질서를 바로 하고 도움을 주고자 함이다.

깊은 덕(德)은 심오하며 오히려 만인에게 별 이득을 주지 않는 것처럼 느껴질 수도 있으나, 크게 생각해 보면 곧 순리에 부합하게 된다.

66.
만물을 포용하고 다투지 않는다

❀ 자신을 낮추어 아래에 머물고, 만물을 포용하며 다투지 않는다

江海之所以能爲百谷王者,
강 해 지 소 이 능 위 백 곡 왕 자

以其善下之, 是以能爲百谷王.
이 기 선 하 지   시 이 능 위 백 곡 왕

是以聖人之欲上民也, 必以其言下之,
시 이 성 인 지 욕 상 민 야   필 이 기 언 하 지

其欲先民也, 必以其身後之.
기 욕 선 민 야   필 이 기 신 후 지

故居前而民不害也, 居上而民不重也,
고 거 전 이 민 불 해 야   거 상 이 민 부 중 야

天下樂推而不厭也 以其不爭與.
천 하 요 추 이 불 염 야   이 기 부 쟁 여

故天下莫能與爭
고 천 하 막 능 여 쟁

번역

강과 바다가 모든 계곡의 왕이 될 수 있는 이유는 아래에 있기

를 좋아하기 때문이다.

그래서 능히 모든 계곡의 왕이 될 수 있다.

성인이 서민들 위에 있고자 하면 필히 그 언어가 서민들의 삶 아래에 있어야 한다.

서민들 앞에 있고자 하면 필히 그 몸을 서민들 뒤에 두어야 한다.

그래서 앞에 머물러서는 서민에게 해를 입히지 않고,

위에 머물러서는 서민들에게 부담을 주지 않는다.

세상 사람들은 기꺼이 (성인을) 추대하고, 싫어하지 않는다.

(성인은) 함께 있어 다투지 않기 때문에

세상 사람들도 그와 다투지 않는다.

참고 한자

善(선) 좋아하다, 잘하다 / 推(추) 추천하다 / 厭(염) 싫어하다 /
爭(쟁) 다투다 / 與(여) 함께, 더불어

해설

성인을 큰 강이나 바다에 비유하고 있다. 물의 속성을 언급하였듯이 큰 바다는 가장 낮은 곳에 머물러 모든 물을 포용한다. 성인은 가장 낮은 곳에 머물러 서민들의 삶의 애환을 모두 떠안는다. 항상 서민의 삶을 바라보고, 그들의 애로사항을 해결해주는데 온 힘을 쏟는다.

성인의 언어는 자신의 부귀와 즐거움을 영위하는데 사용되지 않는다. 그 말과 언어를 서민의 삶을 보살피는데 사용한다. 성인의 위치에 있는 사람은 자신이 사용하는 말과 언어가 자신을 위한 것인지, 아니면 서민을 위해 사용하는 것인지 생각해야 한다. 자신을 돌보이고자, 욕심을 채우고자 지시를 내리는데 사용하는 언어는 자신을 위한 일이다. 국가 및 조직을 위한다는 미명 아래에 실행되는 인위적인 사업도 사심과 욕심이 철저히 배제되어 있는지 생각해 보아야 한다. 서민 스스로 삶이 잘 이루어지도록 환경을 만들어주는 것이 성인의 역할이다.

수많은 계곡의 물이 모여서 섞일 때 일시적으로 소용돌이가 일고 혼란이 벌어지지만, 조금 지나면 자연스럽게 하나를 이루어 흐른다. 그리고 대해(大海)로 흘러들어 합쳐지고 평온을 이룬다. 큰 물은 작은 물줄기와 다투거나 경쟁하지 않는다. 자연스럽게 화합하여 더 크게 이룬다.

67.
소박한 삶을 사는 나라

❀ 소박하고 투박한 삶을 사는 이상 국가의 모습

　- 전쟁이 없고, 이해전달이(언어가) 복잡하지 않으며,

　- 음식은 달고, 풍속은 즐겁고, 아늑하고 편안한 거처가 있다.

　- 남의 것을 탐하지 않고, 소박하게 사는 삶의 모습이다.

小邦寡民. 使什百之器¹⁾無用, 使民重死而遠送,
소 방 과 민　사 십 백 지 기　무 용　사 민 중 사 이 원 송

有車舟無所乘之, 有甲兵無所陳之,
유 차 주 무 소 승 지　유 갑 병 무 소 진 지

使民復結繩²⁾而用之.
사 민 복 결 승　이 용 지

甘其食, 美其服, 樂其俗, 安其居.
감 기 식　미 기 복　락 기 속　안 기 거

隣邦相望, 鷄狗之聲相聞, 民至老死, 不相往來
린 방 상 망　계 구 지 성 상 문　민 지 노 사　불 상 왕 래

번역

나라는 작고 국민은 적다.

'십백'의 관리 제도가 있어도 사용하지 않고,

서민들이 목숨을 중히 여겨 멀리 떠나지 않게 한다.

수레와 배가 있어도 탈 필요가 없다.

무기가 있어도 진을 치고 사용할 일이 없으며,

서민들에게 새끼줄을 엮어 문자로 사용하게 한다.

음식은 달고, 의복은 아름다우며, 풍속은 즐겁고, 사는 곳은 편안하다.

이웃 나라가 서로 바라보이고 닭과 개의 우는 소리가 들려도, 서민들이 늙어서 죽으며 서로 왕래하지 않는다.

한자풀이

1) 십백지기(什百之器) : 주나라 말기의 토지 제도인 정전제를 의미한다. 100무(당시 토지 면적으로 1무=60평 정도) 단위로 할당. 900무 중 100무, 약 10%를 공전으로 두고 공동으로 경작해 나라에 세금으로 바침.

2) 결승(結繩) : 새끼줄을 묶어서 문자로 사용하는 전달 방식. 즉 단순하고 투박한 삶을 의미한다.

참고 한자

送(송) 보내다 / 車(차) 수레 / 舟(주) 배 / 乘(승) 타다 /

陳(진) 늘어서다 / 甘(감) 달다 / 俗(속) 풍속 / 隣(린) 이웃 /

望(망) 바라보다 / 鷄狗(계구) 닭과 개 / 聲(성) 소리 /

往來(왕래) 가고 오다

사람은 도(道)의 운행 법칙을 따르고, 자연의 흐름에 순응하며 살아간다. 아직 도(道)가 충분히 기록되지 않았으며 이어져 오는 지식의 축적이 더 필요하다. 제도와 법칙이 덕(德)을 토대로 이루어지지 못한 춘추전국시대에는 먼 훗날의 이야기였다.

춘추전국시대 말기의 혼란스러운 사회와 국가 간의 잦은 전쟁, 그리고 제후와 왕의 욕심으로 인해 피폐해진 서민의 삶을 바라보면서 이상적인 국가의 모습을 그려보고 있다.

세금 제도가 가혹하지 않고 나라가 안정되어 사람들의 이동이 없으며, 무기는 사용할 일이 없고, 굳이 복잡하게 언어를 교환하지 않아도 소통이 된다. 음식과 의복, 풍속, 사는 곳이 안정을 이룬 나라의 모습이다. 현대시대에서 바라보아도 소박하며 평화로운 모습이다. 미래에 어떤 나라를 만들어야 하는지에 대한 명확한 방향을 제시하고 있다.

나라가 작고 국민이 적다는 것은 일을 수행할 때 유연하다는 뜻이다. 유연하므로 지속적인 성장을 하기 쉽다. 자연의 흐름에 따라 번영이 지속될 수 있음을 의미한다.

어떻게 조세 저항을 최소화할 수 있는가?
먼저 사회적 인식을 개선해야 한다

세금 제도는 국가의 기반이다. 안정적 세수 확보가 재정을 건전하게 만들고 국가 운용을 원활하게 한다. 농업이 전체 산업 비중의 99.99%를 차지하던 고대의 세금 제도는 병폐의 온상이었다. 주나라에서 이어져온 정전제가 기본 취지에서 많이 변형되어 고리대금이 만연하였다. 이는 서민의 삶을 힘들게 하는 가장 큰 원인이었다.

현대사회에서도 세금 제도는 항상 쟁점이 되는 사항이다. 과도함을 없애고 본래 취지에 맞게 운용되어야 하지만, 실행 과정에서 예외와 문제가 발생하고 그에 따라 논란의 소지가 일어난다.

정전제도 그 자체에 문제가 있었던 것은 아니다. 공전에 해당하는 부분을 경작하는 서민의 마음과 세수를 걷는 집행자인 백성의 마음이 변질되면서 부작용이 발생한 것이다. 그래서 취약한 부분을 보완하는 훈령이 생성되고, 그 훈령을 시행 과정에서 또 다른 문제를 일으킨다. 악순환의 반복이다.

국가 유지의 기초는 성인(제후·왕)도 아니고 군사력도 아니다. 서민의 안정된 생활을 기반으로 한 국가의 단단한 재정이다. 즉, 세수의 투명하고 합리적인 확보가 관건이다.

변질되어 혹독해진 조세 제도 아래에서는 갖은 문제가 발생한다. 서민들은 목숨을 두려워하지 않으며, 혹독한 제도를 피해 달아난다.

목숨을 부지하고 사는 것이 중요한가? 아니면 가혹한 세금을 피해 도피하는 것이 우선인가?

선택에 직면했을 때 30%가 달아난다고 했다. 전쟁에 의해 황폐해진 땅에서, 그래도 가혹한 조세는 계속된다. 남아서 죽는 사람이 30%였다. 어찌 달아나지 않을 수 있었겠는가?

현대사회에서 조세 제도는 서민의 삶이 어려워 세금을 내지 못하는 인구의 증가도 문제지만, 부자의 탈세가 더욱 큰 관심거리다. 부자를 대상으로 증세하여 배분하려는 노력이 얼마나 실질적 효과가 있었는지에 대해 계산해 보아야 한다. 노력 대비 실효성이 없다면 방법의 한계가 있음을 인정해야 한다.

인위적인 부자 증세에 앞서 부자에게 부여되는 세금에 대한 의미가 어떤 것인지 깊이 생각해 봐야 한다. 부자에게 더 많이 세금을 걷는 구실을 찾으라는 것이 아니다. 눈에 보이는 제도를 만들기 전에 그 쓰임을 먼저 살펴봐야 한다는 것이다.

즉 부자가 세금을 많이 내는 것의 쓰임을 제대로 평가하고, 사회적 인식 향상에 반영하여 자발적으로 세금을 더 낼 수 있도록 유도하는 방법을 찾는 게 바람직하다. 세금을 많이 내는 사람에게 국가에 대한 공헌 차원으로 명예와 혜택을 주고 사회적인 인식을 높이려는 노력이 필요하다.

부자 증세의 효과가 단지 배분을 위한 것이라면 부자로서는 '왜 굳이 노력하고, 열심히 아이디어를 짜내고 기획하여 획기적인 사업을 해야 할까?' 하는 의문을 제기할 수밖에 없다. 그런 의문이 든다면 조세와 법, 제도를 잘 아는 사람을 고용하여 법의 구멍을 찾아 우회하는 방법을 열심히 찾을 것이다. 부를 축적하면 축적할수록 조세를 피하기 위해 더욱 노력하게 된다. 우리는 현대사회가 그렇게 되고 있다는 것을 알고 있다. 그럼에도 불구하고 적절한 해결 방법을 연구하고 제시하기보다는 더 세금을 걷는 방법에만 몰두하고 있다.

도(道)에 대해 수련하고 정진하여 덕을 이루는 세상을 만드는 것이 바른길이다. 부자만 도(道)에 대해 공부하고 베풀어야 함을 의미하는 것이 아니다. 서민도 그런 나눔을 실행하는 부자를 존경하고, 나도 부자가 되면 그렇게 해야 한다는 마음이 자리 잡도록 사회적인 제도와 관습의 개선이 필요하다는 것이다. 그런 인식이 쌓이면 자연스럽게 부자는 나눌 것이고, 서민들은 존경을 마다하지 않게 된다. 시기와 갈등의 눈초리가 아닌 덕(德)을 기반으로 한 어진 눈망울이다.

사회적 갈등의 악용

8백만이 넘는 유대인이 나치에 의해 학살당한 커다란 계기 중 하나는 부의 불균형에서 발생한 미움과 증오에 따른 사회적 갈등이다. 독일은 1차 세계 대전 이후 전쟁에서 패배하여 천문학적인 빚을 떠안았다. 그동안 확보한 해외의 식민지를 반납하는 것과 동시에 국가의 재정은 황폐해졌다.

전쟁으로 엄청난 배상액을 치러야 하는 가운데 독일 내에서 숨은 재화를 보유하고 있던 유대인이 독일인에게 돈을 빌려주기 시작했고, 채무자와 채권자 관계에서 발생하는 이자에 대한 시선이 곱지 않게 되었다. 게다가 원금과 혹독한 이자에 대해 부담이 커지기 시작하였다. 이 시기에 정치에 뛰어든 히틀러는 이를 활용하여 교묘히 국민을 선동하는데 성공했고, 정권을 잡은 후에는 이것을 이용하여 참담한 짓을 저질렀다.

우리는 너무 많은 에너지를 소비하고 있다

춘추전국시대에 수레와 배를 타는 것은 목숨을 구하기 위해 도피하려고 한다는 것을 의미한다. 현대사회도 특정 국가의 삶이 어려워 수레나 배를 타고, 또는 걸어서 다른 나라로 망명하는 경우를 쉽게 볼 수 있다. 살고 있던 터전과 이웃을 버리고 새로운 곳에서 삶을 시작하고자 한다면 그만큼 큰 리스크를 감당해야 한다. 이런 리스크를 감당하는 사람은 그 과정에서 벌어지는 어떤 상황에서도 버티고 살아남으려 한다.

법과 제도는 이런 상황에서 큰 의미가 없다. 그래서 법과 제도를 이탈하는 일이 많이 발생한다. 그 결과 사회적 문제가 증가하게 되고, 이를 해결하기 위해서는 다시 많은 조세가 투입되어야 하는 악순환이 반복된다. 대단위의 수레와 배를 통한 이동은 더욱 그렇다.

삶의 터전을 이동하기 위한 수단 이외에도, 현대사회의 수레와 배에 해당하는 것은 생산 활동을 하기 위한 필수 이동 수단으로 자리 잡았다. 집집마다 최소 한 대 이상의 자동차를 활용하여 수십㎞를 이동하여 일터로 향한다. 미국의 경우 집집마다 2~3대 이상의 자동차를 사용한다. 넓은 땅으로 인해 개개인이 좋은 주택과 많은 자동차를 보유하고 있지만, 지구 전체로 볼 때 엄청난 에너지를 비효율적으로 소모하고 있다.

그 에너지 소모를 채우기 위해 자원을 채굴하고, 가공, 생산, 사용하는 과정에서 추가로 에너지가 소모된다. 그것은 모두 비용으로 되돌아온다. 환경오염과 자원 배분의 불균형에 따른 마찰, 이

동 비용, 생산 비용 등이다. 밀집된 지역에서는 자동차보다 지하철, 버스 등 공공재를 활용하는 것이 권고된다. 공공재를 활용하는 게 훨씬 에너지 절약에 효율적이기 때문이다

우리는 아파트라는 공간이 획일적이고 친환경적이지 않다고 인식하고 있다. 그러나 개개인이 넓은 집을 짓고, 별도의 수영장, 별도의 차고, 별도의 잔디를 보유하고 있는 부유 국가를 보라. 물 부족, 전기 부족, 에너지 소비 문제 등 다양한 문제를 심각한 고민하고 있다.

큰 덕(德)은 인위적이지 않은 공유다. 아파트는 정원, 주차장, 잔디, 헬스장, 카페 등 부대시설을 점점 더 많이 공유하는 형태로 진화하고 있다. 관리 측면에서도 전문가에게 위탁하여 개개인은 그것들을 관리하기 위해 지불해야 하는 비용과 관리로 인한 스트레스에서 벗어날 수 있었다.

우리가 가고자 하는 미래의 방향은 도(道)와 덕(德)의 원리에서 벗어나지 않는다. 도(道)의 사상은 만물과 상생을 이루어 사는 자연스러운 모습을 기반으로 하기 때문이다. 인위적으로 무엇을 하지 않아도 잘 순환되는, 친환경적인 사상이다. 인위적인 무엇을 해야 한다면, 만인에게 도움이 되는 방향이어야 한다. 이는 덕(德)을 기본으로 한 공유를 의미한다.

정보와 언어 교환의 효율성

사람들 사이에 소통은 단순한 결승 문자를 사용한 이해 교환

이면 충분하다. 현대로 치자면 이모티콘 정도에 해당한다. 문명의 발달로 사회와 시스템 및 프로세스가 복잡해지면 복잡해질수록 더 많은 언어가 생산되고 더 많은 정보 교환 방법이 필요하다. 하지만 서민들은 이런 복잡한 것을 대신하는 단순하고 편리한 것을 찾게 된다.

이동 통신 발달에 의해 인터넷에서 누구나 실시간으로 다량의 정보를 찾고 교환하며 활용할 수 있는 현대시대에는 문자의 역할을 대신하는 이모티콘이 발달하고 있다. 복잡한 언어를 대신하여 감정 및 상태를 표현하는 빠른 수단으로 자리 잡고 있다. 그 이유는 무엇보다 직관적이면서도 쉽고 빠르기 때문이다.

쉽고 빠르다는 관점에서 한글은 전 세계 어떤 글자보다 매력적이다. 전 세계 어떤 언어보다 이해가 쉽고 빠르다. 스마트폰에서 분당 700 글자 이상을 입력할 수 있는 언어는 한글이 유일하다. 가독성에 있어서도 영어 계열처럼 길게 늘어서는 형태가 아니라 조합형이라 화면의 소모가 최소 1/3 이상 줄어든다. 스마트폰의 한 줄에 넣을 수 있는 글자의 개수 관점에서 생각해도 그만큼 효율적이다. 스마트폰에 한정시켜서 간결함을 이야기할 필요도 없다. 그 확장성에 있어서도 언어학자의 연구 결과 전 세계 글자 중에서 가장 많은 조합의 수를 표현할 수 있는 글자가 바로 한글이라는 결론이 나왔다.

세종대왕이 한글을 만들 때 스마트폰을 염두에 두고 만들지는 않았겠지만, 과학적으로 봤을 때 전 세계 문자 중에서 가장 우수하다. 그 이유이자 원천이 되는 원리는 간단하다. 자연의 모습을 기반으로 하여 시각과 청각 기관의 모습과 쓰임을 활용하여 만든 글자이기 때문이다. 즉 도(道)의 원리를 가장 많이 사용하고 반영한 글자라는 것이다. 한글의 글자를 조금 더 풀어보면 자연의 하늘(ㆍ), 땅(ㅡ), 사람(ㅣ)을 조합하여 모든 글자를 생성해 낸다. 이것이 한글이 지닌 힘이다.

새로운 것을 설계할 때, 또는 만들고 난 후에 도(道)와 덕(德)의 관점에서 체크 리스트를 만들고 검토해 보라. 그러면 그 우수성과 편의성이 오래오래 갈 수 있다.

마지막으로 언급한 구절은 전쟁이 없어 서민들이 늙어서 수명을 마치는 모습이다. 내가 살고 있는 곳이 편안하고 즐거우면 굳이 이웃 나라로 도피할 이유가 없다. 왕래도 필요 없고 이로 인한 불필요한 자원의 소모도 혼란도 없다. 이것이 노자가 꿈꾸는 이상 국가의 모습이다.

우리는 올바른 사회를 만들어 가고 있는가?

현대사회에서 가장 행복지수가 높은 나라, 복지가 잘 이루어지고 있는 나라들의 공통점은 '소방과민(小邦寡民)'의 모습을 많이 포함하고 있다는 것이다. 우선 국민의 수가 적기 때문에 사회적인 합의를 이루기가 쉽다. 국가가 커지고 국민이 많아지면 많아질수록 다양한 계층이 생기며 그에 따라 합의를 이루기가 어려워진다.

두 번째는 조세 제도의 투명성이 높다는 것이다. 사회적 합의를 바탕으로 부자에게 세금을 많이 걷으며, 이에 대한 부자들의 저항이 낮고, 높은 세금을 낸 사람들에 대한 사회적 인식이 우호적이며 서민들은 그들을 존경의 시선으로 바라본다. 거꾸로 세금을 적게 내고 편법과 부정을 저지른다면 사회적으로 용납하지 않는 인식과 시스템을 갖추고 있다.

세 번째로 개개인의 삶을 소중히 생각한다. 자신의 삶을 소박하면서도 아름답게 가꾸려는 노력을 하고, 경쟁과 다툼으로 주위 사람들과 이익을 다투지 않는다. 그리고 자연환경 보전을 사랑하며 물질과 에너지의 과소비를 경계한다.

우리가 지향하고 만들어가야 하는 사회의 모습이다. 부족한 부분을 이해하고 나아갈 방향에 대해 인식하고 있으며 개선 노력하고 있다면, 사회는 지속해서 번영하고 발전하게 된다.

68.
신뢰가 가는 말은 화려하지 않다

❀ 사람들을 이롭게 하고 다투지 않는다
　- 참된 말은 아름답게 꾸밈이 필요 없다.
　- 타인을 위해 힘쓰고 가진 것을 베푼다.

信言不美, 美言不信. 知者不博, 博者不知
신 언 불 미　미 언 불 신　지 자 불 박　박 자 부 지

善者不多, 多者不善.
선 자 부 다　다 자 불 선

聖人無積, 旣以爲人, 己愈[1]有. 旣以予人, 己愈多.
성 인 무 적　기 이 위 인　기 유 유　기 이 여 인　기 유 다

故天之道, 利而不害. 人之道, 爲而不爭
고 천 지 도　이 이 불 해　인 지 도　위 이 부 쟁

번역

신뢰가 가는 말은 화려하지 않고, 화려한 언어는 신뢰가 없다.
진정으로 아는 사람은 넓게 알지 않고, 넓게 아는 사람은 진정
으로 알지 못한다.
선한 사람은 많지 않으며, 많은 사람은 선하지 않다.

성인은 쌓아두지 않고, 그것으로 사람들을 위하므로 자신도 더 갖게 된다.

사람들에게 나누어주니 자신도 더 넉넉하게 된다.

하늘의 도는 이로움을 베풀고 해로움을 주지 않는다.

사람의 도는 타인을 위하고 다투지 않는다.

1) 유(愈) : 더욱. 점점 더.

博(박) 박식하다 / 積(적) 쌓다 / 旣(기) 그것 / 予(여) 주다 / 利(이) 이익

하늘은 불인(不仁)하다. 만물을 추구(芻狗)와 같이 대한다. 하늘의 도(道)는 이롭게 하고 해를 입히지 않는다. 즉, 하늘의 도는 스스로 이롭게 하는 방향이다. 인위적으로 해를 입히지 않는다.

하늘은 스스로 돕는 자를 돕는다. 스스로를 망치는 자는 볏짚으로 만든 강아지처럼 하찮게 대한다. 비록 만드는 과정에서 정성을 다하였다 하더라도, 그 가치를 다하면 추구(芻狗)와 헌신짝 대하듯 버린다.

스스로의 가치는 하늘이 부여하거나 도와주지 않는다. 도(道)의 순방향이든, 역방향이든 스스로 자연스럽게 흘러가도록 이끌 뿐

이다.

신뢰와 믿음에 대하여

사람의 도(道)는 인(仁)이라는 글자의 의미처럼 2명 이상의 사람이 서로를 위하고 의지하며 살아가는 모습이다. 즉, 서로를 위해 살며 다투지 않는다. 다투고, 경쟁하고, 부딪히면서 큰다는 말도 있지만, 그것은 동물 세계의 생존 법칙이다.

사람 사이의 관계에 동물의 법칙을 적용하면 동물과 같은 사회가 된다. 동물처럼 잔인하고 생존이 유일한 미덕이 된다. 살아남는데 급급한 사람들의 이야기이다. 부딪히며 싸우는 이유는 욕심에 그 원인이 있다. 마음을 비우고 또 비우다 보면 다툴 일이 없어진다.

우리에게 필요한 것은 커다란 믿음과 신뢰다. 신뢰가 부족하다고 생각하기 때문에 화려한 말로 포장한다. 신뢰가 부족하다고 여기는 것은 사람마다 알고 있는 것에 대한 차이가 있기 때문이다. 살아가면서 보고, 듣고, 경험해 왔던 모든 것이 다르기 때문이다.

그래서 다른 사람을 100% 믿고 신뢰한다는 것은 거짓말이다. 사람마다 경험과 지식의 차이로 인해 인식의 차이가 있을 수밖에 없다는 것을 이해하는 자세가 바람직하다. 화려하고 포장된 언어가 아니라, 담백한 언어로 서로를 이해하려고 노력한다면 오히려 대화가 쉬워지고 신뢰를 얻을 수 있다.

신뢰와 믿음은 어디에서부터 시작되는가?

박(博)식의 의미를 넓은 지식 또는 깊은 지식이라고 이해하더라도 큰 차이는 없다. 아는 것에 대한 정도와 깊이가 다르다는 의미이다. 지식은 절대적인 것이 아니며, 단지 정도의 차이가 있을 뿐이다.

인간관계에서 분쟁은 인식의 차이에서 발생한다. 어떤 사안에 대한 이해도가 다르고, 해석하는 과정에서 바라보는 관점이 다른 것이 주된 이유다. 그것을 강하게 믿는 경우, 그리고 상대방과의 차이를 받아들일 여유가 없을 때 이견이 좁혀지지 않는다.

나의 인식을 더 넓히거나 상대방을 더 이해하려는 여유가 있다면 다툴 일이 없다. 나를 낮추고 상대방의 마음을 헤아리려 한다면 상대방도 너그러워진다. 나의 기준을 강요하는 것이 아니라 나의 인식이 유한하고 닫혀 있다는 것을 먼저 생각해야 한다. 상대방에게 강요하는 것은 긴장과 갈등을 조장하게 된다.

도기(道紀), 즉 지식과 과거에 대한 기록이 있다면 굳이 다툴 이유가 없다. 그 기록을 보고 서로에 대한 이해를 높이면 된다. 진행하고 있는 일은 시스템에 저장되어 있는 내역(기록)을 보고 현재 상태를 이해하고 협업하면 된다. 알고 있는 것이 부족하여 발생하는 다툼보다 서로의 이해를 높일 방안을 찾아보는 것이 바람직하다.

선(善)은 의미 자체가 애매모호하다. 보편적으로 "착하다", "선하다"라고 통용하여 사용할 뿐이지, 보는 관점에 따라서는 전혀 착하지 않고 선하지 않을 수도 있다. 선(善)은 관점에 따라 다르며, 항

노자 도덕경 道

상 선(善)한 사람은 없다.

성인(聖人)의 삶은 자신을 위해 쌓고 축적하지 않는다. 사람들에게 나누어주다 보면 다시 채워지고, 그 결과 더 나누게 된다. 그것이 순리이다. 나를 채우느라 급급하다 보면 비우는 것을 두려워하게 된다. 다시 채울 수 있을지에 대한 걱정과 염려가 앞선다. 이는 확신이 부족하기 때문이다. 순리에 따르는 것을 두려워할 필요는 없다.

자연을 바라보라! 흐르는 물은 작은 웅덩이를 채우고 넘치면 다시 아래로 흐른다. 자연의 순행 원리를 따라가다 보면 그것이 바로 길이고, 바른 삶이다.

69.
세 가지 보물 자애, 검소, 겸양

❀ 성인의 세 가지 보물 : 자애로움, 검약, 함부로 나서지 않음(겸양)

天下皆謂我大 不肖¹⁾, 夫唯大 故不肖.
천 하 개 위 아 대 불 초   부 유 대 고 불 초

若肖, 久矣其細也夫 我恒有三寶 持而保之.
약 초   구 의 기 세 야 부 아 항 유 삼 보 지 이 보 지

一曰慈, 二曰儉, 三曰不敢爲天下先.
일 왈 자   이 왈 검   삼 왈 불 감 위 천 하 선

夫慈 故能勇, 儉 故能廣
부 자 고 능 용   검 고 능 광

不敢爲天下先 故能爲成事長.
불 감 위 천 하 선 고 능 위 성 사 장

今 舍其慈且勇, 舍其儉且廣, 舍其後且先 則必死矣.
금 사 기 자 차 용   사 기 검 차 광   사 기 후 차 선 즉 필 사 의

夫慈 以戰則勝, 以守則固. 天將建之, 如以慈垣²⁾之.
부 자 이 전 즉 승   이 수 즉 고   천 장 건 지   여 이 자 원 지

번역

세상 사람들이 모두 나를 대인이라 칭한다. 하지만 닮지 않았다.

그저 (공손히) 대인이라 한다. 즉 약간 부족하다는 의미다.

만약 진정한 큰 대인이라면 (당연히) 그 세세함도 오래전부터 간직하고 있을 것이다.

내게는 세 가지 보물이 있는데, 항상 그것을 지니고 보존한다.

하나는 자애로움,

두 번째는 검소함,

세 번째는 함부로 세상 사람들 앞에 나서지 않음이다.

자애롭기에 용감하고, 검소하기에 광대하다.

세상에 먼저 나서지 않기에 큰일을 이루는 수장이 될 수 있다.

지금은 자애로움은 젖혀두고 용감한 것만 찾고,

검소함은 젖혀두고 광대하기만 원한다.

뒤에 있기를 젖혀두고 먼저 나가길 원하니, 필시 죽음에 이르리라.

자애로움이 있으면 전쟁에서 승리할 것이요, 지킬 때는 견고할 것이다.

하늘이 장차 그곳을 건재하게 할 때는,

그곳에 자애로움의 담을 두르는 것과 같다.

한자풀이

1) 불초(不肖) : 여기서 초(肖)는 '닮다'는 뜻으로 불초를 직역하면 '닮지 않음'이란 뜻이다. 보통은 '선왕', '성인', '아버지와 닮지 않은', '부족한'의 의미로 사용된다.

2) 원(垣) : 담을 두르다. 둘러싸다.

若(약) 만약 / 持(지) 지니다 / 保(보) 보전하다 / 慈(자) 자애 /
儉(검) 검소 / 勇(용) 용기 / 廣(광) 넓다 / 今(금) 현재 / 舍(사) 버리다

해설

 권력을 얻고, 부가 많이 쌓인다 해도 큰 대인이 되는 것은 아니다. 관장하는 모든 것을 섬세하게 살피고 아우를 수 있어야 진정한 대(大)인이라 할 수 있다. 진정한 대인은 세 가지 보물을 지니고 있다.

 바로 자(慈)애, 검(儉)소, 겸양(겸손과 양보)이다.

 이 세 가지 보물 중에 자(慈)애는 전쟁 시 사람들의 마음에 용기를 불러일으킨다. 그래서 전쟁을 승리로 이끌고, 수비할 때는 견고하게 방어할 수 있도록 도움을 준다. 하늘이 전쟁에서 살아남게 하고자 한다면 자애로움으로 사람들의 마음에 담을 쌓아준다.

노자 도덕경 道

70.
훌륭한 책략가는 무력을 사용하지 않는다

✿ 전쟁은 하지 않는 것이 최선이다

 - 함부로 무력을 사용하지 않으며 사람을 잘 활용한다.

※ 이것은 하늘의 뜻을 따르는 최고의 경지이다.

善爲士¹⁾者 不武. 善戰者 不怒.
선 위 사 자 불 무   선 전 자 불 노

善勝敵者 不與. 善用人者 爲之下.
선 승 적 자 불 여   선 용 인 자 위 지 하

是謂不爭之德, 是謂用人, 是謂配²⁾天, 古之極也
시 위 부 쟁 지 덕   시 위 용 인   시 위 배 천   고 지 극 야

번역

홀륭한 책략가는 무력을 사용하지 않고,

전쟁을 잘하는 사람은 화내지 않으며,

적을 잘 이기는 사람은 함부로 맞서지 않고,

사람을 잘 쓰는 사람은 그 사람에게 몸을 낮춘다.

이를 싸우지 않는 덕, 사람 쓰는 법, 하늘의 뜻을 따르는 법이라

하며,

이것은 오래전부터 내려오는 경지이다.

한자풀이

1) 사(士) : 군사(軍士). 군대의 작전을 세우는 참모. 책략가.
2) 배(配) : 걸맞다. 짝 지우다.

참고 한자

怒(노) 성내다 / 敵(적) 적 / 與(여) 마주하다, 대치하다 / 極(극) 경지

해설

예부터 내려오는 하늘의 뜻을 따르는 최고의 경지

첫째, 무력을 사용하지 않고 이긴다.
둘째, 싸움에 임하게 되었을 때는 화내지 않고 이성을 지킨다.
셋째, 맞붙어 싸우는 것을 피한다.
넷째, 사람을 잘 활용한다.

싸움은 항상 양측에 큰 피해를 불러온다.
현대사회에서도 사람들 사이에서 갈등이 발생하지 않을 수는 없다. 만약 다툼이 있다면 위의 경지를 활용해 보라.

71.
감히 전쟁을 일으키기보다는 방어를 한다

❀ 전쟁에 임하는 자세
- 전쟁은 공격에 대해 방어를 위한 최소한의 대응이다.
- 전쟁 시 담담하고 침착하게 임하고, 자애로써 사람을 대한다.

用兵有言 曰 吾不敢爲主[1]而爲客[2], 吾不進寸而退尺.
용 병 유 언 왈 오 불 감 위 주   이 위 객   오 부 진 촌 이 퇴 척

是謂 行無行, 攘無臂[3], 執無兵, 仍[4]無敵矣.
시 위 행 무 행, 양 무 비   집 무 병 잉 무 적 의

禍莫大於無敵, 無敵 近亡吾寶矣.
화 막 대 어 무 적 무 적 근 망 오 보 의

故稱兵相若, 則哀者勝矣
고 칭 병 상 약 즉 애 자 승 의

번역

용병에 관련하여 전해져 오는 말이 있다.

나는 감히 전쟁을 일으키기보다는 방어를 할 것이고,

나는 한 치 앞으로 나아가기보다는 한 척 길이만큼 물러날 것이다.

행동하되 움직임이 없는 것 같이하고, 큰 활이 없는 것 같이 겸손하며, 병기가 없는 것 같이 다스리며, 적이 없는 듯 태연하라.

화(재앙)는 적이 없다고 여기는 것만큼 큰 것이 없다.

적이 없다고 여기면 내 보배를 잃기 쉽다.

서로 맞붙어 싸울 때는 (목숨을) 불쌍히 여기는 자가 이긴다.

한자풀이

1) 주(主) : 주인.

2) 객(客) : 수동적인 사람.

3) 양무비(攘無臂) : 여기서 양(攘)은 '겸손하다'는 뜻이고 비(臂)는 '여러 개의 화살을 발사하는 활'이란 뜻이다.

4) 잉(仍) : 그대로 따르다.

참고 한자

進(진) 전진하다 / 退(퇴) 물러나다 / 近(근) 가깝다, 쉽다 /
亡(망) 잊다 / 稱(칭) 거행하다 / 哀(애) 슬퍼하다

해설

노자의 전쟁관에 대해 설명하였다. 전쟁은 하지 말아야 한다. 적이 쳐들어왔을 경우 생존을 위해서 방어를 수행한다. 공격자보다 방어자가 통상적으로 유리하다. 전쟁에서 공격자는 항상 수비하는 자보다 2~3배 이상의 피해를 감수해야 한다. 그럼에도 불구하고 공격을 하는 이유는 공격자의 우세가 월등하고 방어 준비가

노자 도덕경 道

안 되어 있는 경우가 대부분이기 때문이다.

　동일한 전력을 지닌 상황에서는 방어자가 훨씬 유리하다. 방어자는 내가 평상시 익숙한 곳에서 전쟁을 하게 되어 침착하고 담담하게 준비하는 것이 가능하다. 공격자의 기세에 눌려 겁을 먹거나, 준비함에 있어 혼란이 있거나, 방어할 수 있는 활과 화살이 충분하지 않으며, 병기를 다스림에 있어 서툴고 적의 많음에 동요하는 것은 방어자 스스로 무너지는 길이다.

　화(禍)는 적을 가볍게 여기고 자만할 때 찾아온다. 나에게 대적할 적이 없다고 생각하는 것은 내가 지켜야 하는 사람들의 목숨을 가볍게 여기는 행위다. 내 국민에 대한 자애를 스스로 버리는 일이다. "적이 오더라도 나의 병기에 의해 죽을 것이다."라는 굳은 의지와 철저한 준비자세가 없다면 그 경솔함으로 오히려 내가 화(禍)를 입게 된다.

　적과 대적하는 경우에는 자만이나 동요의 마음보다는 담담히 병기를 사용하여 우리 편이 다치거나 죽을지도 모르는 피해를 최소화해야 한다. 즉 우리 병사와 국민의 생명에 대한 자애로움을 지녀야 한다. 전시에는 자애로움이 최고의 보배다.

　전쟁은 국가 간의 욕심을 채우기 위한 싸움이다. 사람들이 죽고 삶의 터전이 황폐화되는 등 사람들이 겪는 고충을 경험했기 때문에, 전쟁에 대해 언급하는 것 자체가 싫지만 사람의 마음은 한결같지 않다.

72.
성인은 칡 옷을 입고 마음속으로 옥을 품는다

❀ 사람들은 눈에 보이는 대로 성인을 평가한다
   - 그래서 성인은 겉으로 검소하며 투박한 모습을 보이고,
   - 속으로는 서민을 사랑하는 옥과 같은 마음을 품는다.

吾言甚易知也, 甚易行也,
오 언 심 이 지 야　심 이 행 지

而人莫之能知也, 而莫之能行也.
이 인 막 지 능 지 야　이 막 지 능 행 야

言有宗, 事有君, 其唯無知也,
언 유 종　사 유 군　기 유 무 지 야

是以不我知. 知我者希則我者貴矣.
시 이 불 아 지　지 아 자 희 즉 아 자 귀 의

是以聖人被褐[1]而懷[2]玉
시 이 성 인 피 갈　이 회　옥

> **번역**

내 말은 뜻이 깊으나 알기 쉽고 행하기도 쉽다.

그러나 사람들은 그 뜻을 알지 못하고 행하지도 못한다.

말에는 근원이 있고, 일에는 중심이 있다. (사람들은) 그것을 모

노자 도덕경 道

른다.

이것은 나를 모르기 때문이다. 내가 고귀하기 때문에 나를 아는 사람은 드물다.

그래서 성인은 칡 옷을 두르고 마음속으로 옥을 품는다.

1) 갈(褐) : 칡넝쿨 옷, 서민들의 옷
2) 회(懷) : 품다, 마음속으로 간직하다

甚(심) 깊다 / 宗(종) 근원 / 希(희) 드물다 / 被(피) 두루다

겉모습의 의미

내가 옥으로 치장하고 좋은 음식을 즐기면 사람들은 나를 보는 모습 그대로 인식한다. 나를 사치와 향락을 좋아하는 사람으로 이해할 것이고, 신하들은 사치와 향락을 부추기는 방향으로 나를 이끌게 된다. 내가 검소하며 백성을 사랑하는 옥과 같은 마음을 보인다면 신하들도 당연히 그에 맞는 행동을 할 것이다.

나를 중심으로 생각하는 것의 의미

누구든지 자신이 하는 말은 이해하기 쉽고, 그에 따라 행하기도 쉽다. 자신이 깊은 뜻을 갖고 이야기할수록 상대방은 이해하기 어려운 것이 당연하다. 말에는 그 배경 및 숨은 의도가 포함되어 있다. 말하는 사람의 살아온 과정에서 쌓여온 근원적 이유가 포함되어 있다.

그런 것들을 포함하여 말을 하지만 간결한 언어로 충분히 표현하기는 어렵다. 말하는 사람조차 그 근원에 무엇이 있어서 그런 바람과 기대를 언어로 표현하였는지 정확히 이해하지 못한다.

누구든 내 말의 근본 원인과 숨은 의도를 이해하고 나를 대해 준다면 좋은 사람으로 생각하게 된다. 지음(地音)이라는 단어가 그 적절한 사례이다. 음악을 연주하는 소리만 들어도 그 사람의 마음 상태를 이해하는 친구라면 얼마나 가깝겠는가? 제후 또는 왕의 자리에 있는 나를 사람들이 귀하게는 여기겠지만, 나와 얼마나 가까울 수 있겠는가? 그리고 나를 이해할 수 있겠는가?

사람은 보이는 모습, 보이는 행동, 보이는 언어를 기준으로 상대방을 판단하고 그에 따라 반응한다. 아랫사람이 나를 진정으로 이해하고 그에 따라 행동하기를 기대한다면 아랫사람이라도 진정한 파트너 또는 친구로 대해야 한다. 아니라면 상하 관계로 한정될 수밖에 없다.

윗사람의 입장에서 아무리 친절하고 자세하게 말하더라도 아랫사람이 충분히 그 종주를 파악하기 전에는 혼란스러울 수 있다. 윗사람의 말이 올바르지만 내심 다른 무엇인가를 원하고 있다면 더욱 혼란스러워진다. 윗사람의 말이 어눌하더라도 그 마음속이 옥과 같이 깨끗하다면 오히려 무난하다. 언젠가는 아랫사람이 그

노자 도덕경 道

마음을 이해하게 될 것이다. 윗사람의 말이 올바르지 않고 험악하며, 그 마음 또한 바르지 않은 경우 최악이 된다. 이런 경우에 아랫사람은 항상 고민할 것이다.

"어떻게 이 상황을 벗어날 수 있을까?"

윗사람의 말이 올바르지 않지만, 그 마음이 바른 경우는 굳이 고민할 필요가 없다. 그런 경우는 희박하기 때문이다. 나는 어떤 경우에 해당하는가?

성인의 언어 자세로 가장 좋은 방법은 말을 삼가면서도 검소하고 투박한 모습으로 전달하는 무언지교(無言之敎)이다. 그래서 성인(聖人)은 칡 옷을 걸치고 마음속에 옥을 품는다.

73.
모르면서 아는 체하는 것은 병이다

❀ 모르는 것을 아는 체하는 것은 병이다

知不知 尚矣, 不知知 病也.
지 부 지 상 의   부 지 지 병 야

聖人不病, 以其病病, 是以不病
성 인 불 병   이 기 병 병   시 이 불 병

번역

모르는 것을 아는 것은 높이 살 일이다.
알지 못하면서 아는 체하는 것은 병이다.
성인이 병에 걸리지 않는 것은
그 병을 병으로 여기기 때문이다.
그래서 병에 걸리지 않는다.

해설

내가 옳지 않을 수 있고 부족할 수 있다는 것을 아는 것은 유연함이다. 유연함은 도(道)를 따르는 길이다. 나는 알고 있다고 생각하지만 확실하지 않고, 실제로는 잘 모르는 상황이 빈번하다. 이때 강한 주장 및 강한 일 처리는 위험한 결과를 초래한다.

아직 지식과 경험이 부족하고, 연륜이 낮으면 낮을수록 아는 체하거나 잘 안다고 쉽게 판단하고 행동한다. 잘 모르는데도 불구하고. 때문에 아는 체하는 것을 병이라고 했다. "나쁘다", "부족하다" 형태의 표현이 아니다.

병이라는 것은 정상적인 생활에 심각한 영향을 줄 수 있는 것이다. 육체의 병과 더불어 현대사회에서는 정신적인 스트레스와 고통도 심각한 병으로 간주된다. 정신적인 병을 영어로 표현하면 'mental disorder'라 한다. 마음의 혼란이다. 순서가 뒤죽박죽이 되어 정상적인 순서를 지키지 못하는 것이다.

현대 사회에서 지식(안다는 것)의 의미

현대사회에서는 질서와 편리를 위해 만든 수많은 절차와 제도가 우리를 옥죄고 있다. 수많은 절차와 제도를 정확히 알지 못하기 때문에 그것을 따라가고 아는 체하기 바쁘다.

정해진 규칙과 정해진 시기 안에 무엇을 해내지 못하는 경우 갖은 스트레스와 고통을 받는다. 사람들은 그 스트레스와 고통을 피하기 위해서, 사회생활의 불이익을 받지 않기 위해서 필사적으로 학습한다. 2,500년 전 철제 무기를 만들고 예리하게 다듬어 전쟁을 하던 모습과 비슷하다. 철제 무기가 지식이라는 형태로 바뀌었으며, 국가 간의 전쟁이 개인 간의 경쟁(전쟁) 형태로 변했을 뿐이다.

청소년기의 지식 축적의 의미

청소년기의 교육은 이런 무기를 가다듬는 시기이다. 현대교육의 한계는 절차와 제도가 유연하지 못하다는 점이다. 절차와 제도에 대한 운용 및 관리 관점에서의 편리함을 추구한다. 아는 것과 모르는 것을 구분하고 학습하여 이해와 지식을 높이는 학생 관점이 아니라는 것이다. 수많은 학생을 공장의 생산 라인에 배치된 기계처럼 제시간에 단련시키고, 다음 단계나 다음 학년으로 넘기는 편의성을 중시하는 방향으로 만들어져 있다. 인간성을 전제로 한 유연성과 자유로움은 뒷전이다. 자유로움을 지닌 학생들은 이 절차를 따르지 못하고, 갖은 스트레스와 불이익을 받으며 낮은 성적이라는 꼬리표로 달고 이 시기를 보낸다. 마치 어떤 상품이 B급 판정을 받고 공장을 떠나 출하되는 모양새와 비슷하다.

4차 산업혁명을 맞이한 현대사회에서, 우리는 우리가 알아야 할 것이 무엇인지에 대한 정의조차 내리지 못하고 있다. 학생들이 습득한 지식을 평가하는 평가 기준을 만드는 것 역시 소수의 교육 전문가의 일이다. 그런데 그 소수의 교육 전문가가 만들어내는 교육 절차와 제도가 얼마나 시대에 맞게 변하고 있는지 의문이 제기된다.

교육은 100년 앞을 내다보는 계획이라고 했다. 교육부 홈페이지

노자 도덕경 道

등을 통해 백년대계(百年大計)의 큰 방향성을 누구나 보고 토론하며 의견을 제시할 수 있어야 한다. 여론을 통해 최상의 방법이 도출될 수도 있다. 여론의 뭇매가 무서워 쉬쉬하고, 이해하기 어려운 용어로 소수의 학자만 의견과 이해를 교환하는 어리석음을 거두어야 한다. 그 과정에서 인위적인 이익과 권리를 찾는 특권층이 수시로 바꾸는 교육 절차와 제도로 인해 얼마나 많은 학생이 혼란을 겪었고, 그로 인해 불이익을 얻어 왔는가?

도(道)는 기록되어야 하고, 쉽게 검색해서 활용할 수 있어야 한다. 컴퓨터의 하드 디스크처럼 인간의 뇌에 얼마나 다양한 지식을 저장하고 빠른 속도로 꺼내 쓸 수 있는지를 기준으로 한 평가 방법은 재고되어야 한다. 이세돌과 인공지능 컴퓨터 알파고의 대결에서 우리는 놀라움과 두려움을 경험했다. 우리가 2,500년간 고집해오던 방식인 '몇 글자, 몇 개의 지식을 더 외운 사람에게 더 좋은 점수를 주고 학위와 지위, 직장을 제공한다'는 것이 얼마나 큰 오류가 있는 방식인지, 또한 인간의 가치를 평가하는 방법으로는 얼마나 기본적인 부분을 망각한 방법인지 상기 시켜 주는 계기였던 것이다. 올바른 사상이 부족하기 때문에 지식을 아는 것과 모르는 것을 단순히 개수로 평가해 왔다.

이제는 기존의 것을 이해하고 새로운 것을 받아들이며 사람들과 효율적인 방법으로 함께 이해하고 유연한 협업을 통해 문제를 해결하는 능력의 함양이 요구된다. 하지만 이런 교육을 펼치는 교육 과정과 평가 방법은 찾아보기 어렵다.

수많은 청소년을 스트레스와 과다한 경쟁으로 몰아가기보다 질서와 순서, 윤리의 관점에서 교육을 이끌어야 한다. 경직된 절차와 방법이 아니라 유연하고 투명하며 언제라도 원하는 전문 지식을 얻을 수 있는 체계가 필요하다.

　이 세상의 모든 지식을 머리에 담고 세상의 모든 것을 알 수 있는 인간은 없다. 게다가 당시에 알고 있는 지식도 시간이 지나면서 변할 수 있다. 자신의 지식이 정답이 아닐 수도 있다는 생각을 항상 마음속에 지니고 있다면 다툼은 최소화되고, 사람들은 갖은 스트레스와 고통에서 벗어나 사회가 밝아질 것이다.

74.
자신을 알고, 자신을 드러내지 않는다

❀ 성인의 자세

- 서민의 삶을 보살피고, 서민을 사랑한다.

- 자신을 알고 스스로 자존감을 갖는다.

- 자신을 드러내지 않고 소박하다.

民之不畏畏, 則大畏將至矣.
민 지 불 외 외   즉 대 외 장 지 의

無狎其所居, 無厭其所生.
무 압 기 소 거   무 염 기 소 생

夫唯不厭, 是以不厭. 是以聖人自知而不自見也.
부 유 불 염   시 이 불 염   시 이 성 인 자 지 이 부 자 현 야

自愛而不自貴也. 故去彼取此
자 애 이 부 자 귀 야   고 거 피 취 차

번역

서민이 두려워해야 할 것을 두려워하지 않으면 큰 위협이 닥치게 될 것이다.

서민이 사는 곳을 업신여기지 말고, 서민의 삶을 싫어하지 말라.

그들을 싫어하지 않는다면 그들도 (성인을) 싫어하지 않을 것이다. 그래서 성인은 자신을 알고, 자신을 드러내지는 않는다. 자존감을 가지지만 자신을 스스로 귀하게 하지 않는다. 그러니 귀하게 여기고 드러내는 것을 피하고, 자존감과 자신을 아는 것을 택하라.

畏(외) 두려워하다 / 狎(압) 업신여기다 / 厭(염) 싫어하다 /
見(현) 드러내다

해설

성인(聖人)은 항상 서민을 바라보고 살펴야 한다. 서민들이 어떤 것을 두려워하는지, 어떤 것이 그들의 삶을 위협하는지 이해해야 한다. 서민이 두려워해야 할 것에 대해 알지 못한다면 극한에 이르게 된다. 극한에 다다르면 수많은 사람이 기아에 빠져 죽거나 폭도로 변하여 국가를 혼란스럽게 한다.

소박한 서민을 전쟁에 활용하여 전사로 만드는 것도 두려움을 잊게 하는 방법이다. 하지만 서민의 삶은 소박하고 진실하며 인심과 인정이 풍부하게 만드는 것이 바람직하다.

성인(聖人)은 서민들의 삶이 가난하고, 궁핍하다고 업신여기지 않는다. 삶 자체를 소중하게 생각한다. 국가의 가장 낮은 곳에서 고생하며 살아가는 사람들이 서민이다. 성인은 서민과 그들의 삶을 어여삐 여기고 고마워하기 때문에, 그들도 성인을 따뜻한 존경

노자 도덕경 道

의 눈빛으로 바라본다. 성인이 이를 이해한다면 서민들 앞에서 자신을 드러내지 않으며 자랑하려 하지 않는다.

서민이 두려워해야 하는 것

물질이 풍부해진 현대사회에서 서민이 두려워해야 하는 것은 국가의 선심성 보조금이다. 유럽의 일부 국가에서 복지 보조금 과다로 인해 국가 위기를 맞고 있다는 이야기를 언론을 통해 자주 접할 수 있다. 기본적인 취지는 선(善)하나 실행 과정에서 사심과 욕심이 덧붙어 결국 회복이 쉽지 않은 파국에 이르게 되었다.

물론 일시적 보조금이 경제적으로 극한의 어려움에 처한 사람에게는 큰 도움이 될 수 있다. 이런 사람들까지 외면하자는 의미는 아니다. 단지 소박하고 건전한 서민이 스스로 삶을 개척하고 일어서는 지지대 역할을 할 수 있는 제도를 만들어야 한다는 뜻이다.

국가가 인위적인 정책을 양산하고, 정책에 자주 변동을 줄수록 서민의 삶은 혼란스러워진다. 늘어나는 법률과 제도는 서민의 자유로운 활동을 제한하게 된다. 결국 서민은 혼란스럽고 곤란한 일에 빠지기 쉽다.

관공서는 민원, 즉 서민의 원성을 처리하는 곳이 아니다. 삶의 혼란을 해소하기 위해 서민이 법률과 제도를 이해할 수 있도록 돕고, 그 기반 아래 소박한 삶을 영위할 수 있도록 돕는 역할이다.

복지 국가임을 과시하며 보조금을 늘리고 인위적인 사업(有)에 힘쓰기보다, 서민의 생활에 유용한 정보와 생업에 효율적 도움(無)이 필요하다.

75.
하늘의 그물코는 사이가 넓고 넓지만
결코 빠뜨리지 않는다

❀ 성인은 함부로 행하지 않으며, 모든 일에 여유를 갖고 처리한다

※ 당장 불리(不利)를 얻더라도 하늘은 이를 알고 보답할 것이다.

勇於敢[1]者則殺, 勇於不敢者則活.
용 어 감 자 즉 살 용 어 불 감 자 즉 활

此兩者或利或害. 天之所惡, 孰知其故.
차 량 자 혹 이 혹 해 천 지 소 오 숙 지 기 고

故天之道,
고 천 지 도

不戰而善勝, 不言而善應, 不召而自來, 繟然而善謀.
부 전 이 선 승 불 언 이 선 응 불 소 이 자 래 천 연 이 선 모

天網恢恢, 疏而不失
천 망 회 회 소 이 불 실

번역

용기가 있다고 함부로 행동하는 자는 죽을 것이고,

용기가 있으며 함부로 행동하지 않는 자는 살 것이다.

용기가 있으며 함부로 행동하지 않는 사람은

노자 도덕경 道

어떤 경우에는 이롭고, 어떤 경우에는 해로울 것이다.

하늘이 싫어하는바, 누가 그 이유를 알겠는가?

하늘의 도는 싸우지 않고도 잘 승리하며, 말을 하지 않고도 잘 응답한다.

부르지 않아도 스스로 찾아오며, 너그럽게 잘 살핀다.

하늘의 그물코는 사이가 넓고 넓지만 결코 빠뜨리지 않는다.

1) 감(敢) : 감히. 함부로.

殺(살) 죽는다 / 活(활) 살다 / 惡(오) 싫어하다 / 孰(숙) 누가 /
故(고) 까닭 / 應(응) 응하다 / 召(소) 부르다 / 繟(천) 너그럽다 /
謀(모) 도모하다 / 網(망) 그물 / 恢(회) 넓다 / 疏(소) 소원하다

감히 자신의 양심을 속이려 하지 않는 이유

잘못을 저지르면 언젠가는 하늘의 심판을 받을 것이다. 항상 바르게 행동하라. 용기와 힘에 의존해서 함부로 행동하는 것을 경계하라. 신중하게 처신함으로써 이익을 얻을 수도 있고 놓칠 수도 있다. 당장 불리한 경우가 발생할 수도 있지만, 어떤 경우에도 하늘은 그 선함을 이해하고 있다.

도(道)는 싸우지 않고도 승리하며, 다투려 하지도 않는다. 시시콜콜 말하지 않아도 이해할 수 있으며 너그럽고 잘 살핀다. 하늘의 큰 뜻에 따라 언젠가는 행위의 대가를 치르거나 보답을 받게 된다.

76.
사법은 독립적이고 누구도 대신할 수 없다

⊕ 사법 제도의 전제 조건은 두려움과 경외심이다
⊕ 사법 제도는 독립성이 보장되고, 항상 공정함을 기본으로 한다

若民恒且不畏死, 奈何以殺懼之也.
약 민 항 차 불 외 사   내 하 이 살 구 지 야

若民恒畏死, 則而爲奇者.
약 민 항 외 사   즉 이 위 기 자

吾將得而殺之, 夫孰敢矣.
오 장 득 이 살 지   부 숙 감 의

若民恒且必畏死, 則恒有司殺者.
약 민 항 차 필 외 사   즉 항 유 사 살 자

夫代司殺者殺, 是代大匠斲也.
부 대 사 살 자 살   시 대 대 장 착 야

夫代大匠斲者, 則希不傷其手矣
부 대 대 장 착 자   즉 희 불 상 기 수 의

번역

만약 서민들이 항상 죽음을 두려워하지 않는다면 어떻게 죽음
으로써 그들을 위협하겠는가?

만약 서민 중에 항상 죽음을 두려워하면서도 남을 속이려는 자가 있다면 내가 장차 붙잡아 죽일 것이므로 누가 감히 그렇게 하겠는가?

만약 서민들이 항상 죽음을 필히 두려워한다면,
그것은 사형을 집행하는 사람이 있어서 그렇다.
사형을 집행하는 사람을 대신해서 죽이려 한다면,
이는 솜씨 좋은 목수 대신 나무를 자르는 것이다.
솜씨 좋은 목수 대신 나무를 자르면,
자기 손을 다치지 않는 이가 드물다.

참고 한자

奈(내) 어찌 / 殺(살) 죽음 / 懼(구) 위협하다 / 司(사) 사법, 집행 / 代(대) 대신하다 / 匠(장) 장인 / 斲(착) 깎다 / 傷(상) 상하다, 다치다

해설

서민들이 죽음을 두려워하지 않는 경우는 목숨의 가치가 그만큼 떨어져 있을 때이다. 더 이상 물러설 곳이 없는 처지에 다다른 경우에는 죽음도 위협이 될 수 없다.

사법 제도가 두렵지 않은 이유

춘추전국 시대는 철기의 사용으로 1,200회가 넘는 전쟁이 있었

다. 수많은 전쟁으로 목숨의 가치가 낮아져 전쟁터에서 죽거나, 탈영하다 죽거나, 산속 깊은 곳에서 죽는 일이 다반사였다. 국토는 황폐해졌고, 사는 것이 오히려 죽는 것만 못한 경우가 허다해서 죽음을 두려워할 이유가 없었다.

사회적으로 어려운 시대에는 서민들을 착취하고, 얄궂은 행위로 국가 체제를 기만하는 관리들이 존재한다. 이들은 국가의 사법 제도를 피할 방법을 알기 때문에 사법 제도를 우습게 생각하며, 사법제도를 위협으로 느끼지 않는다. 그래서 그런 행동을 한다.

사법 제도가 실효성이 있으려면, 사람들이 두려워할 만한 징벌이 따라야만 한다. 그 전제하에 사법 제도가 존재하고, 그 제도를 집행하는 전문가가 존재해야 사람을 기만하고 사기 행각을 벌이는 것을 두려워하게 된다.

사법 제도도 결국은 사람이 만드는 틀이다
어떤 제도도 인간의 욕심과 사심을 앞서지 못한다

법을 집행하는 사람이 존재함에도 불구하고 누군가가 집행자의 역할을 대신하려 한다면 필히 다칠 것이라 경고하고 있다. 굳이 누군가를 지정하여 이야기하지는 않았다. 제후나 왕이 될 수도 있고, 귀족이 될 수도 있으며, 백성이 될 수도 있다. 법 집행자의 권한과 임무가 주어지지 않았는데도 마음대로 서민을 사살하는 것에 대한 질책이자 경고이다. 여기에는 귀족이 백성을 시켜서 사살하는 행위, 백성이 임의로 서민을 사살하는 행위도 포함된다.

사법 제도를 만들 때 개인의 욕심이나 이익을 우선하고, 그에 따라 법을 조종하면 법의 실효성은 없어지게 된다. 아직 사회가 복잡하지 않은 초기 사법 제도가 지배하던 시기이지만, 법을 집행하는 과정에서 발생하는 문제점에 대해 이야기하고 있다.

현대사회의 사법 제도와 비교하여 정리하여 보자.

과연 법은 누구를 위해 존재하는가? 목숨을 버릴 정도로 삶이 어려운 사람들에게 법은 가혹함을 더하는 것일 뿐, 지키기도, 이해하기도 어렵다.

법은 사람들이 지키는 것을 전제로 한다. 지키지 않으면 벌을 받는다는 경고를 하는 것도 그런 이유 때문이다. 그런데 지킬 수도 없고 이해할 수 없는 법을 만들어 서민의 생활을 더욱 어렵게 만들고 있다면, 그것은 법의 근본 취지에서 멀어지는 일이다.

법을 만드는 사람은 사회 제도가 복잡해질수록 법과 서민들의 친밀도를 연구할 필요가 있다. 친밀도가 점점 떨어진다면 과감히 법을 줄여야 한다. 만드는 사람의 편의가 아니라 지키는 사람의 관점에서 법을 만들겠다는 의식이 필요하다.

법의 신뢰도가 떨어지는 이유

법은 만인에게 평등해야 한다. 그러나 현대사회를 살아가는 이들은 법 제도가 공평하다고 느끼지 않는다. 사법 제도를 우회하거나 사사로운 이익을 위해 이용하는 무리가 있기 때문이다. 법에 대해 이해가 낮은 사람은 손해를 보고, 법을 꼼꼼히 따져 요리조

　　　　　　　　　　　　　노자 도덕경 道

리 피해 가는 방법을 터득한 사람은 이익을 취한다. 법을 만드는 사람, 법을 집행하는 사람, 법을 잘 다루는 사람이 이익을 얻는 구조이기 때문에, 권력을 지닌 사람과 부자는 이들을 활용하거나 이들과 결탁하여 문제를 일으킨다. 그 원인은 법이 복잡하고 어렵기 때문이다.

사법 집행은 절차에 따라 시행되어야 한다. 그 정해진 절차가 권력에 의해 왜곡된다면, 독립성이 보장되었다고 할 수 없다. 왜곡이 발생한다는 것은, 그 안쪽에 숨겨진 의도가 있다는 뜻이기 때문이다. 법의 절차도 결국은 보이는 것에 해당한다. 보이는 부분에 신경 쓰기보다, 서민을 위하는 관점에서 보이지 않는 쓰임과 용도를 우선 살펴봐야 한다. 쓰임과 용도가 힘없는 서민을 위한 것이 아니라 권력과 부를 가진 사람을 위한 것이라면, 사법 제도가 존재하기는 하지만 특정 세력과 힘에 의해 조종되고 있음을 의미한다.

법과 제도를 새로 만들어 강제하는 대신 법과 제도를 줄이고 서민의 부담을 덜어주는 연구가 더 필요하다.

77.
서민이 굶주리는 것은 과다한 세금 때문이다

❀ 과다한 세금으로 인해 서민은 기아에 시달린다

❀ 그 원인은 인위적으로 만든 유위(有爲)한 무엇이 있기 때문이다

※ 서민의 삶이 힘들고, 고충이 극에 달하면 목숨도 경시하게 된다.

人之飢也, 以其取食稅之多也, 是以飢.
인 지 기 야　이 기 취 식 세 지 다 야　시 이 기

百姓之不治也, 以其上有以爲也, 是以不治.
백 성 지 불 치 야　이 기 상 유 이 위 야　시 이 불 치

民之輕死, 以其求生之厚也, 是以輕死.
민 지 경 사　이 기 구 생 지 후 야　시 이 경 사

夫唯無以生爲者, 是賢於貴生
부 유 무 이 생 위 자　시 현 어 귀 생

번역

사람들이 굶주리는 것은 세금을 많이 거둬들이기 때문이다. 그래서 굶주린다.

백성이 (서민을) 관리를 못 하는 것은 그 윗선에서 원하는 것이 있기 때문이다. 그래서 다스려지지 않는다.

서민이 죽음을 가볍게 여기는 것은 그 서민의 삶에서 가져가는 것이 너무 많기 때문이다. 그래서 죽음을 가볍게 여긴다.

오히려 목숨을 부지하지 않고 버리는 자가

목숨을 귀하게 생각하는 사람보다 현명하다.

참고 한자

기(飢) 기아, 굶주림 / 取(취) 취하다, 거두어들이다 / 稅(세) 세금 / 輕(경) 가볍다 / 厚(후) 두텁다 / 賢(현) 현명하다 / 貴(귀) 구하다 / 生(생) 목숨, 삶

해설

서민이 고통받는 이유는 삶을 굶주리게 만드는 과도한 세금 때문이다. 주나라 시대부터 이어져 온 정전제에 따르면, 농지를 9분할 하여 1/9을 정부에 세금으로 납부했다. 즉, 결과물의 10% 정도를 내는 세금 제도, 십백지기(什百之器)이다.

하지만 세월이 흐를수록 다양한 명목의 세금이 생기기 시작했다. 게다가 각종 사업이나 인위적인 명목으로 붙는 것이 계속 늘어났다. 백성이 서민을 다스리지 못하는 것은, 국가에서 세금을 많이 가져가서 정상적인 목표액을 채울 수가 없기 때문이다.

기아에 시달리는 사람은 백성(百姓)과 서민(民) 모두를 의미한다. 백성은 서민에게 세금을 걷는 말단 지방 관리로, 세금을 제대로 국가에 납부하지 못하면 갖은 고초를 당하게 된다. 그 때문에 수단과 방법을 가리지 않고 서민을 착취한다.

제후와 왕의 사치를 위한 인위적인 사업의 폐해, 전쟁 준비와 전쟁 수행에 따른 토지의 황폐화, 흉작으로 인해 세금을 낼 수 없어 손대게 된 고리대금 등의 문제는 서민들을 이중고, 삼중고에 빠뜨렸다. 이런 상황이 이어지면서 서민들은 목숨마저 가볍게 여기고 도피하곤 하였다.

정전제도 아래에서 일부 서민이 도주할 경우, 그들이 내지 않은 세금은 남은 사람과 백성이 채워야만 했다. 이를 채우기 위해 또 다른 무리수가 벌어지게 되며, 결국 악순환이 반복된다. 얼마나 삶이 어렵고 힘들었으면 목숨을 버리는 자가 목숨을 귀하게 여기는 사람보다 현명하다 하였을까?

현대사회에서 조세는 컴퓨터의 도움으로 점점 더 투명성을 확보하고 있다. 하지만 거둬들인 조세의 활용 및 운용 측면까지 투명성을 확보하려면 아직도 개선해야 할 여지가 많다. 표면적으로는 잘 만들어진 절차에 의해 예산이 책정되고, 심의를 받아 배정된 후 집행된다.

사람의 욕심 때문에 생기는 오용의 문제
작은 정부 표방 vs 하급 관리자에게 큰 성과 요구

하지만 이것만으로는 부족하다. 세금을 사용할 때 집행자들이 원하는 것이 있기 때문에 특정 분야로 세금이 과다하게 사용된다. 즉, 인위적인 요소가 끼어들어 서민이 필요로 하는 부분보다 다른 부분에 과다한 예산이 집행되는 것이 문제다. 배분에 대한 기준이 항상 모호하고, 명확하지 않기 때문에 예산 할당 시 여당과 야당 간의 줄다리기가 끊이지 않는다.

국민을 통제하여 특정 방향으로 유도하려고 하기 때문에 마찰이 일어나고 비효율적으로 예산이 소모된다. 모든 일이 스스로 잘 이루어지도록 지원하는 방식이 아니라 국가가 인위적인 사업을 시행하고 무엇인가 성과를 이루려고 하기 때문이다.

국가는 최소한의 역할을 수행하면 된다. 과거 사회간접자본에 해당하는 도로, 항만, 철도, 공항 등을 국가가 주도적으로 나서서 만들었던 사례는 성공적이었다. 4차 산업 혁명을 앞둔 지금은 눈에 보이는 것보다는 눈에 보이지 않는 부분에 대한 사회간접자본 확충이 필요하다. 즉, 소프트웨어 분야에서 국민 스스로 자생력을 확보할 수 있는 기반을 제공하는 일이다.

결국 문제는 조세 제도의 가혹함 또는 부적절한 활용이 아니라 위정자가 인위적으로 무엇을 하려 함에 있다. 인위적인 행위 과정에서 부작용이 생기고 문제가 발생한다. 6·25전쟁으로 폐허가 되어 이 땅에 아무것도 없었던 그때, 새마을 운동과 도로나 항만 등의 사회간접자본을 건설하는 것으로 모두가 잘살아보자고 외쳤다. 그때의 순수함 마음과 비교했을 때, 지금은 예산 집행과정에 욕심이 두텁게 자리 잡고 있지는 않은지 우선 살펴봐야 한다.

78.
살아 있을 때 유약하고, 죽으면 단단해진다

❀ 살아 있는 것과 죽은 것의 속성 비교
- 살아 있는 것은 약하고 유연하다.
- 죽은 것은 견고하고 단단하다.

人之生也柔弱, 其死也堅强.
인 지 생 야 유 약   기 사 야 견 강

萬物草木之生也柔脆, 其死也枯槁.
만 물 초 목 지 생 야 유 취   기 사 야 고 고

故曰 堅强者死之徒也, 柔弱者生之徒也.
고 왈 견 강 자 사 지 도 야   유 약 자 생 지 도 야

是以兵强則滅, 木强則折. 强大居下, 柔弱居上
시 이 병 강 즉 멸   목 강 즉 절   강 대 거 하   유 약 거 상

번역

사람이 살아 있을 때는 부드럽고 약하나 죽으면 딱딱하게 굳는다.

나무와 풀도 살아 있을 때는 부드럽고 연하나 죽으면 시들고 마른다.

말하자면 굳고 강한 자는 죽은 무리이고, 유연하고 약한 자는 살아있는 무리이다.

그래서 군대가 강하면 곧 멸망할 것이고, 나무가 강하면 곧 베일 것이다.

강하고 큰 것은 아래에 놓이고, 유연하고 약한 것은 위에 위치한다.

참고 한자

脆(취) 연약하다 / 枯(고) 마르다, 시들다 / 槁(고) 마르다 /
徒(도) 무리 / 滅(멸) 멸망하다 / 折(절) 절단

해설

자연의 생물은 유약하고 여린 상태에서 굳세고 강한 방향으로 성장한다. 최고로 굳세고 강하게 되었다는 것은, 성장의 정점에 다다랐다는 것을 의미한다. 정점 이후에는 쇠퇴의 시기를 맞아 서서히 죽음으로 향한다. 유연함을 유지할 수 있다면 아직 성장의 단계에 있다는 걸 의미한다.

사람은 강해지면 남을 강제하려는 욕심이 생긴다. 국가도 성장을 이루고 강성해지면 영토 넓히고 인구를 늘려 국력을 끌어올리고자 한다.

자연 만물은 힘을 기반으로 강제하려는 마음이나 욕심이 없다. 강하고 큰 것은 약한 것을 굴복시키거나 약자 위에 군림하지 않는다. 오히려 맨 아래에서 중심을 잡고 묵묵히 떠받치는 역할을 수

행한다. 성인(聖人)은 이런 자연의 이치에 따라 맨 아래에 위치하여
서민의 삶 속 애환을 살피고 보살펴 덕(德)을 베푸는 역할이다.

79.
여유분을 덜어서 부족한 곳에 더하라

⊛ 도(道)에 따라 여유 있는 부분을 덜어서 부족한 곳에 더하라

※ 성인(聖人)은 도를 실천하고도 자랑하거나 과시하지 않는다.

天之道 其猶張弓¹⁾者也.
천 지 도 기 유 장 궁   자 야

高者抑之, 下者擧之, 有餘者損之, 不足者補之.
고 자 억 지   하 자 거 지   유 여 자 손 지   부 족 자 보 지

故天之道 損有餘而益不足.
고 천 지 도 손 유 여 이 익 부 족

人之道則不然, 損不足而奉有餘.
인 지 도 즉 불 연   손 부 족 이 봉 유 여

孰能有餘以奉於天下. 唯有道者乎.
숙 능 유 여 이 봉 어 천 하   유 유 도 자 호

是以聖人爲而不恃, 功成而不居. 其不欲見賢也
시 이 성 인 위 이 불 시   성 공 이 불 거   기 불 욕 현 현 야

번역

하늘의 도는 마치 화살을 얹어 활을 당기는 것과 같다.
높으면 내리고 낮으면 들어 올린다.

남는 사람은 덜고 부족한 사람은 도와준다.

그래서 하늘의 도는 남는 곳을 덜어서 부족한 곳에 더해 준다.

하지만 사람의 도는 그렇지 않다. 부족한 곳을 덜어서 남는 곳에 받든다.

누가 남는 곳을 덜어서 세상 사람들을 받들 수 있는가?

오직 도(道)를 지닌 사람만이 할 수 있다.

성인(聖人)은 그렇게 하고도 과시하지 않으며,

공을 이루었음에도 거기에 안주하지 않는다.

그저 어질 뿐, 현명함을 드러내지 않는다.

한자풀이

1) 장궁(張弓) : 화살을 얹은 활.

참고 한자

抑(억) 내리다, 억제하다 / 擧(거) 들다 / 餘(여) 남다 /
損(손) 덜다 / 補(보) 돕다 / 益(익) 더하다 / 然(그러하다) /
奉(봉) 받들다 / 恃(시) 자랑하다 / 見(현) 드러내다

해설

남는 곳은 덜어서 부족한 곳을 더해 주어라!

누구나 알고 있지만 실천하기는 쉽지 않은 덕목이다. 이 장에서는 그것을 활과 화살의 예를 들어 설명하고 있다. 활로 화살을 쏠

노자 도덕경 道

때는 과녁의 중앙을 맞히고자 하는 명확한 목표가 있다. 목표를 맞추지 못하는 활을 열심히 당겨봐야 무의미하다. 삶에 있어서도 목표를 잘못 설정하여 화살과 힘을 낭비하는 것은 경계해야 할 일이다.

그러면 과연 인생의 목표는 무엇인가?

혹시 목표를 잘못 설정하고 열심히 시위를 당기고 있지 않은가? 목표를 바로 보지 않고 삐딱하게 바라보면서 과녁을 맞히려고 열심히 화살을 쏘고 있지는 않은가?

사람들은 "나의 목표는 단지 높은 지위에 오르는 것이 아니다.", "많은 부를 쌓는 것이 아니다."라고 말을 한다. 그렇다면 진정으로 나의 목표가 어디에 있는지 고민해 볼 일이다. 행복을 찾는 것이 목표라고 답할 수도 있다. 원대한 꿈을 갖고 그 목표를 위해 달려가는 사람도 있다.

(인생의) 목표에 대한 거리감
인생의 목표를 조금씩 가까이 가는 방법

먼 거리에 있는 목표를 한 발의 화살로 맞히는 것은 불가능하다. 좀 더 풀어 설명해보면, 목표와의 거리가 1,000m, 200m, 100m, 50m, 30m, 10m, 5m인 경우와 1m인 경우, 어느 쪽이 더 화살을 맞히기 쉽겠는가? 활에 익숙하지 않은 사람이라도 1m 거리에 있는 목표는 충분히 맞힐 수 있을 것이다.

가까운 거리에서 명중시키고 기쁨을 얻으면 그만이다. 잘 쏘는 옆 사람이 30m 떨어진 목표를 화살로 맞히는 모습을 보고 부러워하거나 나와 비교할 필요는 없다. 시간을 갖고 노력을 들여 연습하면 나도 충분히 할 수 있다. 200m 과녁을 명중시키는 것은 누구나 쉽지 않다. 충분히 연습해도 맞힐 수 있는 확률은 상당히 희박하다.

하지만 과녁에 가까이 다가가서 화살을 쏜다면 명중률이 높아진다. 이렇게 간단한 방법이 있는데도 불구하고 사람들은 200m라는 거리에 집착한다. 그리고 어쩌다 실수로 맞혔음에도 그것을 과시하고 자랑하기 바쁘다. 어차피 500m, 1,000m 거리에 있는 목표를 한 번에 맞힐 수 있는 사람은 어디에도 없다. 또한 인생목표까지의 거리가 1,000m라고 생각하는 사람은 없다. 한 번에 인생의 목표를 이룰 수 없는 것이다.

그럼에도 불구하고 우리는 인생의 원대한 목표에 집착하고 그 과정을 하찮게 생각한다. 목표에 이르기 위해 노력하는 모습이 아니라 과녁에 화살이 명중하는 모습에만 관심을 두기 때문이다. 마치 마술을 보는 것과 유사하다. 중간 과정을 놓치기 때문에 신기한 것이다.

최종 결과에 대한 집착과 욕심은 항상 문제를 불러일으킨다. 인생의 도달점을 정해놓고 살 수도 있지만, 그렇지않다고 하더라도 크게 문제가 되지는 않는다.

노자 도덕경 道

앞서는 욕심, 상생을 먼저 생각하라

목표를 이루는 과정에서 욕심을 부리기 때문에 넉넉하지 않은 사람들의 것을 덜어서 넉넉한 사람을 받드는 일이 발생한다. 물질과 돈이 풍부한 시대에 특히 경계해야 할 일이다.

여유가 있다는 것, 남는 것이 있다는 것은 다분히 주관적인 판단이다. 그래서 욕심을 비우면 비울수록 더 여유로워진다. 욕심에 치우치면 경쟁이 심해지고 민심이 각박해진다.

서민들의 마음을 소박하고 사심이 없도록 만들어주어야 한다. 선심성 유혹을 통해 소박한 마음을 흔들고 분열을 일으켜서는 안 된다. 마음이 흔들리면 과녁을 삐딱하게 바라보게 되고, 마음이 틀어지면 가까운 거리에 있는 것도 맞히기 힘들어진다.

과녁을 맞히면 과시하고 자랑하고 싶은 마음이 든다. 그 과시하고 싶은 마음을 항상 경계해야 한다. 성인은 목표를 이루지만, 결코 안주하지 않는다. 항상 덕을 베풀고 사람들을 자연스럽게 성공으로 이끌어 세상을 여유롭게 한다.

80.
성인은 허물과 상서롭지 못한 일도 떠안는다

㊋ 세상을 다스릴 때 물처럼 부드럽고 유연하게 대하라
 - 성인은 나라의 허물과 불행도 떠안을 수 있어야 한다.

※ 바른말은 반대하는 것 같아 마음에 거슬릴 수 있다.

天下莫柔弱於水, 而攻堅强者莫之能勝也.
천 하 막 유 약 어 수　이 공 견 강 자 막 지 능 승 야

以其無以易之也. 柔之勝剛, 弱之勝强.
이 기 무 이 역 지 야　유 지 승 강　약 지 승 강

天下莫不知而莫能行也.
천 하 막 부 지 이 막 능 행 야

故聖人之言云曰:
고 성 인 지 언 운 왈

受邦之詬, 是謂社稷¹⁾之主.
수 방 지 구　시 위 사 직　지 주

受邦之不祥, 是謂天下之王. 正言若反
수 방 지 불 상　시 위 천 하 지 왕　정 언 약 반

번역

 세상에 물처럼 부드럽고 약한 것은 없지만, 군세고 강한 것을 이
기려 할 때는 물을 능가하는 것이 없다.

물을 대신할 만한 것은 없기 때문이다.

부드럽기 때문에 굳센 것을 다스리고, 약하기 때문에 강한 것을 다스린다.

세상 사람이 모르는 바가 아니다. 다만 이를 행하지 못할 뿐이다.

그래서 성인(聖人)이 말씀하시길,

나라의 부끄러움을 거둘 수 있는 사람이 그 나라의 주인이다.

나라의 상서롭지 못한 일을 떠맡는 사람이 세상 사람의 왕이다.

바른말은 마치 (나를) 반대하는 것처럼 들린다.

한자풀이

1) 사직(社稷) : 토지와 곡식의 신. 중세 이전에는 왕이 나라를 대
   표하여 토지와 곡식의 신에게 올리는 제사를 주관하였다.

참고 한자

莫(막) 없다, 아니다 / 攻(공) 공격하다 / 易(역) 바꾸다, 대신하다 /
云(운) 이르다 / 受(수) 거두다 / 詬(구) 욕 / 主(주) 주인

해설

세상을 다스리는 가장 좋은 방법

물의 덕성에 비유하여 세상을 다스리는 이치에 대해 설명하고
있다. 강하고 굳센 것은 가장 부드럽고 유연한 것에 의해 다스려진
다. 뭔가를 다스리려 할 때, 강하게 압박하려는 마음이 앞선다. 부

드럽고 유연하게 처리하는 것이 좋다는 것을 알면서도 실천은 쉽
지 않다.

유연하고 부드러운 다스림
세상의 모든 허물은 커다란 나의 일부이다

큰 바다와 호수는 제일 낮은 곳에 위치하여 깨끗한 물이든, 더
러운 물이든 가리지 않고 받아준다. 성인은 부끄러움이나 치부까
지도 포용하고 떠안을 수 있어야 한다. 살면서 단 하나의 결점도
없는 사람이 있는가? 역사적으로도 부끄러움이 없는 시대가 있었
는가?

인간의 삶에서 치부나 부끄러움이 기록하고, 누구나 쉽게 볼 수
있도록 관리한다면 동일한 상황이 발생하였을 때 오히려 도움을
줄 수 있는 유용한 자산이 된다. 이를 숨기거나 남에게 책임을 전
가하려는 마음을 경계해야 한다. 바위같이 굳건하고 투박한 마음
이라면 흠이 있더라도 여유롭게 받아들일 것이다. 옥처럼 반들반
들하고 귀한 모습만 보이려 한다면 그런 결점이나 흠은 없애고 감
추어야 할 대상이 된다.

타인이 나를 옥처럼 봐주었으면 하는 싶은 욕심에서 항상 문제
가 시작된다. 백두에서 한라에 이르기까지 수많은 바위, 나무, 산,
강 등의 자연을 바라보라. 세상에 결점이 없는 것이 없다. 그래도
각자의 자리에서 쓰임을 다 하며, 그 쓰임에는 어느 하나 부족함
이 없다.

자연스러운 모습을 숨기고 감추어 마치 옥처럼 반들반들하고 고귀한 모습으로만 남고자 한다면, 이는 극히 인위적인 행위이다. 자연의 모습을 거울삼아 우리 삶의 모습을 소박하고 투박하게 받아들이는 여유가 필요하다.

81.
도는 친함이 없고, 선으로 사람을 대한다

❀ 원한 또는 원망은 한번 쌓으면 되돌릴 수 없다

❀ 성인은 계약에 충실하고, 이를 악용하지 않는다

※ 하늘의 도는 친함이 따로 없고, 항상 선으로 사람을 대한다.

和大怨¹⁾, 必有餘怨, 焉可以爲善.
화 대 원　필 유 여 원　언 가 이 위 선

是以聖人執左契²⁾, 而不以責於人.
시 이 성 인 집 좌 계　이 불 이 책 어 인

故有德司契, 無德司徹.
고 유 덕 사 계　무 덕 사 철

夫天道無親, 恒與善人
부 천 도 무 친　항 여 선 인

번역

큰 원한은 화해하더라도 반드시 남는 원한이 존재한다.

(화해하더라도) 어찌 잘 되었다 하겠는가?

그래서 성인은 채권을 가지고도 남을 독촉하지 않는다.

덕이 있는 사람은 계약을 준수하고, 덕이 없는 사람은 이자를 살피고 징수한다.

하늘의 도는 친함이 따로 없고, 항상 선으로 사람을 대한다.

한자풀이

1) 원(怨) : 원한. 원망.
2) 좌계(左契) : 채권을 의미한다, 고대에는 나무에 차용증을 새기고 반을 쪼개어 빌려주는 사람이 왼쪽 부분을 갖고 빌리는 사람이 계(契)의 오른쪽 부분을 지님으로써 추후 계약의 유효성을 확인하였다.

참고 한자

和(화) 화해 / 怨(원) 원한 / 善(선) 잘되다 / 責(책) 요구하다 /
司(사) 수호하다 / 徹(철) 구실(세금의)

해설

고대에서부터 신용 거래는 존재하였다. 세금을 납부할 형편이 못되면 돈 많은 사람이 빌려주고 많은 이자를 받는 것이 일상화되었을 정도였다. 그리고 서민의 삶은 이 고리대금으로 인해 힘들었다.

이러한 것으로 인해 원망이 쌓이면, 비록 그것을 해소하고 풀었다 하더라도 그 과정에서 발생한 원한이 앙금처럼 남아 있게 된다. 성인(聖人)은 돈을 빌려주더라도 이자를 뜯어내는 행위를 경계하고 계약만 충실히 이행한다.

현대 금융시스템에서 욕심의 부작용

현대사회에서는 복잡한 금융 시스템 아래 돈을 빌리는 쪽의 부도덕성이 더 큰 문제가 되고 있다. 부도덕한 기업이 회계 장부를 부풀려 과다 대출을 받는 경우다. 이런 부정이 지속되어 기업을 부실하게 만들고 사회를 병들게 하는 경우가 빈번하다. 이 경우에 그 책임을 금융 회사가 떠안고, 금융 회사는 보험사 또는 국가에 리스크를 분담 요구한다. 결국은 국민의 세금으로 일부 부도덕한 기업의 채무를 감당하게 된다.

문제는 이런 부도덕한 기업의 욕심과 행태를 감시할 수 있는 절차와 방법이 부족하다는 것이다. 문제가 커지면 커질수록 책임을 회피하기 위해 추가적인 불법과 탈법을 자행하며, 그 결과 채무의 규모가 눈덩이처럼 불어나게 된다. 그리고 어느 시점에 다다르면 초기 채무의 수십 배, 혹은 수백 배 규모가 된다. 최초의 채무 계약은 온데간데없고 갖가지 인위적인 행위(有爲)로 덕지덕지 기운 누더기만 남을 뿐이다. 최종적으로 이를 해결하기 위해 천문학적인 액수의 혈세가 사용된다.

이는 시스템이 투명하지 않기 때문에 벌어지는 일이다. 신용 거래에는 필요한 사람에게 최대한 자금을 지원하되 부도덕한 방향으로 사용되는 것을 감시하고 관리할 수 있는 체계가 필요하다.

큰 기업에게는 자금을 쉽게 지원하면서 서민이 필요한 자금은 하나하나 따져가며 지원하는 현재의 시스템은 무엇인가 뒤바뀐 것 같은 모양새다. 원래라면 서민들이 필요한 자금을 간단한 절차로 지원하고 큰 기업에게 지원할 때는 깐깐하게 따져야 하는 것 아닌가?

그럼에도 이런 형태가 된 것은, 관리의 편리를 취해서 그렇다. 자금의 쓰임과 활용의 관점에서 보기보다는 이익의 관점에서 대출을 설계하고 실행하기 때문이다. 안정적으로 이익을 얻을 수 있는 대기업 대출이 은행의 입장에서는 유리하다. 즉, 담보가 많은 부자에게 돈을 빌려주는 것이 안정적이라는 것이다. 그러면 굳이 그 자금의 쓰임과 활용에 대해 살펴보는 노력을 할 필요도 없어진다. 여러모로 편하다.

절차와 프로세스는 간소화하되 한쪽으로 편중되지 않고, 고르게 혜택을 볼 수 있는 정책이 필요하다. 하늘의 도(道)는 친함을 두지 않는다. 그러나 많은 돈의 대출이 오고 가는 과정에서 우리는 '리베이트'라는 명목으로 친함을 과시하고 위법을 자행하며 거래하는 것을 목격해왔다. 그 과정에서 사회의 불투명성이 증가하고, 불법과 탈법이 만연하는 문제가 생기는 것이다.

잘해 왔던 부분은 물론이고 문제를 일으키는 부분과 그 원인까지 기록하고 그 데이터를 축적해야 한다. 그 축적된 기록의 힘을 활용함으로써 더 발전된 방향으로 사회가 나아갈 수 있기 때문이다.

문제가 되었던 사항은 감출 것이 아니라 문제가 될 수 있다는 것을 누구나 쉽게 볼 수 있도록 게시해야 한다. 그리고 그런 사례를 반복하는 행위를 초기에 발견하여 제재할 수 있는 시스템을 갖추어야 한다. 일이 눈덩이처럼 커진 후에는 해결이 쉽지 않기 때문이다. 어떤 일이든 초기에 다스리는 것이 바람직하다.

처음부터 완벽한 시스템이나 프로세스는 없다. 지속적으로 보완하고 가꾸어 나가는 힘이야말로 바른길을 걷기 위한 핵심 동력이다. 실수를 덮어버리고, 프로세스를 송두리째 바꾸어 유사한 형태의 실수를 반복하는 것은 어리석은 일이다. 실수를 인정하고 반면교사로 삼아 이성적이고 합리적인 사회를 만드는 것이 바람직하다. 이런 시스템을 만드는 과정에서 새로운 일자리가 창출되고, 사회가 발전할 수 있다.

노자 도덕경 道

철학이나 사상 같은 용어를 좋아하는 사람은 많지 않다. 한마디로, 별로 관심이 없다. 살아가면서 해결하기 어려운 문제가 나에게 닥쳐야 위기를 인식한다. 미리 문제가 발생할 것을 예측하고 살지는 않는다. 평상시에는 그냥 남들이 사는 방식대로, 사회가 만들어 놓은 프로세스와 틀에 따라 살아간다. 즉, 따라 하는 삶을 사는 경우가 대부분이다. 나 자신의 삶, 그리고 내가 좋아하는 것을 찾고 실천해서 만족하는 삶을 사는 사람이 얼마나 될까?

인생은 자신의 삶을 찾아가는 과정이지만, 처음부터 "이게 내 삶의 방향이고, 목표야."라고 선언하고 생을 마칠 때까지 지속하는 사람은 없다. 이런저런 길을 기웃거리다가 자신에게 맞는 길을 찾은 사람은 행복한 삶에 다가서게 될 것이고, 그렇지 못한 대부분의 사람은 방황하다 삶을 마무리한다.

인생의 전반부에는 무한한 가능성, 꿈, 희망 등을 품고 도전할 수 있지만, 인생의 후반부에는 리스크에 대한 오판, 삶의 방향성을 올바르게 선택하지 못한 것 등으로 인해 많은 대가를 치르게 된다.

그래서 삶의 리스크를 미리 인식, 분석, 대응하는 것이 필요하다.

우리는 나이가 들수록 신중해지고 무거워진다. 하지만 신중하고 여유 있는 자세만으로는 부족하다. 삶의 갈림길에 서 있을 때 올바로 판단할 수 있는 도구가 필요하다.

노자의『도덕경』은 위기 상황에서 밝은 답을 제시해 줄 것이다.

『도덕경』처럼 한자로 적힌 불교의 팔만대장경은 8만 자에 이르고, 유교의 논어가 1만 자, 예기가 8만 자, 맹자는 3.4만 자다. 성경의 경우 한글로 번역되었는데, 한글로 130만 자에 이른다. 반면『도덕경』은 고작 5천 자로 세상을 바라보는 시각을 훌륭히 정리하고 있다.

하지만『도덕경』은, 정작 대중의 관심에서는 멀어진 상태다. 그 이유는 5천 자의 글자 중에서 핵심 글자들에 대한 이해가 부족해 신선이나 깊은 산, 은둔자 같은 황당한 개념을 연상시키는 오역이 많았기 때문이다. 이는 반대로 말해서 해석만 올바르게 할 수 있다면『도덕경』에 실린 5천 자를 이해하는 것만으로도 인생을 바라보는 나만의 철학을 가질 수 있는 뜻이다. 즉『도덕경』을 읽고 수양하는 것은 무엇보다도 가치 있는 일이라 할 수 있다.

본 글을 활용하는 방법은 독자마다 다르겠지만, 한자에 어느 정도 익숙한 사람은 81장 전체의 한자를 우선 음미하고, 스스로 해석한 후에 저자가 다룬 번역 부분을 읽기 바란다. 그리고 해설을 통해 당시의 시대상과 현대사회를 비교한 설명을 이해하여 자신의 것으로 만들기를 바란다. 그리하면 세 번째 읽을 때『도덕경』의 그림을 그리는 듯한 사실적이고 시적인 표현과 깊은 뜻을 감상할 수 있을 것이다.

한자에 익숙하지 않은 세대는 먼저 각 장의 제목과 요지를 읽고 그에 대해 먼저 생각해 본 후 해설을 읽고 번역 부분을 읽는 것이 편할 것이다. 최대한 쉽게 번역하고자 노력하였으나, 2,500년 전에 사용한 언어와 현재의 환경이 현저히 달라서 현대식으로 의역하지 않은 단순한 번역만으로는 이해가 쉽지 않다. 이 부분에 대한 양해를 구한다.

이 책을 읽을 때 가장 우선해야 할 사항은 『도덕경』 81장에서 전달하고자 하는 사상을 독자 스스로 이해하고 수양하며 삶에 활용하는 것이다.

『도덕경』을 통해 사심과 욕심을 최소화하고 주위 사람, 그리고 만물과 상생을 이루며 사는 바른 사회, 덕(德)을 이루는 사회가 만들어지기 바라는 마음으로 글을 마무리한다.

참고문헌

- hanja.dict.naver.com

- www.naver.com

- www.wikipedia.org